코로나19 후유증, 그 230일간의 기록

삶이 있는 한
희망은 있다

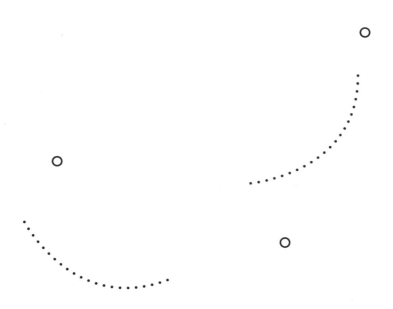

박
현

코로나 19 에 대한
우리나라에서의 흔한 오해 10 가지

해외 언론들은 자국 또는 외국 질본, 의료 기관들의 코로나19 에 대한 의학 정보 관련 기사가 수개월 동안 많이 난 반면, 우리나라 언론은 거의 모든 코로나19 기사가 누가 어디서 감염되었다는 것에만 수개월간 집중되고, 다른 정보 제공은 하지 못했다. 그래서 생긴 한국에서 가지고 있는 코로나19에 대한 흔한 오해를 정리했다.

1. 모두가 뚜렷하게 지속되는 공통적인 초기 증상이 있다. (X)
2. 공통된 증상을 겪은 후 치료된다. (X)
3. 감기나 몸살처럼 특정 증상이 지속적으로 나빠졌다가 정점에 오른 후 치유된다. (X)
4. 감기처럼 바이러스가 없어지는 순간 말끔하게 완치된다. (X)
5. 코로나19 바이러스에 의한 신체 손상은 폐에만 있다. (X)
6. 중증 환자였던 사람만 후유증이 있다. (X)

7. 후유증은 치료 시 사용한 약의 부작용 때문이다. (X)

8. 별 증상 없이 말끔히 나아서 일상으로 바로 복귀한 사람들은 후유증이 없다. (X)

9. 코로나19 후유증은 양성 확진 판정 받고 바이러스 치유된 사람들만의 문제이다. (X)

10. 후유증 치료는 백신/바이러스 치료제 개발 후에나 시작할 수 있다. (X)

1. 모두가 뚜렷하게 지속되는 공통적인 초기 증상이 있다. (X)

WHO와 각국 질본들은 코로나19의 증상은 개개인 모두 다르게 나타난다고 보고하고 있다. 초기 증상은 아주 미미하거나 아예 없는 경우가 대부분이고 피곤함, 열, 마른기침이 가장 흔한 증상이지만, 이 또한 나타나지 않는 사람들이 많다고 보고하고 있다. 흔히 알려진 후각 손실, 미각 손실 등이 나타나는 비율은 피곤, 열, 마른기침보다 낮다. 초기 증상은 미미하게 나타났다가 사라지는 경우도 아주 허다하다.

앞서 이야기했지만, 나의 경우도 부산에서 최초 감염자가 나온 날 밤이 아니었으면 기억도 못 했을 건조한 겨울철에는 아주 흔한 가벼운 마른기침을 금요일에 했고 물을 마신 후 토, 일요일은 기침이 전혀 없었다. 그 뒤 아무런 증상 없이 월요일에 갑자기 호흡 곤란이 왔다. 방역 담당 조사관님은 잠시 있었다가 없어져 버린 마른기침이 나의 공식 발현 증상이라고 하셨고, 기침이 나온 금요일이 나의 공식적인 발현일이 되었다.

한국 언론은 누가 초기 증상 발현 후에 돌아다녔다는 자극적 기사만 적지, 어떤 초기 증상이 어떻게 나타나고, 아주 미미한 증상이 나타난 후 사라져 버리는 사실 등의 대해서는 자세하게 설명하지 않는다. 이로 인해, 많은 분들이 초기 증상이 나타나면 뚜렷하게 지속되는 증상이 있을 거라고 생각한다.

2. 모두가 공통된 증상을 겪은 후 치료된다. (X)

WHO에 따르면 감염자의 80%는 무증상 또는 미미한 증상만 겪다가 아무런 약의 도움 없이 자연 치유된다고 보고하고 있다.

세계에서 최초로 지역 감염 파악을 위해 이미 3월에 대대적인 일반인 무작위 검사를 실시하면서 당시 인구 대비 가장 높은 검사율(인구의 5%)을 보였던 아이슬란드의 당시 보고서에서 감염자 중 무증상이 50%라고 밝혔다. 그 뒤 3월부터 세계 많은 나라들이 지역 감염 파악을 위해서 무작위 검사를 자국의 여러 도시에서 실시했으며 무증상이나 미미한 증상으로 자기가 걸린 줄도 모르고 자연 치유된 사람들의 비율을 알기 위해 많은 나라들이 항체 검사를 실시했다.

도시와 나라마다 비율은 달랐지만, 자국의 여러 도시에서 일반인들에 대대적인 무작위 감염 검사와 항체 검사를 통해서 무증상 감염이 대대적으로 진행되고 있음을 각 국가들이 밝혔냈다.

미국 USC(서던 캘리포니아대학교, University of Southern California)에서 여러 증상 중 대부분의 순서는 개개인마다 다르지만 4개 증상은 순서가 동일하다는 논문을 발표했다. 그러나 4개의 증상 모두가 나타난 경우에 한정될 뿐이다. 예를 들어 그 4가지 증상 중 하나인 설사는 감염자의 4%에게만 나타났을 뿐 96%에게는 나타나지 않은 증상으로, 4개의 증상이 모두 나타난 경우는 아주 드물어서, 코로나19에 걸린 모든 사람들에게 공통된 증상이 나타난 것은 아니다.

3. 감기나 몸살처럼 특정 증상이 지속적으로 나빠지다가 정점에 오른 후 치유된다. (X)

코로나19는 증세가 롤러코스터 타듯이 좋았다, 나빴다를 수없이 반복하고, 여러 다양한 증상들이 그때마다 달라지면서 나타난다. 후유증도 시간이 지날수록 증상도 달라지고, 이 또한 기복이 심하여 예측이 불가하다.

4. 감기처럼 바이러스가 없어지는 순간 말끔하게 완치된다. (X)

미국의학협회 JAMA(The Journal of the American Medical Association)에 발표된 이탈리아 밀라노 산 라파엘레 병원의 회복 후 후유증에 관한 논문에 따르면 회복자의 87.4%가 후유증이 있는 것으로 보고하고 있다.

한국 질본과 국내 의료 기관에서 발표된 후유증에 대한 보고서는 없지만, 해외 질본, 의료 기관에서 발표된 보고서, 논문 등과 이를 인용한 해외 언론 등에서는 많은 회복자들이 후유증을 겪는 사례들이 수개월 전부터 널리 알려져 있다.

5. 코로나19 바이러스에 의한 신체 손상은 폐에만 있다. (X)

한국 질본이나 국내 의료 기관의 보고서는 없지만, 해외 질본, 의료 기관, 언론 자료에는 공통적으로 코로나19 바이러스가 인체의 뇌, 신경계, 혈액, 심장, 폐, 위장, 신장, 맹장 등 여러 기관을 공격한다는 사실과, 이로 인한 다양한 후유증에 대한 정보들이 수개월 전부터 널리 알려져 있다.

6. 중증 환자였던 사람만 후유증이 있다. (X)

미국 질본의 조사에 따르면 무증상 또는 경증으로 약 복용 전혀 없이 자연 치유된 회복자의 35%에서 회복 수주~수개월 후 여러 기관에 후유증이 나타났다고 보고했다.

중국 질본 또한 후유증에 대한 발표에서 경증 환자들에게서 바이러스로 인한 다양한 질병으로 진행된 사례들을 발표했고, 영국, 이탈리아 등 여러 국가의 해외 의료 기관의 자료, 언론에는 이런 사례가 많이 다루어졌다.

코로나19 바이러스에 의한 공격 때 질병적 증세가 나타나지 않은 무증, 경증 회복자들도 당시 바이러스 공격에 의한 신체 손상이 바이러스 회복 후에도 계속 진행되어 수주~수개월 뒤에 질병적 증세로 발현하게 되므로, 현재 신종 바이러스라서 시간이 지날수록 후유증 환자의 비율은 높아질 수 있다.

7. 후유증은 치료 시 사용한 약의 부작용 때문이다. (X)

미국 질본의 발표에 따르면 약 복용이 전혀 없었던 회복자의 35%도 바이러스로 인한 질병적 후유증 증세를 보였다.

**8. 별 증상 없이 말끔히 나아서 일상으로 바로 복귀한 사람들
   은 후유증이 없다. (X)**

미국 질본 조사 발표에 따르면 바이러스가 침입했을 때는 질병적 증상으로 나타나지 않았던 무증상자들도 회복 후 차후 진행된 바이러스로 인한 후유증이 수주~수개월 뒤에 나타났다.

이는 미국 질본뿐 아니라 중국, 영국, 이탈리아 등 많은 나라에서 이미 많은 사례들이 각 국가의 질본, 의료 기관, 언론을 통해 널리 알려져 있다. 바이러스로 인한 단, 중, 장기 후유증은 다르게 나타난다. 단기 후유증이 없던 사람들도 중, 장기 후유증이 나타날 수 있다. 현재, 코로나19는 신종 바이러스로 후유증이 시작되는 단계이므로 중, 장기 후유증에 대한 자료는 당연히 없다.

같은 코로나바이러스 계열인 사스는 미국 샌디에이고 캘리포니아대학(UCSD) 대학병원의 뇌 질환 후유증 보고서에서 회복 3~4년 후에도 회복자의 54.6%가 뇌 질환을 가지고 있었다고 보고하고 있고, 메르스는 한국 국립의료원의 보고서에서 회복자의 54%가 1년 후에도 정신 건강 후유증을 가지고 있다고 보고했다. 둘 다 뇌 질환만을 조사했기 때문에, 다른 질환을 포함하면 비율은 높아질 수 있다.

9. 코로나19 후유증은 양성 확진 판정받고 바이러스 치유된 사람들만의 문제이다. (X)

앞서 말했듯 코로나19는 무증 또는 경증으로 내가 알지도 못하던 사이에 자연 치유될 수 있지만, 그런 경우에도 시간이 지나고 나서 후유증이 나타난다. 그렇기에 후유증은 코로나19 바이러스 감염 검사를 받고 양성 확진 판정을 받은 사람뿐 아니라 자신도 모르게 지나간 사람들, 그리고 우리 누구에게나 해당될 수 있는 문제이다.

10. 후유증 치료는 백신/바이러스 치료제 개발 후에나 시작할 수 있다. (X)

코로나19 바이러스 치료는

1. 방역(감염병이 발생하거나 유행하는 것을 미리 막는 일)
2. 코로나19 바이러스 감염 환자 치료

3. 코로나19 바이러스 회복자/생존자 후유증 치료

3가지 모두가 체계적으로 이루어져야 한다.
1. 바이러스 감염을 예방하는 백신
2. 바이러스 감염 후 바이러스 퇴치에 사용되는 바이러스 치료제
3. 바이러스 감염 후 공격으로 인한 신체의 피해로 생긴 후유
   증의 치료

아직 백신과 바이러스 치료제는 개발 중이지만 다양한 증상의
후유증은 "완치"라며 질본, 의료 기관마저도 후유증에 대한 정
보가 전혀 없는 우리나라와 달리, 미국, 영국, 스웨덴, 이탈리
아 등 유럽 여러 국가들과 중국 등 이미 많은 나라들이 기존의
의료 시스템을 이용해서 후유증 치료에 들어갔다.

하지만, 우리나라 질본과 의료 기관에서는 아직도 일반인이
구글에서 찾을 수 있는 해외 후유증 정보조차도 제대로 파악
못하고, "감기", "약의 부작용 때문에", "기력이 약해져서"일 뿐
코로나19는 "완치"되었다고 한다.

왜 다른 나라들은 정부, 질본, 의료 기관 모두 같이 코로나19에
대해
1. 바이러스를 막는 방역 + 2. 바이러스 퇴치를 위한 치유 + 3.
바이러스로 인한 후유증 치유 = 완치의 시스템을 구축하는데,
유독 우리나라만 코로나19는 정부는 K-방역으로 방역 중심으로

1. 바이러스를 막는 방역 + 의료 기관은 2. 바이러스 퇴치를 위한 치유 = 완치가 되어 버리고,

3. 바이러스로 인한 후유증 치유는 다른 나라들만의 딴 세상 이야기가 되어 버린 걸까?

언젠가 우리나라도 다른 나라처럼 코로나19 회복자가 체계적인 후유증 정보와 치유를 받고 정말 완치될 수 있는 날이 조만간 오기를 간절히 바란다.

2020년 8월 24일 월요일 퇴원 173일 차의 일기

차례

삶이 있는 한 희망은 있다

박 현

지역 첫 감염 발생

오늘 아침부터 저녁까지 계속 실습실에 있었다. 일이 많아서 모두가 점심은 도시락을 배달 시켜 먹었지만, 저녁까지 배달을 시켜 먹는 건 좀 심한 것 같아서, 탁한 공기의 실습실을 벗어나 걸어가면서 맑은 공기도 마실 겸 다 같이 학교 정문 앞 식당에 가서 먹었다.

방학이라서인지 저녁 식당엔 우리밖에 없었다. 뉴스를 본 식당 아주머니가 부산에서 최초의 코로나19 확진자가 나왔다고 하셨다. 대구에서 확진자가 계속 나오고 있으니, 부산도 조만간 나올 거라 생각했는데 이렇게 되었구나. 2월 초까지 쓰고 다니던 마스크도, 코로나19 청정 지역이라고 요즘 안 쓰고 다녔는데, 다시 착용을 시작해야겠다.

저녁 식사 후 다시 실습실로 오는데 비가 내리기 시작해서 뛰어 올라왔다. 인터넷 기사에 나온 부산 확진자 동선이 우리 집과 내가 다니는 헬스클럽 동선이랑 많이 겹친다. 비도 오고 해서, 남은 일은 다음에 하기로 하고 집으로 왔다.

기계 공학과 실습실은 기계가 많아서 공기가 너무 탁하고 건조하다. 집에 와서, 아주 약간의 마른기침이 나왔다. 건조한 겨울철 흔한 기침인 데다 물을 마시자마자 기침이 없어지기는 했지만, 코로나19 확진자가 주변에서 나왔다니 괜히 신경 쓰인다.

2020년 2월 22일 토요일

부산에 코로나19 확진자가 계속 나온다. 우리 집 주변 온천교회의 1박 2일 수련회에 참석한 청년들 중심으로 코로나19 확진자가 나오고 있다고 한다. 확진 동선이 내가 다니는 헬스클럽 주변이랑 상당히 겹친다. 어제도 운동을 안 갔지만, 오늘도 안 가는 게 좋겠다.

대학생들이 고3 졸업하는 대학 신입생들과 같이 수련회를 한 것이라는데, 내가 다니는 헬스클럽도 방학 동안 몸 만들겠다는 대학생들과 대학 입학 전에 몸 만들겠다는 고3들이 꽤 많다. 대학 입학한다고 들떠 있었을 텐데, 빨리 회복되어서 즐거운 대학 생활을 할 수 있기를 바란다. 대구, 경북 환자들이 병실이 부족해서 부산, 울산, 경남의 병원으로 옮겨지고 있나 보다. 경북에서 부산대병원으로 옮겨지던 한 환자가 이송 중 사망하였다고 한다. 전국 어디라도 병실이 있는 곳으로 빨리 환자들을 이송해서, 더이상 희생자가 없어야 할 텐데.

매일 운동하는 사람들 중 마스크 착용하시는 분이 딱 한 분 계시는데, 난 그분이 과잉이라고 생각했는데, 어쩌면 그분이 현명했고, 나를 포함 나머지 다른 이 모두는 코로나19 청정 지역이라고 안일했었는지도 모르겠다. 이제 나도 나갈 때 항상 마스크를 착용하고, 운동할 때도 마스크를 착용해야겠다. 그런데, 내일 운동을 하러 갈지 아니면 당분간 안 갈지는 내일 확진자가 나오는 것을 보고 결정해야겠다.

갑작스런 증상과 검사

지난주 금요일, 약간의 목 간지러움과 마른기침이 잠시 있었지만, 그 후 아무렇지도 않았다. 그러다 오늘 새벽 갑자기 호흡 곤란을 겪었다. 국내 코로나바이러스 확산이 심각한 상황이라서 난 질병관리본부 1339와 보건소에 여러 번 전화한 후, 인근 병원에 코로나바이러스 검사를 받으러 갔다.

코로나바이러스 야외 진료소에는 이른 시간임에도 이미 너무 많은 사람들이 있어, 3~4시간 정도 기다려야 한다고 했다. 나는 대기하는 의자에 앉아서 기다리던 중 그대로 의식을 잃고 쓰러졌고 땅바닥에 뒷머리를 부딪쳐 피가 났다.

머리 치료를 받은 후, 코로나바이러스 검사를 받았다. 검사자가 너무 많아서 검사 결과는 24시간 뒤인 내일 아침에 나온다고 했다. 현재 나는 내 방에서 자가격리 중이다. 내일 양성 판정을 받게 되면, 앰뷸런스가 집으로 와서 나를 격리 병동으로 데려갈 거다. 지금은 그저 쉬기 위해 잠을 청하려고 한다.

오늘 아침 난 "음성"이라는 문자를 받았다. 어제 검사를 받았던 진료소에서 온 것이었는데, 메시지를 받자마자, 실수로 음성이라는 메시지를 보냈지만 실제로는 확실하게 양성이니 문자를 지워 달라고 한다. 그리고, 조금 이따가 인근 보건소에서 연락이 올 것이라고 한다. 보건소에 현재 환자가 너무 많아 어제 양성 확진 판정 난 환자들이 오늘에야 입원하고 있기 때문에, 적어도 24시간은 집에서 격리하면서 기다려야 내일 이후 입원이 가능할 거라고 한다.

나중에 같이 사시는 나이 드신 어머님 걱정이 되어 관련 보건소에 다시 전화를 걸었더니, 보건소에서 시스템상 내가 양성이 아니고 음성이라고 기입되어 있단다. 아침에 받았던 문자와 전화 이야기를 했더니, 다시 확인하고 연락해 주겠다고 한다. 기다려도 연락이 오지 않아서 다시 연락해 보니 양성이 맞단다.

병실 부족이 심해 어제 확진 판정을 받은 환자들도 입원을 못하고 있는 상태라서 입원을 위해서는 대략 24시간을 더 기다려야 한단다. 나는 1월에 수술 후 집에서 회복 중이신 어머님을 걱정하고, 어머님은 아들을 걱정하고 계신다. 다행히도 어머님께는 아직 아무런 증상이 없다.

나는 언제 병원에 입원할 수 있을지 모르고, 병원 입원 후 이렇게 글을 계속 적을 수 있을지도 모르겠다. 난 이 세상에서 최고의 어머님, 최고의 아버님, 최고의 누나, 최고의 매형, 최고의 조카와 대단하고 훌륭한 수많은 친구, 학우들, 직장 동료들을 만나 가장 행복한 사람으로 살아왔다.

코로나19는 아직 치료제가 없는 바이러스이므로, 결국 나 자신의 면역력으로 싸워야 한다. 더이상 혼자 방에서 우는 것은 그만두고, 편히 쉬고, 잘 먹고, 물을 잘 마시고, 긍정적인 생각만 해야 한다. 내가 너무나도 행복한 삶을 살 수 있도록 해준, 나의 어머님, 아버님, 누나, 매형, 조카, 나의 친구들, 학우들, 동료들에게 항상 감사드린다.

아마도 입원 후 더는 글을 못 적을 수도 있다. 모두와 함께 행복한 시간을 다시 보낼 수 있게 되기를 기원한다. 그러기 위해, 난 강하게 이겨낼 거다.

중환자실 격리 병동 음압병실 입원

어제 자정쯤 병원으로 이송되어 중환자실 격리 병동 음압병실에 입원했다.

모두에게 감사드린다. 나는 이 바이러스를 이기기 위해 강해질 것이다. 지금 양손과 양팔에 주사와 각종 의료 기구와 연결된 선들 때문에 글을 적기가 힘들다. 그래도 산소 공급을 받아서 숨쉬기가 매우 쉬워졌다. 어머님이 감염되지 않으시고, 잘 지내시기만을 바란다. 나와 다른 환자들을 위해 너무나도 위험하고 힘든 일을 하고 계시는 모든 의료진분께 진심으로 감사드린다.

모두가 건강 관리를 잘하길 바라고, 모두에게 감사드린다.

가족과 지인 감염에 대한 걱정

#1

상태가 좋았다가 나빴다가를 심하게 반복하고 있지만, 의사 선생님 말씀이 회복되는 과정이고, 그날그날 최악의 순간이 그 전날보다 덜하다면 나아지고 있는 것이니, 좋았다 나빴다 하는 것에 너무 신경 쓰지 말라고 하신다. 언제 다시 나빠지고, 또 언제 다시 좋아질지를 알 수가 없고, 나빠질 때는 아무것도 할 수 없어서, 상태가 좋을 때마다 글을 조금씩 적어 놓으려고 한다.

술도 거의 안 마시고, 담배도 안 피우고, 헬스클럽에서 매주 4, 5번 운동해 왔기 때문에, 나는 건강하고 코로나바이러스는 다른 사람들의 문제이지 나와는 상관없다고 바보처럼 생각했었다. 나쁠 때는 바이러스가 이상하게 반응하면서 내가 정말 내 몸속에 있는 것이 맞는지 의심이 될 정도로 이상해서, 정신력으로 버티기 위해 마음을 강하게 먹고 있다.

글을 적을 수 있을 때마다 최대한으로 많이 적으려고 한다. 나의 글을 읽은 모두가 코로나바이러스가 얼마나 심각한지를 알고 자신, 가족, 친구들이 모두 코로나바이러스 감염을 피할 수 있도록 조심하길 바란다.

#2

어머님을 비롯하여 나와 밀접 접촉했던 사람들이 다행히도 모두가 음성이란다. 검사를 받고 결과를 알기 전까지 앰뷸런스 소리가 들릴 때마다 무서웠다. 어젯밤 중환자실 다른 환자 병실의 코드블루[1] 방송에 무서웠다. 하지만, 두려움이 나를 지배하게 해서는 안 된다. 난 긍정적으로 생각해야 하고 강하게 무장해야 한다.

#3

누나가 「엄마 걱정은 그만해라. 세상의 모든 엄마는 강하다. 엄마 중에서 자식이 아프고 위험한데, 아픈 엄마 없다. 그러니, 가족 걱정은 그만하고 너 자신의 회복에만 집중해라.」라고 문자 메시지를 보내 왔다.

그래, 나는 이제부터 세상에서 가장 이기적인 사람이 될 거다. 더이상 어머님, 가족, 친구, 다른 병실에 있는 환자들에 대한 걱정은 하지 않을 테다. 그들 걱정에 너무 많이 울었고, 그때마다

---

1) Code Blue. 의료코드의 한 종류로, 심정지 환자 발생 시 의료진 출동을 명하는 응급코드이다.

정신적으로 육체적으로 힘들어졌다. 이 걱정은 나와 그 누구에게도 전혀 도움이 되지 못한다.

바이러스가 정말 지독하게 행동해서, 내 몸이 아닌 것 같을 정도로 이전에는 한 번도 겪어보지 못한 이상한 신체 반응들이 끊임없이 일어난다. 신체적으로뿐만 아니라 정신적으로도 버티기 너무 힘들게 만든다. 너무나도 기이하게 반응하는 나의 육신을 버텨내기 위해서는 정신력으로 무장하는 방법밖에 없는 것 같다. 악화할 때마다 다시 좋아질 수 있다는 믿음으로 버텨야 한다.

나는 나 자신만 생각하는 세상에서 가장 이기적인 사람이 될 것이다. 그리고, 난 강하게 버틸 것이다.

음압병실 안 심장 모니터 소리

#1

세상에서 가장 아름다운 음악을 알게 되었다. 내 심장이 뛰고 있다는 것을 알려 주는 모니터의 삡 소리가 나에게는 최고의 음악이다. 며칠 동안 무한 반복되어도 전혀 질리지 않고, 흥겨운 왈츠처럼 들린다. 내 심장이 나를 위해서 이렇게 아름다운 소리를 낸다는 것을 알게 되어 너무 기쁘다. 모니터에 보이는 그래프는 알프스 산맥 같다. 난 지금 오스트리아의 알프스에서 왈츠를 즐기고 있다.

그리고, 이 음악은 내가 안심하고 잠을 잘 수 있게 해 주는 최고의 자장가다. 나는 이 음악을 너무도 사랑하고, 이 아름다운 음악을 아주 오랫동안 즐기고 싶다.

#2

난 먹을 수 있고, 물을 마실 수 있고, 내 다리로 스스로 걸을 수 있다는 것이 이렇게 대단히 행복한 것이라는 걸 이제서야 알게 되었다. 며칠 전, 내 배는 너무나도 고프다고 하고, 나의 입과 혀는 너무나도 맛있다고 하는데도, 숨쉬기가 힘들어서 음식을 먹는 것이 너무 힘들었다.

다행히도 CT 검사 결과가 좋아서 물을 마시고 음식을 먹을 수 있게 되었다. 이제서야 나는 인생의 진정한 행복이 아주 단순한 것에 있다는 것을 알게 되었다. 그저 음식을 먹을 수 있고, 물을 마실 수 있고, 걸을 수 있고, 잠을 잘 수 있는 것이 너무나도 큰, 진정한 행복임을.

내가 다닌 어떤 학교도 나에게 이것을 가르쳐 주지 않았다. 코로나바이러스가 나에게 인생의 진정한 행복을 가르쳐 주고 있다. 나는 어느 때보다 더 많은 것을 배우고 있다. 하지만, 이 나쁜 코로나바이러스는 배움의 대가로 너무나도 심한 정신적, 신체적 고통을 요구하고 있다. 이 나쁜 녀석에게 큰 학비를 낸 만큼, 난 오랫동안 진정한 행복을 즐겨야 한다.

#3

운 좋게도 더이상 약으로 인한 아주 심각한 부작용은 없다. 처음 며칠간은 약을 먹은 후 아주 심한 부작용이 있었다. 의사 선생님 말씀으로는 환자 중에서도 특히 젊은 환자들에게 많이 보고된 부작용이라고 하셨다.

약의 복용 후, 가슴과 배가 타는 듯한 증상이 너무 심해서, 의사 선생님에게 잠시 약을 복용하지 않고 상태를 보다가 다시 복용할 수 있을지 물어봤었다.

평소 친절하시던 의사 선생님이 이번만은 답변이 확고하셨다. 치료제가 없어서 부작용을 감수해야 하는 상황이고, 살아남기 위해서는 유일하게 그나마 줄 수 있는 약이라서 복용하면서 몸이 적응 가능한가를 지켜보는 수밖에 없다고 하셨다. 그래, 내가 너무 나약했다.

그리고 의사 선생님이 옳았다. 부작용이 완전히 없어진 것은 아니지만, 참을 수 있을 정도로 몸이 적응하기 시작했다. 나에 게는 최고의 의료진이 있고, 그들이 위험하고도 힘든 일을 나를 위해서 해 주고 있으니 정말 행운이다. 난 정말 행운아이다.

나는 바이러스와 싸워 이길 거다

#1

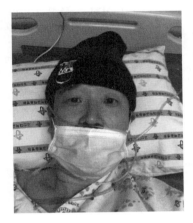

나의 병실 사진을 대학 동문 왓츠앱(Whatsapp) 그룹 메신저에 올렸다. 솔직히 난 축구 팬은 아니지만, 내 친구인 조르디(Jordi)와 마르타(Marta) 부부가 예전에 크리스마스 선물로 준 이 모자를 병원 올 때 쓰고 왔다. 사진을 올릴 때, 마드리드 출신인 하이메(Jaime)와 빅토르(Victor)가 뭐라고 할 줄 알았다. 하이메가 나를 위해 다른 걸 보내줄 테니 병원 주소를 알려달란다. 이탈리아 출신인 크리스티안(Christian)은 나폴리 모자를, 카르민(Carmine)은 유벤투스 모자를 보내 주겠단다.

그래, 난 바이러스와 혼자 싸우는 게 아니다. 내 가족과 친구

31

들과 함께 싸우고 있다. 거기다가 FC바르셀로나도 함께 싸우고 있다. 나를 위해 메시가 바이러스를 공격하고, 피케가 나를 위해 방어하고 있다. 거기다가 내 친구들이 레알 마드리드, 유벤투스, 나폴리까지 보내 주고, 심지어 배트맨과 로빈까지 함께 싸운다.

바이러스는 혼자이지만, 함께 싸우는 내가 이길 확률은 100%이고 이 바이러스가 이길 확률은 0%이다!

#2

많은 친구가 초대 메시지를 보내왔다. 샌디에이고에서 친구 가족의 초대, 런던에서 8월에 이사한 친구의 새집으로의 초대, 바르셀로나에서 친구 가족의 초대, 루마니아 산속 별장으로의 초대, 핀란드에서 사우나 딸린 호숫가 별장으로의 초대, 고등학교 동창들과 벚꽃 구경. 이외에도 나의 너무나도 좋은 친구들이 회복 후 함께 즐거운 시간을 보내자고 초대 메시지를 보내왔다.

코로나바이러스는 이 모든 초대가 나 혼자만을 위한 초대라는 걸 알아야 한다. 이 나쁜 바이러스는 초대 없이 나를 침범했고, 나는 멋진 친구들로부터 즐거운 초대를 받았다. 이제 초대받지 못한 나쁜 바이러스는 내 몸에서 완전히 나가야 할 시간이다.

#3

선천적으로 심장과 신장이 약했던 나는 초등학교(당시 국민학교) 4학년 때까지 의사 선생님이 뛰면 안 된다고 해서, 체육 수업에 참여하지 못하고, 항상 교실에 혼자 있었다. 가끔 학교나 집에서 기절하기도 했었고, 초등학교 2학년 때까지는 정말 많은 시간을 병원에서 보냈다. 많이 좋아졌고, 3, 4학년 때는 한 번도 기절한 적이 없어 5학년 때부터는 달려도 되었고, 체육 수업에 참여해도 되었다. 그 후로 지금까지 항상 건강한 식단 유지와 규칙적인 운동을 해왔다.

어릴 때부터 자주 아팠지만, 난 한 번도 병에 진 적이 없다. 이 나쁜 바이러스는 내 몸을 침범하고, 어떻게 공격하는지를 아는 것 같다. 하지만, 바보 같은 바이러스는 이 몸이 나의 몸이라는 걸 알아야 한다. 내 몸은 나의 홈그라운드이고, 나의 영역이다. 어릴 때부터 정말 많이 아팠지만, 한 번도 내 홈그라운드인 나의 몸에서 져본 적 없다. 무패이다!

불안정했던 시기를 벗어나며

이제 안정적으로 되었다!

의사 선생님이 MRI 등의 검사를 더 해 봐야 하겠지만 격리상
태로 현재 불가능한 테스트들을 제외하고 테스트받았던 결과
로 판단하면, 위기의 순간들은 모두 지나가고 이제는 안정되었
다고 하신다. 상태가 안정된 후에도 갑자기 치명적인 상황으로
다시 바뀌는 경우가 간혹 있기 때문에, 갑자기 이상이 느껴지
면 즉시 간호사님에게 알려 달라고 하신다.

의사 선생님 말씀이 한국의 감염 환자 급증으로, 격리 병동의
병실이 부족해서 많은 환자들이 며칠 동안 집에서 기다려야 한
단다. 입원 당시 나의 상황이 다른 환자들보다 안 좋아서 빠르
게 입원이 진행되었고, 24시간 기다리는 대신 10시간 만에 입원
이 가능했다. 입원하자마자 바로 각종 검사가 진행되었다. 그 검
사에서 이미 폐렴 초기 증상이 관찰되었지만, 다른 중환자들처
럼 광범위하게 번지지는 않았단다. 그래서 중환자실 격리 병동
음압병실에 바로 입원되어 산소 공급을 했고, 다른 환자들보다
빨리 처음부터 약을 복용했단다. 부작용이 처음엔 심했지만, 결

국 줄어들었고, 이제는 안정적인 상태가 되었단다.

의사 선생님 말씀이 더 진행되기 직전에 빨리 입원이 되어서 정말 다행이란다. 이 바이러스가 갑자기 급성 폐렴으로 진전되기 때문에 시간이 좀 더 늦었으면 힘들었을 수도 있었기에 참 운이 좋았고, 다행히 약이 효과가 있었던 것도 운이 좋았단다. 아직은 바이러스를 내 몸에서 완전히 제거하기까지 시간이 많이 걸리고, 매일 좋았다 나빴다를 반복하겠지만, 이제는 스스로 걸어서 병원을 나갈 수 있을 테니 안심하라고 하신다. 코로나바이러스를 제거할 때까지 여전히 노력해야 하겠지만, 꼭 성탄절 선물을 미리 받은 기분이다.

부산, 경남 지역 병원들은 부산에 확진자가 나오기 전부터 이미 대구, 경북 환자들로 반 정도 채워져 있던 상태였기 때문에, 병실이 부족하여 나처럼 운 좋게 단독 병실에 있지 못하고 한 병실에 2명이 들어간 경우도 꽤 있단다. 특히, 음압병실이 심하게 부족하다고 한다. 다른 환자들이 이 병실에서 치료받을 수 있도록 내가 빨리 회복해야 한다.

환자를 살리기 위해 이렇게 위험하고 힘든 일을 하시는 숭고하신 모든 의료진과 나에게 격려와 용기를 보내 주시는 모든 분들께 감사드립니다. 이 모든 도움과 격려 덕에 제가 강하게 버텨넬 수 있었고, 안정적으로 나아질 수 있었습니다. 코로나바이러스를 제 몸에서 완전히 제거할 수 있도록 끝까지 버티고 싸울 힘을 주고 계십니다. 너무나도 감사드립니다.

긍정의 힘으로 치유

#1

긍정적인 마음을 유지하기 위해 입원 후 뉴스를 보지 않았지만, 중국 우한, 후베이성처럼 우리나라의 대구, 경북의 의료 시스템이 붕괴되어 병실 부족이 심각해서 1~2주간 자가격리하면서 입원을 기다리다가 사망하는 환자들이 속출하고 있다는 이야기를 들었다. 이탈리아의 롬바르디아와 베네토 지역의 상황도 좋지 않다는 이야기를 들었다.

환자분들 힘내세요. 당신과 접촉한 가족과 친구들에 대한 걱정은 그만 하세요. 그들은 강합니다. 그들은 당신이 걱정을 멈추고 이겨내길 원합니다. 병원 이송을 기다리면서 혼자 방에서 불안해하던 순간을 저도 겪었습니다. 혼미해지는 정신 속에 불안해하면서 살기 위해, 정신을 놓지 않기 위해 발버둥 치던 순간을 저도 겪었습니다. 힘내세요. 가족과 친구가 함께합니다. 저도 당신과 함께 합니다. 우리 같이 이겨냅시다.

#2

난 코로나바이러스가 다른 사람들의 문제이지 내 문제가 아니라고 생각했다. 자주 운동하고, 자주 손을 씻고, 손 세정제를 지나치게 사용하고, 코로나바이러스 감염자가 한 명도 없는 청정 지역에 있는, 건강한 나의 문제는 아니라고 태만하고 바보스럽게 생각했다. 항상 그렇듯이 난 "바보스럽게 자만"하고 있었다.

언론에서 정부와 의사들은 손을 깨끗이 씻고 손 세정제를 사용하면 아무런 문제가 없고, 건강한 사람에게는 감기나 독감 정도일 뿐이고 단지 환자나 면역력이 많이 약한 노인층만 심각한 증상이 있을 수 있다고 했다. 그러니 경제가 침체에 빠지지 않도록, 건강한 사람들은 걱정하지 말고, 외식을 하고, 사람들과 만나서 어울리면서 사회생활을 하면서, 소비를 하면서 일상생활을 영위하라고 했다.

어머님이 수술 후 4주간의 입원을 마치고 퇴원하던 시기쯤, 처음 수도권에서 국내 최초의 환자가 발생했을 때는 거의 모두가 마스크를 착용하기 시작했다. 그러나 그 후 1달 넘게 부산에는 감염 환자가 1명도 나오지 않으면서 마스크를 착용하는 사람은 보기 힘들었고, 나도 마스크를 착용하지 않게 되었다. 코로나바이러스 청정 지역인 부산에서는 사람들이 평소처럼 외식하고, 쇼핑하고, 사회생활을 즐기고 있었다.

하지만, 부산과 같이 코로나바이러스 청정 지역이었던 대구에서 첫 감염자가 발생하고, 갑자기 감염자 숫자가 폭증하기 시작하면서, 대구, 경북 지역의 의료 시스템이 붕괴되고, 병실 부족으로 부산, 경남, 울산의 병원으로 환자들이 이송되기 시작했다. 곧 부산도 첫 감염자가 나오던 날, 2명의 감염자가 동시에 발생했고 급속히 코로나바이러스 감염 환자가 증가하기 시작했다.

난 코로나바이러스 청정 지역에 있어서 안전하다고 태만하게 생각했다. 매주 4~5일 헬스클럽에서 운동하고, 건강한 식단으로 식사를 하고, 금연, 금주를 하고 있고, 자주 손을 씻고, 손세정제를 지나치게 사용해 왔기 때문에 안전하다고 생각했다. 그래서, 난 이 지독한 바이러스를 전혀 걱정하지 않았고, 최근 운동량을 2배로 늘리면서 1주일간 계속 몸이 아주 피곤한 상태였다. 건강한 사람이라도 지나친 운동이나 지나친 업무로 피곤이 누적되면, 면역력이 떨어져서 위험할 수도 있다.

중국 질본이 2월 중순 발표한 보고서에 따르면 이 바이러스는 초기 증상이 아주 미미하다. 목이 약간 간지러운 정도, 건조한 겨울날 흔히 하는 약간의 마른기침, 약간의 근육통 등 일상에서 자주 느끼는 아주 미미한 증상이라서 인지하기가 힘들다고 보고하고 있다. 그리고 감염자의 80%는 무증상 또는 미미한 증상만 겪다가 자기 면역으로 자연 치유가 되어서 감염 사실을 모르는 상태에서 완치되지만, 이런 경우에도 다른 이를 감염시킨다고 한다.

나 또한 피곤할 때 아주 가벼운 목 간지러움, 건조한 겨울날 물을 마시면 바로 없어져 버리는 정도의 아주 가벼운 마른기침만 금요일 밤에 했을 뿐이고, 그 후 이 증상은 바로 사라져 버렸다. 토, 일요일은 잘못 자고 일어나면 흔히 겪는 근육이 약간 당기는 정도를 가슴 부근에서 겪었을 뿐이다. 그리고 월요일, 갑자기 호흡 곤란이 온 것이다. 평소 건강했던 사람이라도 신체가 피로해서 면역력이 약해진 상태에서는 코로나바이러스가 폐를 공격해서 급성 폐렴으로 진행되면 아주 짧은 시간에도 치명적일 수 있는 것 같다.

경주에서도 40세 남성이 그의 동료들의 말에 따르면 그 전날 직장에서 가벼운 기침 증상만 보였는데, 다음 날 사망한 채 발견되었고, 사후 검사 결과 코로나바이러스 양성 판정이 나왔다. 이분은 경주에서 첫 번째 감염자이면서 사망자이셨다.

이 글을 읽는 많은 분들이 업무나 학업을 열심히 하시고 있으시겠지만, 지금은 절대적으로 과도한 업무나 학업을 피해야 할 시기입니다. 제가 코로나바이러스 때문에 과도한 업무나 학업을 하지 말라고 하면, 동료나 상사에게 할 만한 농담이라고 생각하시는 분들이 많으실 겁니다. 하지만, 정말 진심으로 지금 코로나바이러스가 확산하고 있는 상황에서 여러분의 몸을 지나친 업무, 학업, 운동으로 피로하게 만들지 마시길 부탁드립니다.

그리고, 저처럼 태만하고 자만하게 내 문제가 아니고 남의 문제이고, 손만 잘 씻고 손 세정제만 사용하면서 우리 지역에 감염자가 없으니 안전하다고 착각하지 마시길 바랍니다.

지금은 우리 모두가 서로를 위해서 조심해야 할 시기입니다. 우리가 공포에 빠질 필요는 없지만, 항상 각성은 해야만 합니다.

여러분의 가족분들과 친구분들에게 꼭 말해 주세요.

"항상 조심하세요! 몸을 과로한 업무, 운동, 학업으로 피로하게 하지 마시고, 건강하게 식사하시고, 충분히 물을 섭취하시고, 숙면 취하셔서 면역력 높게 유지하세요. 당분간 여행과 사람이 많은 곳은 피하세요. 본인과 사랑하는 주변 분들과 함께 서로 건강한 시간을 가지시길 바랍니다."

입원 후 처음 고통 없는 숙면

#1

이미 내 몸이 좋아졌다는 걸 느낄 수 있다. 어젯밤 처음으로
고통 없이 숙면을 취할 수 있었다. 의사 선생님께서 부작용은
지독했지만 나의 치유에 도움을 준 이 약은 더이상 먹지 않아
도 된다고 하신다. 너무 기분이 좋다!

의사 선생님 말씀이 나는 호흡 곤란 때문에, 입원하자마자 바
로 약을 복용하고 산소 공급이 시작되었지만, 다른 병원에 입
원해 있는 젊은 환자들 중에는 아무런 증상이 없어서 아무런
의학적 치료도 안 받고 있고, 증상은 없지만 그냥 검사에서 계
속 양성이 나와서 퇴원을 못 하고 있는 환자들이 많단다. 난
아직 통증이 남아있기는 하지만, 산소 공급만 계속하고 약은
이제 복용 안 해도 될 것 같다고 하신다.

생명을 살리기 위해 위험하고 힘든 일을 하시는 모든 의료진에
게 깊은 감사를 드립니다. 그리고, 격려와 용기를 주신 모든 분
들에게 감사를 드립니다. 덕분에 이렇게 좋은 상태까지 회복이

될 수 있었고, 인생의 행복을 다시 느낄 수 있는 기회를 잡을 수 있었습니다. 너무나도 대단히 감사드럽니다.

#2

옆방에 계시는 환자분이 걱정된다. 이 병원의 중환자실 격리 병동 음압병실에는 나와 옆방 환자분 2명만 있다.

나를 싣고갈 앰뷸런스가 도착하기 바로 직전에 옆방 환자분 앰뷸런스가 도착해서, 그분이 입원하시는 동안 난 30분간 구급차 안에서 기다려야 했다. 입원하던 밤, CT 검사를 받으러 가던 중 그분 병실의 이중 유리문 너머로 잠시 모습만 뵈었을 뿐이다.

첫날 밤 중환자실 코드블루 방송을 들었을 때, 나는 그분이 아니길 바랐다. 난 이기적이게도 다른 환자의 코드블루 방송을 들으면서도, 그분이 나와 같은 병을 가진 환자는 아니기를 바랐고, 다음 날 아침 그분이 아니라는 것을 알게 되었을 때 안도했었다.

벽 너머로 그분의 기침 소리를 들을 때마다 나는 두려웠다. 그래서 기침 소리를 무시하려고 노력했고, 그분을 걱정하지 않으려고 노렸했다. 나는 정말 이기적이었다.

우리 둘 다 이 병원을 걸어서 나갈 수 있다면, 언젠가는 같이 만나서 이 아프고 힘들었던 순간에 대한 이야기를 함께 나누고 싶다. 난 아마도 조만간 내 발로 걸어서 퇴원을 할 수 있을지도 모른다. 그래서인지 이제 옆방의 환자분을 걱정하기 시작한다. 나는 그분이 누구인지 모르지만, 나와 같은 병의 환자가 옆방에 있다는 이유만으로 의지하고, 위로를 받고 있었던 것 같다.

매일 의사 선생님께서 난 잘하고 있고 아주 빠르게 회복되고 있지만, 옆방 환자분은 식사도 많이 힘들어하시고, 폐렴 증세도 안 좋으시다고 하셨다. 옆방 환자분의 기침 소리가 매일 갈수록 커지고 있다.

다행히도 나는 곧 건강이 회복되어 퇴원을 할 수 있을 것 같다. 옆방 환자분도 빨리 회복되셔서 조만간 퇴원을 하실 수 있기를 기원한다.

첫 번째 음성

#1

첫 번째 "음성"

요즘 나에게는 매일 새로운 최고의 날이다! 내일 또 한 번 음성 결과가 나오면, 나는 퇴원할 수 있다. 그 후, 집에서 자가격리나 부산시가 지정한 격리 센터에서 14일 또는 21일간 격리를 하게 된다. 아직도 병실 부족이 심각하다고 하니, 내가 퇴원하고 이 병실을 다른 환자가 사용할 수 있다면 정말 좋을 것 같다.

#2

환자들을 위해 헌신하시는 모든 의료진에게 진심으로 감사드립니다. 특별히 간호사님들이 너무 고생하십니다. 땀이 차는 방호복, 올라간 체온 때문에 뿌옇게 김 서린 고글과 장갑으로 손의 감각을 느끼기 힘든 상황에서도 환자가 아프지 않게 한 번에 주사를 놓기 위해 애쓰십니다. 심지어 외부인이 들어올 수 없어서 직접 병실 청소까지 해 주신다고 너무 고생하십니다. 너무나도 고맙습니다.

#3

영국 BBC 뉴스에서 나와 비슷한 나이로 보이는 싱가포르 여성인 회복자의 인터뷰를 보았다. 코로나19 감염으로 9일간 입원 후 2월 초에 퇴원한 후, 지금 1달 정도 지났지만 후유증으로 여전히 조금 오래 서 있거나 걸으면 숨이 가빠져서 더 이상 서 있거나 걷기 힘들다고 한다. 바이러스 회복 후 1달이 지나도 힘들다고 하지만, 그래도 회복이 되었다는 이 싱가포르 환자분의 이야기가 나에게는 너무나도 많은 도움이 된다.

두 번째 음성!

#1

두 번째 "음성"!!!

의사 선생님이 오시자마자 웃으시면서 "이제 입원비만 내시고 그냥 퇴원하시면 됩니다! 두 번째 음성 결과가 나와서 완치자로 퇴원 가능합니다."라고 말씀하셨다.

월요일에 빠르면 1주일 정도 후에는 퇴원할 수도 있을 거라고 하셨는데 그보다도 더 빨리 퇴원이 가능해졌다. 의사 선생님도 어제 벌써 1차 음성이 나와서 놀랐는데, 예상보다 나의 회복이 엄청 빨랐다고 하신다. 격리가 끝나고 나서 사태가 진정되고 나면 한번 방문하라고 하신다.

이제 내 물건들을 소독하고, 샤워를 하고, 입원비를 내고, 병원을 떠나면, 격리된 여기를 떠나서 진짜 세상으로 다시 나갈 수 있게 된다. 나는 살아났고, 진짜 세상으로 다시 나갈 수 있다!

집에서 14일간 격리가 필수는 아니지만, 권유 사항이라고 하신다. 14일간 자가격리를 하더라도, 난 정말 살아있다는 걸 느낀다!

* 당시 퇴원 수속 절차가 지속적으로 바뀌던 상황이라서 정보 혼란이 심해서 입원비에 대한 이야기가 나왔지만, 실제로는 입원비가 없었다. 또한, 당시 완치 후 퇴원자는 자가격리가 법적으로 필수는 아니었다. 나중에 입원 때 치료비에 대한 개인 부담금이 7월에 부과되었다고 연락이 와서 지불했고, 그리고 10월에 추가로 더 부가되었다고 또 연락이 와서 지불했다.

#2

내가 입원 후 잘 하지도 않던 페이스북에 매일 글을 올리기로 했을 때, 나의 상태가 좋았다 나빴다를 수없이 반복하면서, 상황이 안 좋을 때마다 정신을 잃고 있다는 걸 느꼈고, 상황이 좋아질 때마다 이게 내가 글을 적을 수 있는 마지막 순간일 수도 있겠다고 생각하고 글을 적었었다. 최악의 상황을 지난 후, 나는 살 수 있다는 걸 느끼기 시작했다.

지금 병원에서 퇴원을 하며, 저를 보살펴 주시고 위험하고 너무나도 힘들지만 환자를 위해서 숭고한 일을 해 주신 고신대학교 복음병원 중환자실 격리 병동 음압병실 의료진 모든 분에게 깊이 감사드립니다. 또한 저의 마음속 깊은 곳에서부터, 저에게 격려와 용기를 주신 모든 분들에게 감사드립니다. 덕분에 이 지독한 바이러스와의 싸움에서 버텨낼 수 있었습니다.

제발 항상 조심하세요! 과도한 업무, 운동, 학업으로 피로가 누적되도록 하지 마시고, 건강한 식사, 충분한 수분 공급, 숙면, 그리고 비타민 D 형성을 위한 햇살 받기로 모든 분이 면역력 좋게 유지하셔서, 건강하세요.

#3

내가 치료받았던 격리 병동 음압병실 침대에서의 나의 시각을 찍은 사진이다. 아마 이 지독한 경험도 기억에서 점차 사라지고, 난 또 인생의 여러 가지 것들에 대한 불평을 하기 시작할 것이다.

하지만, 미래에 내가 도전에 직면할 때마다 이 사진은 나에게 힘을 줄 것이다. 나는 이제 퇴원해서 집으로 간다. 아마 며칠 간은 정말 많은 잠을 자야 할 것이고, 여전히 약의 부작용이 남아있기 때문에 회복에 집중해야 할 것이다. 사실 인생은 가끔 정말 지랄 같다. 하지만, 그래서 인생은 대단히 멋있다! 그냥 삶을 살아간다는 것만으로 인생을 즐길 수 있는 충분한 이유이다.

인생의 진정한 행복을 알 수 있게 해 주고, 그 즐거움을 계속 즐길 수 있도록 도와준 모든 분에게 감사드립니다.

새로운 시작의 첫날

#1

사람들은 흔히 "단 한 번 사는 인생"이라고들 한다.

하지만, 나는 "인생 전환"의 경험이라는 것의 진정한 의미를 이제 이해하게 되었고, "단 한 번 죽는 인생"이지만 여러 삶을 사는 것이라는 걸 알게 되었다.

나는 아마도 여전히 이전과 같은 바보스러운 실수와 나쁜 습관을 계속해 갈 것이다. 하지만, 이번에 나는 내 인생을 다시 생각하게 되었다. 내가 내 인생에 어떤 변화를 만들지는 아직 모르지만, 이번에 생각한 몇 가지의 길을 한번 경험해 보고자 한다. 회복이 된 후, 몇 개월 또는 1년간 일을 떠나 새로운 길에 대한 도전을 하면서, 미래에 내가 살아가고 싶은 삶을 찾고자 한다.

또한, 너무나도 고생하시는 간호사분들을 위해 간호 대학을 위한 장학금을 조성할 방법을 찾아보고자 한다. 그리고, 코로나19 회복자분들과 만나서 서로의 경험을 나누면서 같이 정신적 치유를 하고 싶다. 그리고, 코로나19 환자와 회복자에 대한 사회적 편견과 잘못된 시각을 없애기 위한 글을 적고 싶다.

다른 모든 사람처럼 한 번 죽는 인생에서, 이번에 새로운 삶의 기회를 행복과 진정한 삶의 의미를 느끼면서 살겠습니다.

코로나19를 처음 세상에 폭로하고, 다른 환자분들을 치료하시다가 33세의 젊은 나이에 돌아가신 중국 우한의 리원량(Li Wenliang) 의사 선생님께 깊은 감사를 드립니다.

용기와 격려를 해 주신 모든 분 덕에 이 지독한 바이러스와 싸울 수 있었습니다. 저의 새로운 삶을 함께 즐길 수 있기를 바라고, 미래에 제가 도움이 될 수 있는 것이 있다면 알려 주시기 바라며, 인생을 함께 즐길 수 있는 기회가 있기를 바랍니다.

#2

음성 확정받고 퇴원했지만, 여전히 약의 부작용과 후유증은 심하다.

너무나도 고마우신 고신대학교 복음병원 격리 병동 음압병실 의료진분들에게 감사 편지를 적었는데, 자가격리 중이라서 편지로 부칠 수 없어서, 이메일로 보냈다. 병원 웹 사이트에 의료진분들 이메일 주소가 안 나와서, 웹 사이트에 나와있는 병원 연락 이메일로 편지를 의료진과 환자분들에게 전달해 달라고 부탁드렸다.

퇴원 3일 차

2020년 3월 7일 토요일

코로나19 검사를 기다리다 의식을 잃고 쓰러져 머리에 피가 나며 다쳤을 때 너무나도 감사하게 보살펴 주셨던 대동병원 선별진료소 의료진분들에게 감사 편지를 대동병원 웹 사이트에 나와 있는 이메일 주소로 첨부해서 보냈다.

그리고, 입원하던 날 1시간 걸리는 고신대학교 복음병원까지 앰뷸런스 내에서 덥고 숨쉬기도 불편한 보호복을 입으신 채로 동행해 주시면서도 친절하게 안심하라고 말씀 걸어 주시고, 도

착 후에 바로 몇 분 전에 도착한 다른 환자분 입원을 기다린다
고 30분간 더 고생하신 앰뷸런스 동승자분과 운전자분, 퇴원
때 집까지 데려다 주시고 건강 회복 잘하라고 하시던 앰뷸런스
운전자분 등 동래보건소 관계자분들에게 감사 편지를 보내고
싶은데, 웹 사이트에 이메일 주소도 안 나와서, 지인에게 팩스
로 보내 달라고 부탁했다.

퇴원 4일 차

2020년 3월 8일 일요일

내가 페이스북에 올렸던 글들을 보고, 내 인생 첫 직장 생활을
시작했고 나의 20대 후반과 30대 대부분을 보낸 나라인 핀란
드의 국영방송 YLE에서 연락이 와서 전화 인터뷰를 했다. 인
터뷰 동안 느낀 건, 역시 핀란드는 문제가 생기기 전부터 투명
하게 정보를 공유하고, 그 정보를 바탕으로 철저하게 준비하려
한다는 것이다. 마지막으로 핀란드 국민들에게 당부하고 싶은
말이 있느냐고 해서, 코로나19에 핀란드 국민들이 공포를 느낄
필요는 없지만, 정확히 알고 조심을 해야 한다는 경각심을 가

지고 감염을 방지해서 모두가 건강하고, 핀란드 정부와 의료계가 대비를 잘하기를 바란다고 했다.

핀란드 언론 인터뷰 후, 나에게 직접 도움을 주셨던 고신대 복음병원 중환자실 음압병동, 대동병원 선별진료소, 동래보건소뿐 아니라 우리나라의 코로나19 환자를 돌보시는 모든 의료진 분들에게 감사를 드리고 싶다는 생각이 들었다.

위험하고 힘든 상황에서도 숭고한 일을 하시고 계시는 전국 모든 코로나19 환자를 돌보는 의료진에게 감사 편지를 보내고, 전국 모든 코로나19 환자분들에게 격려 편지를 보내고 싶어서, 일단 부산과 상황이 심각한 대구, 경북의 코로나19 환자 입원 병원들을 찾아봤다. 십여 곳의 병원과 의료원 웹 사이트 모두 이메일 주소가 없다. 친구들에게 방법을 물어보다가, 언론에 편지를 보내기로 했다.

다른 환자의 경험에 대한 이야기가 있으면, 환자들에게도 도움이 되고, 방송에 출연하는 의사분들마저도 각각 다른 의견을 낼 정도로 너무나도 혼란하고 부정확한 정보들이 언론에 넘쳐나는 상황에서 환자 개인의 경험이 어느 정도 도움이 될 수 있을 것 같아서, 나의 환자로서의 경험담도 적어서 보내기로 했다.

완치자의 편지, 의료진 감사 편지, 환자 격려 편지를 이메일로 동아일보, 한국일보, 경향신문 등 11개 언론사에 보냈는데, 그 중 동아일보에서 연락이 왔다. 인터뷰 요청을 했지만, 퇴원 시에도 여전히 약의 부작용과 바이러스의 후유증이 심한 몸에 편지를 쓴다고 무리를 해서 상태가 너무 안 좋아, 인터뷰가 불가능함을 알려 드리고, 편지와 나의 페이스북상의 글들과 사진들을 자유롭게 사용해 기사를 작성하시길 부탁드렸다.

대동병원과 동래구보건소에 보낸 편지들을 기사화하고 싶다고 KNN, 부산일보에서 연락이 와서 인터뷰를 요청했지만, 역시 몸이 안 좋아서 편지와 나의 페이스북상의 글과 사진들을 사용해 달라고 부탁드렸다.

동아일보에서 기사가 났고, 갑자기 지인들의 연락이 빗발쳤다. 네이버, 다음 모두 오늘 가장 많이 공유한 뉴스 1위에 올랐단다. 초, 중, 고등학교 동창들도 어떻게 연락처를 알아냈는지, 카톡 메시지가 많이 온다. 초등학교 졸업한 후 35년간 연락한 적 없는 동창도 연락이 왔다. 대부분 격려의 내용이었지만, 누군지도 안 밝히고 다짜고짜 "폐 손상되면 영구적으로 회복 불가라던데 진짜냐?"고 보내온 아직 철 덜 든 것 같은 동창들도 있었다. 도대체 누군지도 모르지만, 환자에게 첫 내용으로 보낼 내용은 아닌 것 같고, 의학적 질문은 의사에게 하라고 하니, 그제서야 동창 누구라고 밝히면서 미안하다고 한다.

완치자의 편지(회복자 경험담)가 7장이나 되어서, 언론에 보내기 전 친구들에게 의견을 물어봤을 때, 어차피 언론 기자분들이 요약 정리 잘해줄 테니, 모두 다 보내라고 했는데, 동아일보 기자님이 너무 요약 정리를 잘해 주셨다.

막내 삼촌과 숙모님이 KNN 방송 봤다고 전화오셔서 고생했다고 펑펑 우신다. 삼촌은 목이 메어서 말씀을 못 하신다. 걱정 끼쳐 드려서 너무 죄송하다.

JTBC에서 전국 뉴스로 의료진 감사 편지를 내보내고 싶다고 연락이 왔다. 여전히 몸이 안 좋아서, 인터뷰가 힘들다고, 편지 내용 모두를 보내드리고, 나 대신 고신대학교 복음병원 중환자실 격리 병동 음압병실 의료진분들의 인터뷰를 해달라고 부탁 드렸다. 뉴스의 주인공은 내가 아니고, 의료진이 되어야 하는 게 맞는 것 같다.

JTBC 기자님이 고신대학교 복음병원 중환자실 격리 병동 음압병실 의료진분들을 인터뷰해 주시고, 그분들의 고마움이 소개될 수 있도록 뉴스에 내주셔서 감사드린다.

JTBC 뉴스 후에도 많은 연락이 왔다. 동아일보 기사 후, 국내외 언론 인터뷰 문의가 너무 많다. 이미 30개 이상의 국내 언론 및 해외 언론의 국내 특파원들의 연락이 왔다.

몸이 여전히 너무 안 좋아서, 나의 페이스북과 편지들을 이메일로 알려 주고, 이들 내용과 사진을 근거해서 자유롭게 기사화해도 된다고 답장 드렸다.

사회적 책임으로서, 나의 경험을 더 많은 이에게 나눔으로써 도움이 되었으면 하지만, 여전히 약의 부작용과 바이러스의 후유증으로 몸의 상태가 너무 안 좋아서 전화 인터뷰나 질문지 답변이 불가능하다.

절대적 안정을 취하면서 약의 부작용과 바이러스의 후유증 회복에 집중하고자 한다.

퇴원 9일 차

2020년 3월 13일 금요일

병원에 있을 때는 그냥 실온의 물을 마셨는데, 퇴원하고 나서는 보온병에 따뜻한 물을 마시고 있다. 병원에 있을 때도 간호사분이 따뜻한 물을 원하면 보온병에 가져다 주시겠다고 했는데, 그냥 실온의 물을 마셨었다. 따뜻한 물을 마시니 가슴이 좀 더 편하다.

입원해 있을 때 약을 먹고 나면 바로 가슴이 타는 듯하고, 그 뒤에 배가 타는 듯했던 증상은 이제는 완전히 없어졌다. 그게 바이러스랑 싸운다고 그런 것인지, 약의 부작용 때문인지는 모르겠지만, 하여튼 없어졌다.

미국 언론사인 바이스(Vice)에서 나의 페이스북과 편지들에 근거해서 여러 나라 언어로 기사를 냈다. 바이스를 이렇게 많은 사람들이 볼 줄은 몰랐다. 내가 졸업한 미국 대학과 영국 대학의 동기들, 예전 직장 동료 등 미국, 유럽, 아시아 각 지역의 나의 예전 대학 동기, 직장 동료들이 기사를 봤다고 연락이 엄청 왔다.

바이스 기사 후에 미국 NBC, 영국 BBC에서 화상 인터뷰 요청이 들어왔다. 하지만, 몸의 상태가 여전히 좋지 않아서 당분간은 화상 인터뷰가 불가능함을 알렸다.

홍콩의 SCMP에서 나의 페이스북과 편지들에 근거해서 기사를 냈다. 싱가포르 친구 1명과 태국 친구 1명이 기사를 봤다면서 연락이 왔다.

아무래도 코로나19가 우리나라만큼 심각하지는 않지만 확산되고 있다는 이탈리아와 미국의 워싱턴주 시애틀에 있는 친구들에게 더 많이 연락이 온다.

유럽 친구들이 한국에 코로나19 바이러스 위기가 끝난 걸 축하한다는 메시지들을 보내왔다. 아직도 대구, 경북에서 사망자가 나오는 상황에 무슨 소리냐고 물어보니, 우리나라 외교부 장관이 BBC에 나와서 한국이 코로나19 바이러스 위기를 투명하고 완벽한 정보를 통한 방역으로 막아내는 성공을 이루었다는 인터뷰를 했단다.

물론, 2월 말~3월 초 의료 시스템이 완전히 붕괴되고, 우리나라가 중국보다 더 심한 세계 최악의 상황에 있었을 때에 비하면 확진자 수도 상당히 감소했고, 위기 상황은 나아졌지만, 아직 다른 나라에 홍보하고 다닐 정도로 위기가 끝난 것은 아닌 것 같다.

아무래도 선거 전에 홍보를 하는 것 같다. 국내 언론도 BBC를 인용해서 강경화 장관 영웅 만들기성 제목과 해외 언론이 한국 방역 성공 기사를 냈다는 이야기들을 내고 있다. 선거 전 홍보일 수도 있겠지만, 어쩌면 우리에게는 너무나도 큰 상처였던 의료 시스템 붕괴와 세계 최악의 국가였던 상황을 벗어난 것에 대한 위로일 수도 있을 것이다.

퇴원 12일 차
2020년 3월 16일 월요일

퇴원 후 처음으로 밤에 숙면을 취했다. 항상 숙면을 취하던 예전으로 이제는 돌아가는가 보다. 잠을 편하게 잘 잔다는 것이 너무나도 큰 행복이었는데, 난 그 행복을 너무나도 당연하게 즐기고 있었던 것 같다. 다시 그 행복을 즐길 수 있게 되어서 기쁘다.

약의 부작용 때문인지 심각했던 피부 건조증도 많이 나아졌고, 미국 대학 동문인 싱가포르 의사 친구가 폐를 위해서 큰 호흡을 하는 호흡 운동을 매일 꾸준히 하라고 했는데, 처음에는 1번 큰 호흡 후 2번째부터는 기침이 자꾸 나서 하기 힘들었는데, 이제는 5번 정도까지는 할 수 있게 되었고, 가슴 통증도 많이 나아지는 것 같다. 국내외 50여 개 언론에서 인터뷰 요청이 왔지만, 모두 몸 상태 때문에 거절을 했다. 아직은 몸 상태가 완전히 이전으로 돌아오지는 못해서 회복에만 집중해야 할 것 같다.

오늘 밤에도 푹 숙면을 취할 수 있을 거라고 생각하니 너무나도 행복하다. 이렇게 하루하루 예전으로 다시 돌아간다는 것이 너무 행복하다.

안타깝게도 또다시 잠을 편하게 자지는 못했다. 하지만, 드디어 내일이면 자가격리 마지막 날이다. 나의 방에서 나가 검사 받으러 가던 날부터 이때까지 보지 못한 가족들을 볼 수 있게 된다.

퇴원하던 날 계속 병원에 더 있을지, 퇴원해서 집에 올지, 생활 치료 센터로 갈지 결정을 해야 했다. 의사 선생님은 이전에는 음성 3번 후 증상이 없으면 퇴원이었지만, 바뀐 규정으로는 음성 2번이 나왔기 때문에 퇴원 조건이 충족되었고, 아직 가슴 통증 등이 남아 있어도 퇴원할 수 있다고 하셨다. 가슴 통증이 있어서 남을 수도 있기는 하지만, 어차피 병원에 있어도 치료약은 없어서 해줄 수 있는 건 산소 제공밖에 없으니, 오히려 집에 가서 좋은 음식 먹고 편히 쉬는 게 나을 거라고 하셨다.

당시 언론에는 퇴원 후 재확진(양성 판정)이 되는 경우들이 있어서, 퇴원자들을 이전처럼 집으로 돌려보내지 않고, 14일간 생활 치료 센터에 격리한다고 부산시가 발표했다는 기사가 있었고, 같은 날 부산시가 집으로 보낸다는 기사도 함께 났다. 의사 선생님도 담당 기관마다 퇴원에 대한 정보가 달라서, 일단 기다려 보라고 하셨다.

의사 선생님은 생활 치료 센터를 가기를 원하면 가능은 하지만 필수는 아니고, 집에 가서 좋은 음식 먹으면서 회복하는 게 생활 치료 센터에서 도시락 먹으면서 있는 것보다는 나을 거라고 하셨다. 나는 솔직히 재확진의 위험이 있다면, 가족들의 감염을 막기 위해서 오히려 생활 치료 센터를 가는 게 나을 거라고 생각하기도 했었다. 하지만 의사 선생님이 음성이 2번 나왔으니 걱정할 것 없고, 퇴원자에 대한 14일 자가격리도 확진자 격리처럼 법적 의무가 있는 건 아니고, 퇴원자 자가격리는 권유 사항일 뿐이니 걱정 안 해도 된다고 하셨다. 법적으로 잘못은 없지만, 외출했다가 재감염 시 언론 등의 비난이 있을 수 있으니 14일간은 집에 있는 게 나을 거라고 하셨다. 가족들과 같이 생활해도 되고, 문제 없으니 집에서 편하게 회복하라고 권유해 주셨다.

집으로 돌아오기로 결정을 했지만, 돌아와서도 혹시나 가능성이 있을 수도 있는 재확진으로 인한 가족 감염을 막기 위해서 계속 내 방에서 나 혼자 격리된 생활을 했다. 내 방과 화장실을 따로 사용하고, 식사를 준비해 놓으면, 방 밖으로 가지러 잠시 나가는 순간 외에는 항상 내 방에서 생활을 했다. 방안에서 지금 나의 몸 상태에서 할 수 있는 간단한 스트레칭 동작 3개

정도 매일 해오고 있다. 이제 내일이면 혼자 방에서 있는 생활
은 마지막이다.

가족들에게 너무나도 고맙고, 내 가족들이 주는 행복만큼이라
도 나도 가족들에게 행복을 선사하는 사람이 되고 싶다.

퇴원 14일 차
2020년 3월 18일 수요일

─────────────────

몸도 많이 좋아진 것 같고, 퇴원 후 자가격리도 끝나게 되어서,
내일 부산 MBC와 부산대학에서 20분 정도 간단한 인터뷰를
하기로 했다.

내가 병원에 입원해 있을 때 보았던 싱가포르 회복자의 인터뷰
가 도움이 되었듯이, 나의 이야기가 어쩌면 누군가에게는 도움
이 될 수 있을 것 같다.

입원 중 겪었던 경험은 혼란의 연속이었다. 지인분들이 언론에
알려진 사실들을 도움을 주신다고 보내 주셨는데, 국내 언론
에 나와서 말씀하시는 전문가라는 의사분들 말씀마저도 상충
될 정도로 혼란스러웠다. 너무나도 새로운 바이러스라서 정보

의 불확실성이 너무 큰 것 같다.

난 안정을 취하기 위해서, 입원 후 우리나라 언론은 보지 않고, NBC와 BBC만 보았다. 퇴원 후, 나의 지인들은 내가 확진되었을 때, 기사에 부산대 교수 확진이라고 TV 뉴스와 신문 기사가 났다고 알려 주었고, 그 댓글에는 신천지 교인 아니냐, 가족 중에 신천지 교인이 있는 것 아니냐는 말들도 있었다. 서울에 사는 나의 지인들 중에서도 부산 지역 확진자가 많이 나온 온천 교회가 80년이 넘는 역사를 가진 장로회 소속임에도 신천지 소속 교회로 알고 있는 사람들이 꽤 있었다.

감염자 또는 감염자 가족이 신천지 교인으로 낙인찍히는 상황에서 누군가가 자신의 이야기를 공유하기는 어려울 수밖에 없는 환경이 조성돼 버린 것 같고, 아무래도 신천지 교인이 아닌 내가 다른 이들보다 나의 이야기를 사회에 공유하기가 쉬울 것 같다.

영국 FT(Financial Times)의 각 국가 코로나19 확산 분석 기사에 따르면 한국은 확산세가 주춤해졌지만, 이탈리아가 확산세가 심각하다고 한다. 나의 대학 동창들 왓츠앱 그룹에도 유럽 국가 동창들의 자국 방역 및 경제 정책에 대한 정보와 토론이 활발하다. 맥킨지(McKinsey)가 발표한 코로나19로 인한 경제, 사회, 산업 등 전반적인 전망에 대한 예측 보고서 및 이와 비슷한 형식의 골드만 삭스(Goldman Sachs)의 보고서 등도 상당히 광범위한 분야를 자세하게 다루고 있다. 미국, 유럽의 주요 대학들도 경제적, 사회적, 산업계 영향 및 전망에 대한 웨비나(webinar)[1]를 활발히 열기 시작했다. 우리나라도 이런 정보를 각 기관들에서 공유를 시작하면 좋겠다.

인구 3,300명의 이탈리아 마을 보(Vo)에서 지역 감염을 파악하기 위한 마을 전체 인구에 대한 검사 결과에서 코로나19 감염자 중 무증상이 50~75%나 된다고 한다. 우리나라 언론들도 이런 과학적인 정보를 공유하고, 우리나라도 지역 감염 파악을 위한 대구나 경북의 특정 지역의 전체 검사를 통해 무증상 감염률을 파악해야겠다. 무증상 비율이 이렇게 높으면, 현재의 증상을 보이는 사람들 중심의 검사만으로는 지역 감염을 막아내는 데는 한계가 있을 수 있다.

인터뷰 요청이 들어온 50여 개 방송 중, NBC, BBC 등은 한국 특파원이 아닌 해외 기자와 화상 인터뷰를 하고, 우리나라 SBS 주영진의 뉴스브리핑 중 서울 지역 일부 방송도 다음 주 월요일부터 조금씩 화상 인터뷰를 하기로 했다. 나의 이야기가 너무나도 혼란스럽고 상충하는 정보가 남발하는 현재 상황에서 조금이나마 도움이 되기를 바란다.

---

1) 웹(Web)과 세미나(seminar)의 합성어. 인터넷 상에서 열리는 세미나.

퇴원 15일 차

2020년 3월 19일 목요일

___

퇴원 후 14일 자가격리를 마치고, 처음으로 밖으로 나왔다. 부산 MBC와 인터뷰가 있어서 부산대학교에 갔는데 너무나 기력이 없다. 몸이 완치되고, 회복되었다고 생각했는데 아닌 것 같다.

엘리베이터를 같이 타면 사람들이 불편해할 것 같아서, 계단을 이용했더니 너무 숨이 차다. 오래 앉아 있기도 불편하고, 말을 조금만 오래 해도 힘들다. 인터뷰는 20분간 편안하게 했지만, 숨쉬기가 편하지가 않아서 빨리 끝내기 위해 너무 말을 빨리한 것 같다.

교수님들, 조교들, 학부장님 그리고 복도에서 만난 학생들이 격려와 용기의 말을 해준다. 내가 모르는 학생들도 나를 알아보고 정말 고생하셨다고 교수님 이제부터는 좋은 일만 가득하시고, 건강하시라고 모두들 격려해준다. 너무나도 고맙다. 아파트 수위 아저씨도 오랜만에 너무 반갑다면서 이제 몸 완전히 다 회복되었냐고 물으신다. 모두가 너무 고맙다.

19일 처음으로 잠시 나갔다 온 후, 계속 몸에 기력이 전혀 없다. 가슴이 아프거나 한 증상이 있는 건 아니지만, 몸의 힘이 하나도 없어서 종일 누워만 있을 수밖에 없다. 퇴원 직후와 마찬가지로 10분 이상 앉아 있으면 호흡이 가빠지면서 숨쉬기가 힘들다. 다음 주에 하기로 했던 화상 인터뷰를 모두 취소했다. 월요일부터 몸이 좀 좋아졌다고 생각했는데 아직은 기력이 많이 부족한 것 같다.

퇴원 21일 차

2020년 3월 25일 수요일

첫 외출 후 몸이 너무 안 좋아져서 5일간 계속 침대에 거의 누워 있다시피만 했다. 피부 건조증도 거의 없어지고, 가만히 누워 있을 때 가슴 통증도 없어지면서, 기력이 약해서 피곤할 뿐 괜찮아졌다고 생각했는데, 그렇지 않았던 것 같다.

첫 외출한 날 걸을 때뿐 아니라 오래 서 있을 때도 호흡이 불편해져서 힘들었다. 이웃들이 불편해할까 봐 엘리베이터를 안타고 9층까지 계단으로 오르락내리락하는 것도 상당히 많이 힘들었다. 특히, 집 밖에서는 KF94 마스크를 쓰고 걷고, 계단을 오르고 내려가는 것이 너무 힘들었고, 나중에는 가만히 앉아만 있어도 숨쉬기가 많이 불편했다. 그 후, 집에 돌아오니 가슴 통증과 피로감으로 5일간 쉬어야 했다. 집 안에서 마스크 안 쓰고도 10분 정도 서 있으면 가슴과 호흡이 불편해져서 앉거나 누워야 한다.

거의 다 회복되었다고 생각했는데, 증상들은 모두 완화되었지만, 아직은 완전히 기력이 회복되지는 못했나 보다. 내가 이전으로 돌아가고 싶은 욕심이 너무 컸나 보다. 아직은 쉬면서 천천히 기력 회복에 우선 집중해야겠다. 내가 기대했던 것보다는 회복 속도가 느린 것 같지만, 그래도 이렇게 좋아지고 있다는 것만으로도 너무 감사하고 행복하다.

미국 시카고대학 의과대학원 에밀리 랜던(Emily Landon) 교수가 왜 젊은이들이 코로나19 방역을 위해서 거리두기를 해야 하는지에 대해 아주 쉽게 설명한 비디오가 널리 공유되었다고 한다. 그 영상을 보니 해외 언론들이 요즘 이야기해 온 확산세를 낮춰서 의료 시스템 붕괴를 막아야 하는 이유를 아주 쉽게 설명했다. 젊고 건강한 사람들이 자신들은 별 고통 없이 자연 치유된다고 신경 안 쓰지만, 15~20%는 의학적 도움을 받아야 한다. 그리고 무증상 감염이 많아서 자기가 걸린 줄 모르는 상태가 많기 때문에, 자신도 모르게 다른 이를 감염시킬 수 있다고 한다.

1명이 10명을 감염시키고, 그 10명이 다시 각각 10명씩 감염시키면 총 100명이 된다. 그리고, 이들 10명 중 5~7명은 무증상으로 걸린 줄도 모르고, 50~70명을 감염시키게 된다. 결국 그 100명 중 15~20명의 환자가 의료 기관의 치료를 받아야 한다. 이 숫자가 줄어들수록, 의료 기관의 부담은 줄어들고, 의료 기관이 환자들로 넘쳐나서 의료 시스템이 붕괴되지 않게 하기 위

해서는 다른 이를 감염시키지 말아야 하는 것에 대한 중요성
을 아주 쉽게 이야기한다.

아직도 주변에 확진자가 없는 지역은 마스크도 잘 착용 안 하
는 사람도 많다고 한다. 우리나라도 이런 비디오를 만들어 공
유하면 좋을 것 같다.

퇴원 23일 차
2020년 3월 27일 금요일

아이슬란드가 지역 감염 파악을 위해 실시한 인구 대비 검사
율 세계 1위의 대대적 무작위 검사의 중간 결과가 감염자의
50%가 무증상이라고 발표했다고 한다. 얼마 전 이탈리아의 보
(Vo) 지역 인구 전원 검사에서 발표된 무증상 50%~70%라는
결과와 같은 범위 내에 있다. 코로나19의 무증상 비율이 너무
높아서, 지역 감염 파악을 위한 무작위 검사가 필요한 것 같다.

무증상 비율이 이렇게 높다면, 시카고대 의대 교수님의 비디오

처럼 더 많은 사람들이 정확한 정보를 알고 조심을 해서, 서로를 보호해야 할 것 같다. 아직 내 몸이 완전히 회복된 것 같지는 않지만, 그래도 내가 할 수 있는 만큼은 나의 경험담을 사람들에게 알리는 게 옳은 것 같다.

지난 목요일 부산 MBC와의 인터뷰로 부산대에 잠시 다녀온 후 기력이 없어서 5일간 거의 침대에만 누워 있었다. 이제 다시 기력을 찾은 것 같아서, 이번 주 취소했던 국내외 언론사 인터뷰 중에서 단 2개만 다음 주 월요일에 한번 해 보기로 했다. 그 후 몸의 상태를 보고 나머지 언론 인터뷰 요청을 고려해 봐야겠다.

몸 상태가 괜찮으면 계속 언론을 통해 나의 경험을 나누는 게 나을 것 같다. 하지만, 월요일 인터뷰 후 다시 몸이 안 좋아진다면, 언론 인터뷰는 할 수 없이 모두 거절하고 회복에 집중해야 할 것 같다.

모든 영상 수업은 4월 중순 이후 시작으로 미루어 놓은 상황이라서, 아직 회복을 위해서 쉴 수 있는 시간이 있다. 이 시간을 회복에 집중하기 위해 언론 인터뷰 요청은 가능하면 모두 거절할 예정이다.

퇴원 후 이웃분들과 지인분들이 기력과 면역력을 회복하라고 많은 음식과 보약을 보내 주셨다. 과일을 보내 주시는 분들도 많으셨고, 바닷장어, 산낙지, 전복, 한우 등을 보내 주신 분들, 명태식해, 온갖 나물 등 직접 반찬을 만들어서 보내 주신 분들, 종합 비타민, 면역 강화제, 공진단, 홍삼 등 영양제와 보약을 보내 주신 분들도 계셨다.

나 때문에 이웃분들은 많이 불안해 하셨을 테고, 나의 지인들은 14일간 자가격리해야 했고, 온 가족분들이 엄청 걱정하셨을 텐데도 나를 이렇게 염려해 주시고, 회복을 기원해 주셔서 너무나도 고맙다.

초등학교 때부터 줄곧 살던 동네라서 초등학교 때 가장 친했던 친구의 부모님이 위층에 살고 계시고, 오랫동안 알고 지내는 이웃분들이 많아서, 아파트이지만 여전히 80년대 같은 이웃의 정이 있다. 이웃분들이 너무 고맙다.

나를 걱정해 주시고, 내가 빨리 기력을 회복하기를 기원해 주시고, 좋은 음식과 보약들까지 보내 주셔서 너무나도 감사하지만, 그보다 더 세상이 정말 아름답고 행복하다는 걸 다시 깨닫게 해 주셔서 진심으로 감사하다.

퇴원 26일 차

2020년 3월 30일 월요일

#1

로이터 통신과의 인터뷰와 SBS 주영진의 뉴스브리핑과의 화상 인터뷰를 위해서 부산대에 갔다. 회복 후 환자의 생활을 취재하기 위해 부산으로 내려와서 집에서부터 촬영을 하겠다고 했지만, 아무래도 사는 곳이 언론에 노출되면 이웃분들이 불편해하실 것 같아서 부산대에서만 촬영하기로 했다. 퇴원 후 2번째 외출이다. 여전히 계단 오르는 것이 예전보다 너무 숨차고 힘들다.

#2

너무 신기하고 재미난 일이 일어났다. 어머님이 냉장고에 넣어 둔 봄동에 꽃이 피어 있는 걸 발견하신 것이다. 병원에서 2번의 음성으로 완치 판정을 받고 퇴원한 지 25일이 되었다.

약의 부작용과 바이러스로 인한 후유증에서 회복이 되고 있는 것 같다. 어제는 퇴원 후 처음으로 스트레칭 한 동작을 열 번씩 반복하는 것을 마칠 수 있었고, 이제는 1시간 동안 앉아 있어도 몸이 불편하지 않다.

그러나 여전히 5분 이상 걸으면 숨이 차서 힘들다. 하기야 1주일 전에는 3분도 힘들었고, 30분 앉아있는 것도 불편했고, 스트레칭 한 동작 열 번 마치기도 힘들었던 것에 비하면 많이 좋아졌다. 그래, 차츰 나아지고 있다.

오늘은 좋지 않은 몸 상태로 거절했던 한국과 해외 언론사의 50개가 넘는 인터뷰 요청 중 일부만 체력을 시험해 볼 겸 두 번째 인터뷰를 해보았다. 지금 많이 피로를 느끼고 있어, 또 얼마나 많은 날을 침대에 누워서 기력을 회복해야 하는지 모르겠다. 하지만, 회복이 늦어지더라도 가끔 이렇게 일상 복귀 가능성을 시험해 보고자 한다.

코로나19 회복자의 후유증에 대한 보고서를 찾아보고 싶지만, 이 바이러스가 신종 바이러스라서 단기적인 후유증에 대한 보고서는 지극히 적고, 장기적 후유증에 대한 보고서는 당연히 없다. 따라서 해외의 일부 회복자들의 언론 인터뷰에 의존할 수밖에 없었다. 80%의 무증상 또는 미미한 증상 이후 자가 면역으로 치유된 이들은 후유증이 거의 없는 것 같다. 그리고, 호흡 곤란 증세까지는 가지 않고 다른 증세만 보인 사람들도 어느 정도 기력만 회복한 후에 일상으로 복귀가 빠른 것 같다. 하지만, 호흡 곤란이나 폐렴 증세를 보였던 회복자들은 어느 정도 후유증을 겪고 있는 것 같다.

추후 추가 - 7월 미국 질본 발표에 따르면 무증상 또는 미미한 증상 후 자가 면역으로 치유된 이들 중에서도 35%가 치유 후 수주, 수개월 이후부터 코로나19 바이러스가 신체에 끼친 영향으로 인한 후유증 증세가 나타나기 시작했다고 보고

난 정말 약의 부작용과 바이러스에 의한 후유증으로부터 완전히 치료되어서 예전과 같은 상태로 돌아갈 수 있을지, 아니면 어느 정도의 부작용과 후유증을 단기 또는 장기적으로 지니고 살아야 하는지 알지 못한다.

하지만, 내가 부작용과 후유증을 가진 채 살아야 하더라도 현재의 상태에 감사를 드리고자 한다. 솔직히 말하면 요즘 체력적으로, 심리적으로 힘들 때도 가끔 있다. 하지만 그때마다 긍정적으로 생각하려고 노력한다.

난 아직도 입원했을 당시 하루에도 여러 번 좋았다 나빴다를 롤러코스터 타듯 반복하고 있을 때 의사 선생님이 했던 말을 기억한다. "오늘의 최악의 상황이 어제의 최악의 상황보다 나으면, 그러면 나아지고 있다는 겁니다."라는 말.

퇴원 후 25일간 어떤 날은 그 전날보다 좋았지만, 어떤 날은 그 전날보다 나빴다. 이제는 난 오늘이 어제보다 좋으면 나아진 것이라고 생각한다. 그리고, 오늘이 어제보다 나쁘다면, 내일은 오늘보다 나을 것이라고 생각하며 여전히 괜찮다고 생각한다.

예전에 나는 고대 로마 시대 철학자의 말을 머리로만 이해했지만, 이제는 내 마음으로부터 이해한다.

Dum anima est, spes est.
삶이 있는 한, 희망은 있다.
- 마르쿠스 툴리우스 키케로(*Marcus Tullius Cicero, B.C.106~B.C.43.*)

퇴원 28일 차
2020년 4월 1일 수요일

며칠 전 전화 인터뷰했던 네덜란드 신문사 폭스크란트 (Volkskrant)의 국내 특파원인 네덜란드인 기자로부터 다시 연락이 왔다. 3월 중순 한국의 방역 방식이 인권 침해라는 프랑스, 독일 기자들의 기사가 난 후에 우리나라 사람들은 그 기사를 낸 기자들의 SNS에 비난 글을 올렸다.

네덜란드 기자의 인터뷰도 코로나19 환자였던 회복자의 입장에서 한국의 개인 신상이 파악 가능한 정보공개에 대한 입장을 묻는 것이었다. 난 개인의 장소, 시간 공개로 특정인을 파악할 수 있는 방법이 아닌, 요일별 장소, 시간을 개인 언급 없이 공개해서 같은 방역 효과를 볼 수 있으면서도 개인은 특정되지 않는 방법이었으면 마녀사냥이 일어나지 않았을 것이지만, 갑작스런 국가적 시스템 붕괴 상황에서 완벽하지 못한 방법으로 시작한 것을 이해한다고 했다. 현재 방법은 마녀사냥이 이루어질 수 있게 했고, 마녀사냥이 실제로 일어났고, 모든 확진자가 신천지 교인 또는 가족 중에 신천지 교인이 있을 거라는 편견과 차별을 받고 있다. 하지만 현재의 방법에 개선의 여지는 있다고 했다. 개인적으로 나도 편견과 차별을 받고 있지만, 효율적 방역을 이룰 수 있었기에 이해한다고 했다.

그런데, 기자는 네덜란드의 편집자가 도저히 나의 답변을 이해할 수가 없어서 논리적으로 왜 그런지 추가 설명을 요구한다면서 연락을 해왔다. 서양인 관점에서는 정부의 잘못된 방법으로 인권이 침해되는 편견과 차별의 피해를 입었는데, 왜 정부를 비난하지 않고 이해한다고 답변하는지 도대체 이해할 수 없었을 것이다. 그들의 관점을 당연히 이해한다. 나는 인생에서 한국에서 산 시간보다 서양에서 산 시간이 더 많고, 유럽에서도 오래 살았기에, 그들의 관점을 이해할 수 있다. 개인보다는 집단이 우선시되는 유교 사상이 강하고 집단을 위해 개인의 희생을 당연시하는 동북아시아의 관점과 개인주의가 강한 서양의 관점이 다를 수밖에 없다.

둘 중 어느 관점이 옳고 그르다는 것이 아니고, 어느 관점이 더 좋고 나쁘다는 것이 아니다. 둘의 관점은 다르지만, 각각 그 나름의 장, 단점이 있다. 전체를 위해 어느 정도 개인의 양보가 필요할 수 있고, 전체는 개인에게 양보를 바랄 수는 있지만 희생까지 강요해서는 안 된다.

3월 중순 우리나라 외교부 장관이 영국 BBC와 인터뷰에서 우리나라가 코로나19 위기를 성공적으로 벗어났다고 인터뷰하고, 최근 서울시장이 미국 언론에서 서울의 코로나19 위기 성공의 방법을 세계와 공유하겠다고 인터뷰했다. 해외 언론에 나온 서울에 있는 한국 이름을 가진 기자들의 서울발 기사를 우리나라 언론들은 세계가 한국을 칭찬한다면서 계속 대서특필해왔다. 무너져 버린 자존심과 상처를 치유하기 위해 우리는 이런 위로가 필요할 것이다. 하지만 자화자찬에 빠져서 서울발 해외 기사는 해외 언론들이 칭찬한다고 우리나라 언론들이 대서특필하면서, 해외 언론과 해외기자들이 우리나라 방역의 문제점 지적을 지적하면, 그 기자들의 SNS를 공격하는 행동은 분명 잘못된 것이다.

우리나라의 방역을 위한 마녀사냥식 방법은 확실히 문제가 있었고, 개선이 되어야만 한다. 그리고, 우리와 다른 생각을 했다고 해서, 다른 나라 언론의 기자들의 SNS에 테러식 비난을 하는 우리의 행동도 개선되어야만 한다. 다른 생각을 이해하려고 하지 않고, 무조건 비난하려고 할 때 사회는 발전하지 못하게 된다.

퇴원 29일 차
2020년 4월 2일 목요일

3일 전 인터뷰를 위한 2번째 외출 후, 계속 몸 상태가 안 좋아서 3일간 거의 침대에 누워 있다시피 했다. 여전히 기력이 완전히 회복되지 못했나 보다.

로이터 통신과의 인터뷰가 전 세계 언론사로 송출된 것 같다. 아침에 일어나니, 이탈리아, 불가리아, 독일 등 유럽에 사는 친구들로부터 내 뉴스를 자국 방송사 메인 뉴스 시간에 봤다면서 연락이 와 있다.

심지어 내가 모르는 사람들마저도 어떻게 나의 페이스북을 찾아냈는지, 메신저로 격려 메시지를 보내왔다. 모두 너무나도 고맙다. 독일의 어떤 어린 소녀는 메신저로 힘내라는 메시지를 보내왔다.

우리나라는 확진자를 신천지 교인이라면서 마녀사냥 하는 분위기도 있고, 언론에 따르면 수도권에서는 대구, 경북 출신에 대한 차별도 있다고 한다. 하지만, 외국은 환자는 위로해 주고 격려해 줘야 하는 존재라고 생각하는 차이가 큰 것 같다.

나와 관련된 기사 댓글에도 나 또는 내 가족이 신천지 교인이 아니냐는 말이 꽤 있고, 그 댓글에 좋아요도 꽤 있다. 다른 나라는 그냥 환자라고 하는데, 우리나라만 확진자라고 한다. 감염병 환자는 치료해야 하는 대상이라기보다는, 확진자라고 부르며 바이러스를 다른 사람에게 옮기는 사람이라는 시각을 더크게 부각하면서 그들에 대한 편견을 만들고, 신천지 기사만 너무 내보내면서 확진자 모두를 차별을 겪게 하는 것 같다.

부산은 감염자 중 신천지 관련자가 극소수이고, 여러 명 중 신천지 관련 확진자가 1명만 나온 날에도 메인 기사의 제목은 신천지 확진자 발생이다. 이러니, 전국 어디나 확진자는 대부분 신천지 교인이나 가족 중에 신천지 교인이 있어서 감염되었을 거라고 생각하게 되고, 모든 확진자가 차별을 겪게 되는 것 같다.

위기의 상황이고 두려움이 극도로 번져있어 차별과 편견이 있을 수밖에 없는 상황을 이해하지만, 지금의 편견과 차별의 문제는 조만간 해결되어야 할 우리 사회의 과제인 것 같다.

퇴원 30일 차
2020년 4월 3일 금요일
___

첫 번째 사회 복귀 시도 후, 기력 회복을 위해 5일간 침대에 있어야 했던 이후, 이번 주 두 번째 사회 복귀 시도 후에는 4일간 침대에 있어야 했다. 여전히 조금만 무언가를 해도 피로가 너무 심하고, 피로 회복이 더디지만, 그래도 회복 기간이 5일에서 4일로 하루 줄어들었다.

국내외 언론사 인터뷰는 80개로 불어났지만, 이제는 모두 거절할 수밖에 없을 것 같다. 집에서 10분 정도 누워서 편하게 할 수 있는 라디오의 전화 인터뷰 요청만 받아들이고, TV의

화상 인터뷰나 인터뷰 시간이 긴 신문사의 전화 인터뷰 등은 모두 사양하기로 했다.

이번에 정말 끈질기고 악독한 언론도 많다는 걸 느끼게 되었다. 몸이 너무 안 좋아서 거절하고 회복에 집중하기 위해서 안정을 취해야 한다고 하는데도, 건강 걱정하는 것처럼 거의 매일 연락하는 곳도 있다. PD, 주 작가, 부 작가 번갈아 가면서 연락을 하고 내 주변 지인들에게까지 연락을 한다. 질문지 답변이 힘들다고 해도, 질문에 한 줄씩만 답변해 달라고 매달리는 곳들도 있다.

질문지가 정치적 색채가 뚜렷한 언론사들도 많다. 정부의 실수에 초점을 맞춘 질문지를 보내오는 곳, 반대로 내가 미국과 유럽 여러 국가에서 학교, 직장 생활을 했으니 한국 정부의 의료 시스템의 우월성에 대해서만 알려달라는 국내 언론사와 해외 언론사 한국인 서울 특파원들도 꽤 있었다. 비교해 달라는 것도 아니고, 한국 정부의 우월한 점만 알려달라고 하는 곳들이 놀랍게도 많았다. 언론이 중립적, 객관적인 역할을 하는 것이 아니라, 특정 방향성을 설정해 놓고 거기에 맞는 답변을 요구하는 곳들이 지나치게 많았다. 보건 전문가도 아닌 '환자'에게 나라 간의 의료 시스템을 비교해 달라는 것도 웃기는 거지만, 비교가 아니라 우리나라 정부의 뛰어남을 알려달라는 질문들만 가득 찬 질문지를 보면서 언론인지, 홍보사인지, 광고 업체인지 이해가 되지 않았다. 그리고, 나의 페이스북상의 그 많은 글 중에서 양성 판정 때 음성이라는 문자를 잘못 보낸 것 하나를 어떻게 찾아냈는지, 그걸 중심으로 한국 정부의 초기 대응 실패에 초점을 맞춘 질문들만 보내오는 곳들도 언론인지, 정치 단체인지 이해가 되지 않았다.

퇴원 31일 차
2020년 4월 4일 토요일

아이슬란드가 지역 감염 파악을 위해 전체 인구의 약 5%를 무작위 검사했는데, 이는 인구 대비 검사율 세계 1위이다. 그리고 그 중간 결과로 감염자의 50%가 무증상이라고 발표했다고 한다.

우리나라도 무증상 감염의 비율이 이렇게 높다는 것을 언론이 알리고, 질병관리본부도 현재 증상 발현자 중심의 검사 방식에서 무증상자를 고려한 무작위 검사 등도 필요한 것 같다.

우리나라의 언론과 우리나라에 있는 해외 언론사 특파원 중에서 여전히 정치적으로 초점이 맞춰진 질문을 보내오는 언론들이 있다. 인터뷰 전 언론계에 있는 지인에게 조언을 구했을 때, 지인분은 한국의 언론은 답이 정해져 있으니 절대적으로 교묘한 정치적인 질문에 낚이지 말라고 했다. 난 예전에 유럽에서 직장에 다닐 때, 회사에서 언론 인터뷰를 위한 준비를 위해 BBC 출신 언론인에게 1:1 훈련을 며칠간 받은 적이 있다. 그때와 비교해보면, 한국 언론은 답이 정해져 있다는 말이 무슨 의미인지 이제는 알 것 같다. 하늘에서 새가 내려다보는 것처럼 종합적으로 보는 관점이나, 객관적이고 중립적인 제삼자의 관점을 중요시하는 서양 언론들은 논조가 특정 방향을 추구해도 반대되는 생각에 대한 언급은 적어도 한다. 그런데 한국은 자기가 원하는 논조만으로 편집해 버리는 것 같다. 인터뷰 때 여러 질문을 했지만, 몇 개의 질문은 처음부터 답변을 받기 위한 질문이 아니었고 진짜 질문으로 가기 위한 관문이었으며, 자신이 원하는 답변을 얻어내기 위한 질문 몇 개만이 실제 유효한 질문인 것 같다. 질문지에 답변을 안 해줬지만, 질문지를 보면 어느 질문이 어떤 답변을 유도하려고 보냈는지가 너무 명확하게 보인다.

선거 전이라서 더욱더 그럴 수 있지만, 언론이 코로나19에 대한 과학적 정보 제공보다는 정치적 관점을 지지하기 위한 내용으로 편집하려는 경향이 너무 강한 것 같다. 어쩌면, 이건 한국 언론의 문제점이기도 하지만, 선거 전 어느 나라에서나 생기는 안타까운 현실이기도 한 것 같다. 그렇지만 선거가 끝나고 나면 우리나라도 지금처럼 단순히 누가, 어디서 감염되었다는 내용만 내보내지 말고, 다른 나라처럼 코로나19에 대한 좀 더 광범위하고 과학적인 내용도 제공할 수 있기를 바란다.

퇴원 32일 차

2020년 4월 5일 일요일

이제는 봄이 완전히 왔나 보다. 예전에는 가을을 가장 좋아했던 것 같은데, 외국에 오래 살면서 길고 어두운 겨울을 보낸 후부터는 봄이 더 좋은 것 같다. 아직 북유럽은 한창 눈이 오거나 비가 오고 있겠지만, 한국과 미국의 4월은 화창한 봄이라서 좋은 것 같다.

2월 말 병원에 입원할 때 나는 다시는 세상을 못 볼 수도 있을 거라고 생각했다. 그래서 병원에 도착해서 구급차에서 내려 병원에 들어가기 전 보던 영도 밤바다가 내가 보는 마지막 바깥 모습일 수도 있을 거라 생각했다. 그때는 영도라고 착각했는데, 나중에 퇴원할 때 알고 보니 송도였다.

이렇게 난 치유되어서 다시 바깥으로 나왔고, 겨울이 지나가고 화창한 봄이 왔다. 입원해 있을 때 하고 싶었던 것이 너무 많았지만, 일단 기력을 회복해야겠다. 좀 더 기력이 회복되면, 바깥에 나가서 산책하면서 꽃구경도 하고, 나비가 날아다니는 모습도 보면서 봄날을 한껏 즐겨보고 싶다. 아직 기력을 완전히 회복 못 해서 내방에서 밖을 바라볼 뿐이지만, 이런 생각만 해도 웃음이 지어지는 삶이라는 것은 살아있는 것만으로도 행복한 것인가 보다.

언론 인터뷰 때문에 두 번째 외출한 후에 나흘간 침대에서 누워서 휴식을 취한 후에 좀 많이 회복되었다.

집에 있을 때는 가슴 통증이 심하지는 않지만, 오래 서 있거나 앉아 있으면 여전히 호흡이 불편해지는 걸 보면, 아직은 외출을 할 수 있는 정도는 아닌 것 같다. 또한 피로감도 여전히 심하다. 그리고 이웃들이 나랑 같이 엘리베이터를 타면 불편해할 것 같고, 9층에서 KF94 마스크를 쓰고 계단으로 오르락내리락하는 것은 호흡하기도 너무 힘들다. 당분간은 집에서 회복에 집중해야 할 것 같다. 전체적으로 몸이 좋았다 나빴다를 반복하는데, 언제 좋을지 나쁠지를 알 수가 없다.

코로나19 검사받는 날 연락해서 미뤄 두었던 강의를 4월 말부터 영상 강의로 시작해야 한다. 라이브로 진행하기에는 내가 그 시간에 몸이 좋을지 안 좋을지를 예측할 수가 없어서, 지금부터 몸의 상태가 좋은 날 미리 모든 영상 강의를 찍어 놓으려고 한다. 몸 상태가 좋으면 라이브로 강의를 진행하고, 몸 상태가 안 좋으면 미리 녹화해둔 강의 비디오를 틀고, 마지막에 질문만 라이브로 받아서 답변하고자 한다.

난 항상 강의가 너무 재미있다. 학생들과 생각을 주고받는 게 너무 재미있는데, 아무래도 영상 강의는 생각을 주고받는 데는 한계가 있다. 중간중간 질문에 객관식 답변 선택하기와 주관식 답변하기 등을 집어넣어서 집중도를 높여야겠다.

퇴원 35일 차

2020년 4월 8일 수요일

매일 간단한 스트레칭 동작 3개 정도 하고, 좀 더 오래 앉아 있거나 서 있으려고 노력하고 있다. 무리를 하지 않으면, 새롭게 생긴 두통 빼고는 몸 상태가 예전보다는 나아진 것 같다.

가슴 통증은 그냥 누워 있을 때는 전혀 없고, 오래 앉아 있거나 서 있으면 호흡이 불편해지는 정도일 뿐이지만, 요즘 전에 없던 두통이 생겼다. 난 예전에도 두통은 거의 없었지만 감기 등이 걸렸을 때 열이 나면서 아프던 것과는 증상이 많이 다르다. 사람들이 뒤통수가 당긴다고 표현하는 것이 이런 것인지는 모르겠지만, 뒤통수가 납작한 뭔가로 강하게 누르는 듯한 느낌의 두통이 생겼다.

그리고, 갑자기 아무런 이유 없이 눈물이 날 때가 있다. 아무 생각 없이 화창한 푸른 하늘을 보는데도 갑자기 눈물이 난다. 예전에 이런 적이 한 번도 없었는데, 왜 이런지 모르겠다. 슬퍼서인지, 봄날이 아름다워서인지, 어떤 감정으로 눈물이 나는지를 모르겠다. 그냥 눈물이 갑자기 난다. 이렇게 눈물을 잘 흘리는 줄 알았다면, 연기자를 하는 건데. ㅎㅎㅎ

퇴원 38일 차
2020년 4월 11일 토요일
─────────────

미국 언론에 중국에서 발표된 코로나19 경증과 중증 두 가지 경우를 모두 포함한 회복된 생존자들의 후유증에 대한 보고서에 관한 기사가 났다. 경증과 중증 후 회복된 생존자 중 코로나19 바이러스의 공격으로 인한 가볍거나 심각한 질병적 후유증을 보이는 사람들이 있고, 감염 전 건강 상태로 돌아오지 못

하고 있다고 보고하고 있다. 폐 손상뿐 아니라 심장 또한 장기적인 후유증을 예상하고 있다.

예일대학 심장학자인 할란 크럼홀츠(Harlan Krumholz) 박사는 코로나19가 호흡기 문제만 야기하는 것이 아니라 심장, 간, 뇌, 내분비계, 혈액계 모두에 영향을 미친다고 한다. 역시 예일대 심장학자인 조셉 브레넌(Joseph Brennan) 박사는 현재 정확히 알 수는 없지만, 장기적인 질병적 후유증이 될 수 있다고 이야기하고 있다.

코로나19와 같은 코로나바이러스 계열인 2003년 발병했던 사스(SARS)는 생존자의 1/3이 회복 후 3년 뒤에도 여전히 폐 질환의 후유증을 겪고 있었지만, 15년 뒤에는 대부분이 완치되었다고 한다.

아무래도 신종 바이러스라서 아직은 중국 말고는 제대로 된 후유증에 대한 조사나 연구는 없을 수밖에 없는 상황이라서 이 정보가 맞는 것인지는 우리나라, 이탈리아 등 현재 코로나19 확산이 심한 나라들의 연구에서 더 많은 정보가 나오면 더 정확해질 것 같다.

이 연구 결과가 맞다면, 우리나라에서는 호흡기 질환이라고, 폐에만 문제가 있을 수 있다고 하고, 퇴원 시 완치되었다고 하는데, 어쩌면 아닐 수도 있을 것 같다. 내가 지금 겪고 있는 증상이 치료 때 복용한 약의 부작용과 기력이 떨어져서라고 생각했는데, 어쩌면 약의 부작용이나 기력이 문제가 아니라 코로나19 바이러스로 인한 후유증일 수도 있을 것 같다.

퇴원 40일 차
2020년 4월 13일 월요일

미국 언론에서 코로나19 후유증에 대한 기사가 났다. 미국의학협회 JAMA에 실린 중국 코로나19 회복자들에 대한 신경 계열에 대한 영향에 대한 연구 결과를 요약한 기사였다. 기사에 따르면 회복자들 중 36%가 신경 계열의 문제가 있다고 한다.

내가 지금 겪고 있는 두통도 후유증의 증세로 언급이 되어 있다. 난 코로나19 초기와 입원 중 치료를 받을 때도 두통이 없었고, 퇴원 후에도 1개월간 두통이 전혀 없었는데, 왜 완치 판정받고 퇴원한 지 1개월이 지난 후부터 두통이 시작되었는지 모르겠다. 분명히 완치라고 했는데, 왜 이런 걸까? 그런데, 찾아보니 다른 나라 언론에는 완치(完治, 병을 완전히 낫게 함. fully cured)라고 말하는 곳이 한 곳도 없다. 우리나라 정부와 언론만 완치라는 표현을 하고 있다.

그럼, 내가 완치되었고 기력이 떨어져서 기력만 회복하면 되거나, 치료받을 때 사용했던 약의 부작용이 있어서 그 부작용만 회복하면 된다고 생각했던 것과 달리, 완치가 아니고 코로나19의 후유증이 있다는 말인가? 지금 나에게 나타나고 있는 증상이 기력이 떨어져서인지, 치료제의 부작용인지, 코로나19 후유증인지 모르겠다.

퇴원 44일 차
2020년 4월 17일 금요일

다음 주부터 시작할 온라인 강의 첫 과목의 강의 영상을 모두 다 만들었다. 매일 매일 몸 상태가 좋을 때마다 조금씩 만들었다. 목을 보호하기 위해서, 따뜻한 물을 계속 마셔가면서 녹화를 했고, 녹화 후에는 목캔디를 먹는 등 목 관리를 하면서, 다행히도 첫 과목은 모두 녹화를 마쳤다.

이번 주말은 푹 쉬고, 다음 주 목요일 첫 강의 전인 월요일부터 수요일까지는 몸이 괜찮을 때마다 두 번째 과목도 녹화를 좀 해 두어야겠다.

요즘도 여전히 뒤통수를 강하게 누르는 듯한 두통이 계속되고, 아무런 이유 없이 갑자기 눈물이 나지만, 가슴 통증과 피부 건조증은 아주 많이 좋아졌다. 매일 아침 일어나면 유튜브 비디오를 보면서 아침 스트레칭을 하고 있다.

퇴원 47일 차
2020년 4월 20일 월요일

코로나19 음성 판정을 두 번 받고 퇴원한 지 6주 반이 지났다. 부작용과 후유증으로부터 회복되고 있지만, 아직 기력이 약한 편이다. 아직 예전처럼 운동을 하지는 못하지만, 이제 매일 스트레칭을 할 수 있게 되었다. 아직도 무언가를 하고 나면 많이 피로하다. 나와 마찬가지로 다른 회복자분들도 피로감을 많이 호소하시는 것 같다.

우리나라에서 오늘까지 2번의 음성으로 완치 판정을 받으셨던 분 중 173분이 재확진이 되었고, 그중 일부는 사망까지 하셨다고 한다. 재확진이 2월에 1명, 3월에 7명, 4월 들어서는 급증하고 있다고 하고, 10살 이하가 5명, 10대 6명, 20대 40명, 30대 27명, 40대 22명, 50대 31명, 60대 30명, 70대 6명, 80대 이상이 16명이다. 우리나라에서 완치 판정받은 사람들은 특별한 증상이 없는 한 재검사를 하고 있지는 않다.

우리나라 질본이 재확진에 대한 조사를 시작한다고 한다. 재확진의 원인으로는 1. 진단키트의 부정확성, 2. 재감염, 3. 진단키트로는 감지할 수 없던 소량의 남아있는 코로나19 바이러스의 재발현의 3가지 정도가 가능하다고 한다.

이 중 2번째인 재감염일 경우는 거의 없다고 한다. 재확진자들거의 모두가 자가격리 중에 재확진 판정을 받은 것으로, 2번의 음성 판정 후 퇴원 후 다른 사람과의 접촉이 전혀 없던 경우가 대부분이기 때문이다. 2월 첫 번째 사례도 회복을 위해서 계속 집에만 머물다가 재확진이고, 그 후 퇴원자들은 14일간 격리를 실시하고 있으며 그 격리 기간에 재확진을 받은 분들이 대부분이기에, 재감염의 가능성은 거의 없다고 한다. 그래서 3번째의 원인일 가능성이 높다고, 우리나라 질본은 설명하고 있다.

그래서 나는 너무 조급하게 감염 전 건강했던 상태로 돌아가기 위해 노력하다가 피로로 면역력을 떨어트리는 것보다는, 현재 상태를 고려해서 천천히 회복하는 방식으로 생활 패턴을 맞추었다.

신종 바이러스라서 알려진 정보가 너무 없기에 불확실성이 크고, 특히 후유증에 대한 정보는 단기, 장기 모두 거의 없다시피하다. 하지만, 아무도 모르는 일에 대해 걱정하기보다는 긍정적으로 생각하고자 노력한다.

과거는 이미 지나가 버렸고, 미래는 아직 오지도 않았다. 예전처럼 한꺼번에 많은 것을 할 수 있을 정도의 기력이 되지 않아서, 모든 일을 함에 있어서 효율성이 아주 많이 낮은 상태이고, 예전과 같이 효율적으로 일을 할 수 있는 상태로 완전히 돌아갈 수 있을지 없을지 나도 모른다. 하지만, 지금 아주 조금씩 일을 할 수 있고, 아주 조금씩 스트레칭을 할 수 있다는 것에 진정한 행복을 느낀다.

현재만 생각하면서, 현재 가진 조건에 충실하고, 내가 지금 가지고 있는 것과 내가 지금 할 수 있는 것만으로 즐겁게 지내고자 한다. 어머님이 요즘 가끔 나에게 "너 왜 빙그레 웃고 있니?"라고 자주 물으신다. 사실, 나도 왜 웃는지 모르고 그저 그렇게 웃는다. 인생이 가끔은 힘들기도 하지만, 그저 그렇게 인생을 살아간다는 이유만으로도 빙그레 웃음 지어지는 게 인생인가 보다.

다시 한번 저에게 격려와 용기를 주시는 모든 분께 감사드립니다. 덕분에 제 인생은 진정 행복하고, 그저 그렇게 웃음을 지을 수 있습니다.

아침마다 화창한 햇살과 맑은 공기와 함께 유튜브를 보면서 스트레칭을 따라 하는 게 너무나도 즐겁다. 하지만, 요즘도 여전히 뒤통수를 누르는 듯한 두통이 심하고, 가끔 눈물이 날 때도 있고, 아주 조그마한 스트레스에도 참을 수가 없을 정도로 민감하다.

병원에 입원해 있을 때는 긍정적인 기분을 유지하기 위해서 옛날부터 좋아했던 미국 TV 시리즈인 프렌즈(Friends)를 유튜브에서 계속 봤다. 요즘 아주 조그마한 스트레스에도 참기 힘들 정도로 민감하고 감정조절이 힘들다고 하니, 옛 직장 동료이면서 예전부터 K-드라마의 광팬들이었던 미국 샌디에이고의 얀얀(Yanyan)과 싱가포르의 샤론(Sharon) 둘 다 나에게 한국 드라마인 "사랑의 불시착"을 보라고 한다. 한국 드라마는 거의 안 보는 나지만, 워낙 강력하게 권유를 해서 보기 시작했는데, 리정혁, 윤세리, 서단, 구승준, 표치수, 마영애, 서단 엄마, 삼촌 모두 웃기고 너무너무 재미있다.

오늘 첫 온라인 강의를 했다. 일단 테스트 삼아서 먼저 한 시간은 녹화분을 틀어 보고, 그 뒤 한 시간은 라이브로 진행해 보았다. 아무래도, 녹화분을 틀 때는 학생들의 집중력이 떨어지는 것 같다. 몸이 너무 안 좋아서 라이브가 완전히 불가능한 경우가 아니면, 되도록 내일과 다음 주 거의 매일 계속되는 강의는 라이브로 해야 할 것 같다. 이 과목은 그래도 매일 2시간 30분 정도 강의이고, 중간에 10~15분 정도 쉬는 시간이 있어서 괜찮을 것 같은데, 다음 과목은 하루 4시간 강의를 라이브로 매주 4일씩 2주간 해야 해서 힘들 수도 있을 것 같다. 하여튼, 일단, 주말에는 두 번째 과목의 남은 영상 촬영을 미리 마쳐두고, 내일과 다음 주는 정말 몸 상태가 안 좋은 상황이 아니면 라이브로 진행해야겠다.

이제 내일이면 첫 과목의 온라인 강의는 끝난다. 이번 주는 계속 라이브로 진행해 오고 있는데, 강의 마치면 몸이 많이 피로하고, 목도 약간씩 힘들 때도 있지만, 그래도 자고 나면 괜찮아진다. 아직 두통은 있는데, 어제부터는 머리 뒤통수를 누르는 듯한 통증이 아니고 머리 오른쪽 옆을 납작한 판이 누르는 듯한 통증으로 바뀌었다.

연일 재확진 기사가 나고 있다. 벌써 우리나라에서 재확진이 292명이나 나왔다고 한다. 유독 중국과 한국에서 재확진 사례가 많이 나온다. 일본, 미국도 있지만 1명 정도이고, 미국의 경우는 2번의 음성 후 3번째 음성을 기다리면서 퇴원을 준비하던 중에 양성이 나왔는데, 음성과 양성의 경계선 상에 있는 수치라고 한다. 우리나라는 완치 판정 후 퇴원자의 재확진이 벌써 292명이나 된다니 걱정된다.

오늘 정부 발표에 따르면 재확진이 아니고, 모두 다 죽은 바이러스가 검출된 것이라고 하는데, 퇴원 후에 다시 검사하는 것도 아니고, 증상이 재발현한 사람들만 다시 검사하는데, 왜 죽은 바이러스가 증상을 재발현하게 해서 검사까지 해야 했는지 이해하기 힘들다. 중국에서 재확진이 계속 나올 때는 검사 키트의 오류라고 하면서 우리나라 검사 키트의 우수성을 이야기하던 우리나라 언론들이, 우리나라에서 유독 재확진이 계속 나오는 상황에서는 죽은 바이러스가 검출되었기 때문이라고 하는 게, 이해하기 힘들다. 만약, 모든 퇴원자를 일정 기간 후에 검사를 해서 나온 결과라면 이해가 가지만, 증상이 재발현한 사람들만 다시 검사했는데, 재발현의 원인이 죽은 바이러스라는 게 더욱 불안하게 한다.

왜 완치 판정을 받고 퇴원한 사람들 중 많은 숫자가 증상이 재발현해서 재검사가 실시되었는지에 대한 설명이 전혀 없다. 완치인데, 왜 많은 완치자가 증상이 다시 나빠져서 검사를 받은 걸까? 죽은 바이러스가 증상을 악화시켰을 리는 없고, 검사키트의 문제가 아니면, 완치 후에도 바이러스가 예전에 신체에 영향을 미쳤던 피해가 시간이 지난 후에 나타나는 후유증이 있다는 건가? 죽은 바이러스라서 걱정할 필요 없다고만 하지, 왜 죽은 바이러스인데도 완치자들이 증상이 다시 재발현해서 재검사를 받을 수밖에 없었는지는 밝히지 않고 있다.

첫 번째 과목의 온라인 강의를 모두 잘 마쳤다. 이번 주 강의 모두를 라이브로 진행할 수 있을까 걱정했는데, 다행히도 모두 라이브로 마쳤다. 이번 주말은 아직 다 마치지 못한 두 번째 강의 영상 녹화와 학생들 과제를 채점한다고 바쁠 것 같다.

여전히 오른쪽 머리를 누르는 듯한 두통이 있지만, 뒤통수를 누르고 있던 때보다는 통증이 덜하다. 아무래도 내가 생각한 것처럼 치료 때 사용했던 약의 부작용이나 완치 후 기력이 덜 회복되어서 이런 증상이 일어나는 것이 아니라, 해외 언론에서 언급되는 것처럼 코로나19 바이러스가 신체에 침입했을 때 공격받은 신체 부위들이 시간이 지나면서 후유증으로 나타나는 것 같다. 해외 언론들을 보면 코로나19 바이러스가 폐만 공격하는 것이 아니라, 뇌, 심장, 간, 신장, 소화계통, 신경, 혈액 등 신체 다양한 부위를 공격해서, 후유증이 다양한 형태로 나타난다고 하니, 두통이 아무래도 그래서 나타나는 것 같다. 기력이 약해서나 약의 부작용이라면 전혀 없던 증상이 완치 판정 받고 퇴원 후 수주의 시간이 지나고 나타나서 이렇게 오랫동안 지속되는 건 이해가 안 된다. 해외 언론에서 내가 겪고 있는 만성 피로와 두통 증상도 코로나19 대표적 후유증이라고 하니, 아무래도 후유증이 맞는 것 같다.

다음 주부터 2번째 과목의 영상 강의를 시작한다. 이번 강의는 매일 4시간씩 2주간 강의를 해야 해서 지난번 강의처럼 전체를 라이브로 진행하기에는 많이 힘들 것 같다. 일단 영상 녹화본은 모두 만들어 놓아서, 몸 상태가 안 좋아지면 녹화본을 틀 수 있도록 준비는 끝났다.

요즘 여전히 스트레스 관리가 너무 힘들다. 아주 조그마한 스트레스에도 너무 민감해서 감정 조절이 불가능하다. 특히, 어머님에게 아무것도 아닌 걸로 너무 쉽게 짜증을 내는 것 같다.

두통은 여전한데, 오른쪽 옆에서 왼쪽 옆으로 두통이 옮겨갔다. 강도는 약해져서, 통증이 뒤통수를 누를 때처럼 그리 심하지는 않다. 매일 스트레칭은 하고 있지만, 근육 운동을 전혀 못 하고 있어서 근육이 많이 빠져버렸다. 3월 퇴원 때에 비해서 표가 날 정도로 근육이 많이 빠졌다. 팔 굽혀 펴기를 한번 해 봤는데, 시간이 지난 후 몸이 더 나아지면 다시 시작해야겠다. 아직은 근육 운동을 시작하기에는 무리인 것 같다.

___

두 번째 과목 첫 온라인 강의를 했다. 처음 1시간은 녹화분을 틀고, 그 뒤에는 라이브로 진행하다가 몸이 안 좋으면 녹화분으로 교체하려고 했었는데, 처음 30분만 녹화분을 튼 후에, 나머지는 모두 라이브로 했다. 4시간 동안 강의 중간에 휴식을 15분씩 2번을 넣었다. 휴식 시간이 있어도 4시간 강의가 힘들었다. 처음에는 앉아서 하다가 나중에는 거의 누워서 강의를 하다시피 했다.

예전에는 오전 8시부터 오후 6시까지 온종일 하는 강의를 3일 연속으로 하고, 강당에서도 마이크가 없어도 될 정도로 큰 목소리로 강의를 했었지만, 오늘 강의하면서는 따뜻한 물을 계속 마시고 휴식 시간마다 목캔디를 먹었음에도 목 상태가 좋지 않았다. 이번 주와 다음 주 계속 거의 매일 4시간씩 강의를 하려면 아무래도 지금부터 목 관리를 철저히 해야 할 것 같다.

이번 주 강의는 모두 끝났다. 매일 4시간씩 라이브로 진행을 했다. 강의가 끝나고 나면 완전히 녹초가 되어 쉬기만 하다가 다음 날 강의하는 식으로 진행을 해서, 겨우 해냈다. 다음 주에도 강의를 해내려면 주말은 푹 쉬어야겠다. 피로 회복이 너무 느리다. 예전에는 일에 집중하면 36시간 잠 안 자고도 멀쩡했고, 피로 회복도 빨랐는데, 요즘은 조금만 뭔가를 해도 피곤하고, 피로 회복도 잘 안 된다.

두통이 머리를 일주하는 것 같다. 이제는 통증이 정수리로 옮겨갔다. 뒤통수, 좌, 우 옆머리 쪽에 두통이 있을 때는 납작한 판으로 누르는 것 같았는데, 정수리로 옮겨온 뒤로는 누르는 것보다는 톡톡 치는 듯한 두통이다. 그래도, 통증의 강도는 뒤통수 누를 때에 비하면 많이 약하다.

코로나19 후유증에 대한 정보는 여전히 우리나라에서는 전혀 찾을 수가 없고, 해외에서만 찾을 수 있다. 신종 바이러스라서 여전히 중, 장기 후유증에 대한 정보는 없고, 당연히 회복된 지

몇 주~몇 개월 정도밖에 안 된 상황에서 코로나19 후유증에 대한 단기적 정보들뿐이다.

강의 때문인지 몸이 너무 안 좋아졌다. 없어졌던 가슴 통증이 다시 나타나기 시작했고, 두통이 심해졌다. 두통은 강하게 누르는 듯한 통증에서 바늘로 찌르는 듯한 통증으로 바뀌었다.

미국 언론에 미국인 이탈리아 특파원 기자의 이탈리아발 기사로 코로나19 회복 후 여전히 후유증을 겪고 있는 이탈리아의 후유증 환자들에 대한 기사가 났다. 우리나라의 대구, 경북처럼 이탈리아에서 가장 피해가 컸던 지역인 롬바르디아 지역 병원 의사와의 인터뷰에서도 중증 후 회복자뿐 아니라 경증 후 회복자들도 후유증을 겪고 있고, 다양한 증세가 있다고 한다.

우리나라보다 훨씬 뒤에 대규모 확산이 일어난 나라들의 언론도 후유증에 관해서 이야기를 하는데, 왜 먼저 일어난 우리나라 언론은 후유증에 관한 이야기를 전혀 하지 않는지 이해가 안 된다.

선거 전에는 선거를 위해서 3월 중순 강경화 장관이 영국 BBC에서 한국이 방역 성공했다고 인터뷰하고, 3월 말 대구, 경북이 위기를 겪었는데, 박원순 서울시장이 미국 언론에서 위기도 전혀 없었던 서울인데, 서울의 코로나19 성공 사례를 세계와 공유하겠다는 인터뷰를 하고, 해외 언론의 한국 이름 가진 기자의 서울발 기사를 가지고 국내 언론들이 세계가 우리나라를 칭찬한다는 기사들을 대서특필하던 건 이해한다. 우리나라뿐 아니라 전 세계 어느 나라 정부라도 선거 기간에는 그런 식으로 언론 홍보를 할 것이다.

하지만, 선거가 끝난 지 거의 한 달이 지난 지금에도 우리나라의 언론의 코로나19는

1. 마녀사냥식 누가 감염을 퍼트리고 있다는 뉘앙스의 기사
2. 우리나라가 세계에서 가장 코로나19 방역 잘하고 있다는 기사
3. 다른 나라의 코로나19 비극에 대한 기사밖에 없다.

다른 나라 언론들은 여러 다른 나라들의 기사를 자극적이지 않게 적고, 여러 나라의 장점들을 소개하고, 많은 의학적 정보

를 공유하고 있지만, 우리나라는 자극적인 기사밖에 없다. 물론, 후유증에 대한 정보는 전혀 없다.

퇴원 70일 차
2020년 5월 13일 수요일

23년 만에 처음으로 한국에서 보내는 봄이고, 5월이다. 재택근무를 하면서 거의 집에만 있지만, 창가로 보이는 푸른 나무와 꽃들이 너무 상쾌하다.

요즘 아침에 일어날 때마다 두통이 있다. 퇴원한 지 2달이 훌쩍 지났지만, 여전히 후유증은 남아있고 완전한 회복까지는 긴 시간이 걸릴 수도 있을 것 같다는 생각을 한다. 요즘 너무 쉽게 피곤해지고, 너무 자주 머리가 아파온다.

우리나라는 코로나19 회복자들에 대한 차후 관리가 전혀 없고, 신규 환자 치료와 재확진자 치료에만 초점이 맞춰져 있어서, 후유증에 대한 자료가 전혀 있을 수가 없다. 그래서 다른 나라들의 후유증에 대한 자료들을 찾아보고 있다. 다른 나라들에서 나온 3번의 음성 판정 후 퇴원한 회복자들의 후유증에 대한 자료들을 보면 여전히 많은 증상을 겪고 있고, 오랜 기간 동안 후유증을 앓고 있는 회복자들이 꽤 있는 것 같다.

나 또한 감염 후 병원에서 느꼈던 것처럼 예전에는 겪어 보지 못했던 이상한 증상들이 요즘 다시 나타나고 있다. 항상 많이 피곤하고, 너무 자주 머리가 아프다. 몸의 상태가 안 좋아서인지, 신경이 날카로워지고 민감해져서 조그만 일에도 심한 스트레스를 느낀다. 감염 전에는 두통이라곤 거의 느끼지 못했던 내가 요즘은 머리가 아주 무겁고, 머리가 눌리는 듯한 통증을 느끼고 있다. 머리가 멍하다는 말을 이해할 수 있게 되었고 모든 일에 집중을 할 수가 없을 정도로 머리가 둔해진 느낌이다.

요즘도 계속 유튜브의 스트레칭 비디오를 보면서 매일 따라 하고 있다. 요즘은 스트레칭할 때 더 이상 호흡이 가빠지지는 않는다. 적어도 이건 좋아지고 있다. 하지만, 간단한 10분간의 스트레칭 후에도 피로감이 몰려온다.

23년 만에 처음 한국에서 보내는 봄이고, 동시에 23년 만에 어머님과 가장 오랫동안 보내는 시간이기도 하다. 어머님과 같이 지내는 시간이 너무 재미있고, 항상 너무 감사드린다. 하지만,

요즘 내가 너무 민감해지면서 조그마한 일에도 어머님에게 잔소리와 불평을 거의 매일 하고 있다. 그럴 때마다 항상 미안해하지만, 지난 2주간 매일 계속 잔소리와 불평을 했다. 다행히도 요즘은 조금 내 감정을 좀 더 조절할 수 있게 되었다.(여전히 나의 잔소리와 불평이 아예 없어진 건 아니다.)

계속되는 후유증에 현재 상태에 나의 생활 패턴을 맞추고자 노력한다. 두통도 없고, 예전처럼 상쾌한 머리와 건강한 신체가 되면 정말 좋겠지만, 당분간은 이런 상태가 지속된다면, 현재 상태로 내가 살아가는 방법을 찾아야 하고, 더 악화되지 않기 위해 노력하는 것이 현실적일 것이다. 회복하기 위해서 노력하는 동시에 현재 상태에 맞춰서 적응하고자 한다. 나의 현재 상황과 내가 할 수 있는 것에 감사하려 한다.

이번 주 온라인 강의를 하면서, 학생들에게 이 사례 혹시 지난 시간에 설명했냐고 계속 묻고 있다. 지난 시간에 강의를 했는지, 안 했는지 기억이 잘 안 난다. 그리고, 전문용어가 아닌 일반적인 단어도 생각이 안 날 때가 많다. 요즘 머리가 예전처럼 납작한 판으로 누르거나 찌르는 듯한 통증은 없지만, 멍하면서 아프고, 특히 집중을 할 수가 없고 기억력에 문제가 있는 것 같다.

오늘 서울시장이 미국 NBC 인터뷰에 나왔단다. 대구, 경북의 의료 시스템이 붕괴됐을 때, 서울은 대구, 경북 환자를 받기는커녕, 대구, 경북 사람들의 서울 병원 방문을 마녀사냥 하듯이 차별했다. 서울시장은 해외 언론에 서울의 위기 극복 성공 사례를 세계 45개 대도시와 공유해서 세계를 돕겠단다. 그런데, 우리나라 언론이 서울시장 NBC 인터뷰를 영웅시하면서 내보내고 있다. 위기 극복은 대구, 경북이 했고, 위기를 당한 대구, 경북에 대한 차별은 서울이 했는데, 무슨 서울이 위기 극복을 했다고 하는지 이게 나만 이상한 걸까? 2월 중순 대구, 경북의 갑작스러운 급격한 감염 사태로 의료 시스템이 붕괴하면서, 인접 지역인 부산, 울산, 경남과 충청도의 의료 시설들이 대구, 경북 환자들을 2월부터 이미 수용을 했고, 3월 초 광주가 대대적으로 홍보를 하고 대구, 경북 환자들을 수용하면서, 전북 등 전라도도 이에 합류했다. 하지만 대구, 경북의 의료 시설들이 일반 치료도 힘들어져서 서울 등의 일반 의료 시설을 방문한 대구, 경북 출신 일반 환자들마저도 차별하고, 대구, 경북 출신 사람들의 방문 자체마저도 차별하던 수도권의 지역단체장이 자기 도시의 위기 극복의 성공 사례를 세계와 공유하겠다는 게 이상한 건 나뿐일까?

선거가 끝난 지금에도 위기와 거리가 멀었던 서울의 시장이 아직도 업적 홍보를 하고 있고, 이걸 그대로 옮기고 있는 우리나라 언론은 문제가 있는 것 같다. 선거가 끝났으면, 이제 언론은 제자리로 돌아와서 좀 더 의학적이고 과학적인 정보를 제공해야 한다. 아직도 정치적 홍보만 하고 있는 언론들이 방역을 과학적, 의학적인 일이 아니라 더욱더 정치적인 기회로 만드는 것 같다.

_____

드디어, 두 번째 과목도 모든 온라인 강의가 끝났다. 너무나도 힘들었다. 거의 매일 거의 누워서 강의하다시피 했다. 말을 하는 것도 불편했고, 머리가 너무 아파서 집중하기도 힘들었고, 기억력 문제도 심했다. 이 상태로는 더이상 강의는 불가능할 것 같다. 회복이 안 되면, 다음 학기는 무조건 쉬어야겠다. 이런 식으로는 온라인 강의도 불가능하다.

_____

어젯밤 너무 몸이 안 좋았다. 코로나19에 감염되어서 가슴 통증과 호흡 곤란이 왔었던 당시와 거의 유사한 상태의 가슴 통증과 호흡 곤란을 겪었다. 질본 코로나19 콜센터에 전화를 걸어서 재검사가 필요한지 물어보니, 그냥 집에서 쉬라고 했다.

오늘 아침에도 계속 가슴 통증과 호흡 곤란이 심해서 보건소에 전화를 했었다. 보건소에 전화를 받으신 분이 내 이름을 듣더니, 예전에 퇴원 후 감사 편지를 보낸 사람인 걸 기억하시고 나에게 검사를 받으러 오라고 하신다. 다시 난 2월 말로 돌아갔다. 가족에 알리고, 길에서 혼자 사람들을 피해가면서 걸어서 보건소에 가서 검사를 받고, 집에 와서 혼자 내 방에 격리를 시작했다.

가족들은 재양성일까 봐 걱정한다. 하지만, 솔직히 나는 재양성을 걱정하지 않는다. 이렇게 계속 아프면 차라리 양성 판정이 나와서 병원에 가서 산소라도 공급받는 게, 집에서 계속 고통스럽게 있는 것보다 나을 것 같다.

퇴원 74일 차
2020년 5월 17일 일요일

검사 결과는 음성이란다. 계속 가슴 통증이 너무 심하다. 솔직히 2월 검사받았던 때보다 가슴 통증과 호흡 곤란은 조금 덜

하지만, 지금은 그때 없었던 두통마저도 심하다.

난 정말 병원에 입원하기를 바랐나보다. 음성이라는 결과를 받았는데도 전혀 기쁘지가 않았다. 그래도 내가 아픈 이유가 적어도 재감염이 아니고 후유증 때문이라는 건 확실해졌다.

우리나라보다 유일하게 먼저 대규모 확산이 일어난 중국의 후유증 관련 기사가 영어로 된 것이 있는지 찾아보니, 중국은 이미 정부가 코로나19 후유증에 대한 보고서를 발표했다. 코로나19 후유증이 뇌, 폐, 심장, 위장, 신경, 혈액 관련 광범위한 질환을 보이기 때문에 이들 모두 정부 건강 관리 시스템으로 관리하겠다고 했단다. 경증으로 호흡 곤란과 폐 관련 증상이 전혀 없이 회복되었다가 수주 후에 폐 손상이 나타난 후유증 환자들도 여럿 보고되었다는 기사들도 있었다.

찾아보니, 중국뿐 아니라, 우리보다 훨씬 늦게 코로나19가 확산된 미국도 코로나 후유증 전문 치료 센터가 설립되는 등, 코로나 후유증의 체계적 치료가 시작되었다고 한다. 우리나라 정부도 코로나19 완치 판정받은 사람들 중 완치되지 못했고 여전히 후유증이 있는 환자들에 대한 조사와 체계적인 치료를 시작해야 할 것 같다.

코로나19 검사는 음성이라는데도 몸은 계속 너무 안 좋다. 우리나라 사이트에서는 정부 기관, 의료 기관, 언론 어디서도 코로나19 후유증에 대한 정보를 전혀 찾을 수가 없다.

요즘 우리나라 언론에는 이태원 클럽발 코로나19 기사뿐이다. 2월 말 내가 코로나에 감염되었을 때, 내 가족이 절실한 불교 신자라는 걸 밝혀야 했다. 당시, 감염되면 본인이나 가족이 신천지 신자일 거라는 편견과 차별에 시달려야 했기 때문이다. 난 내가 왜 내 가족의 종교까지 밝혀야 하는지, 당시의 상황이 불편했다.

지금 감염되는 사람들은 본인이 동성애자이거나 가족 중에 동성애자가 있을 거라는 편견과 차별에 시달릴 거다. 감염병에 감염된 환자를 마녀사냥 하는 나라가 우리나라라는 것이 불편하다. 내가 퇴원했을 때, 많이 들은 질문은 누구에게서 감염되었냐였다. 왜 우리는 누가 감염을 시켰냐에 집착을 할까? 다른 나라 언론들은 전혀 안 그런데, 우리나라 언론만 왜 그럴까?

자신이 감염된 것을 알고도 자신의 잘못된 행동이 다른 이를 감염시킬 수도 있는 상황을 만들었다면 지탄을 받아야 할 수도 있지만, 감염되었다는 이유만으로 왜 비난을 받아야 할까? 그리고 감염자가 많이 나온 집단에 속한다는 이유만으로 그 집단의 감염자 모두가 비난을 받아야 할까?

위기의 상황에서 대중은 이성보다는 감성에 더 집중한다. 아직 위기가 계속되고 있어서, 감성적 마녀사냥을 지지하는 사람들이 많을 수밖에 없고, 언론은 자극적인 기사들로 클릭수를 높여서 광고 수익을 증가시키는 현 상황을 이해 못 하는 것은 아니다. 하지만, 우리보다 훨씬 코로나19 상황이 안 좋은 나라들의 언론을 보면, 우리나라의 현실은 분명히 문제가 있다.

퇴원 76일 차
2020년 5월 19일 화요일

아침에 이상한 전화가 왔다. 코로나19 완치자들의 정신 건강을 위한 무료 상담 전화라고 한다. 그런데, 나의 이름, 나이, 직업,

주소 등 개인 정보를 계속 물어본다. 자기들이 받은 정보는 이름, 성별, 전화번호뿐이란다. 아무래도 보이스피싱 같아서 전화를 끊어버렸다. 전화번호를 보니 진주 지역 번호다. 부산에 있는 완치자의 정신 건강을 위한 무료 상담 전화를 왜 진주에서 거는 걸까?

몸이 계속 너무 안 좋아서, 코로나19 후유증에 대해 알아보기 위해 다시 질본에 전화를 했다. 연결된 후 코로나19 2월 말에 감염되었다가 3월 초 완치 판정받고, 지금 몸이 너무 많이 안 좋아서 전화한다고 설명하니, 바로 짜증을 내면서 감기니깐 집에서 쉬라고 한다. 내가 '아직 증상을 설명도 안 했을뿐더러 감기는 아닌 것 같은데요.'라고 하니, 여전히 짜증 내면서 그럼 증상을 설명하라고 한다. 완치되었으니 후유증 같은 것은 없고, 그냥 감기나 몸살에 걸려서 몸이 안 좋은 것이니까 집에서 쉬란다.

생각해보니, 이번에도 검사 후에 집에서 격리하라고 말만 했지, 격리를 어떻게 해야 하는지 자세한 설명을 해 주지 않았다. 2월에도 검사 후에 자가격리하라고 할 때, 어떻게 해야 하는지에 대해 선별진료소에서 설명을 안 해줘서, 집에 같이 계신 몸이 아프신 어머님이 걱정되어 보건소에 다시 전화를 걸었을 때도 마찬가지였다.

영국 등 외국 언론을 보면 자가격리를 어떻게 해야 하는지, 집에 다른 이와 같이 있을 때 음식 섭취, 화장실 사용 등에 대한 설명을 비디오로 아주 자세하게 하고 있는데, 우리나라는 '손 씻고 마스크 착용하세요.'라는 초기 방역에 대한 정보 말고는 자세한 자가격리 방법 등에 대한 자세한 설명 또한 못 하고 있는 것 같다.

초기 증상이 발현하고도 검사 안 받고 돌아다녔다면서 마녀사냥, 자가격리를 지시받고도 다른 곳을 갔다고 마녀사냥 하면서, 정확히 초기 증상이 어떻게 나타나는지, 자가격리를 구체적으로 어떻게 해야 하는지에 대한 이야기는 전혀 없는 것 같다. 초기 증상이 아주 헷갈리고, 잠시 나타났다가 아무 이상 없는 듯 없어져 버리는 걸 자세히 설명해 주지도 않고, 자가격리를 정확히 어떻게 해야 하는지도 알려 주지 않는다. 증세가 없어져도 검사 결과가 나올 때까지는 집에 있어야 하고, 몸이 나빠져도 약을 사러 약국에 가는 것은 안 된다는 등의 정보 제공은 전혀 없다. 아직 정보도 없고, 대구, 경북의 의료 시스템이 붕괴되던 2월 말에는 체계적으로 이런 정보가 제공되지 못했던 것을 이해하지만, 3개월이 지난 지금도 마찬가지라는 건 문제인 것 같다.

몸이 계속 너무 안 좋다. 나의 미국 대학 동창 중 의사 출신이 3명이 있다. 그중 뉴욕시에 있는 친구에게 메시지를 보냈더니, 답변이 왔다. 코로나19 후유증 환자 중에 자율 신경계열 문제가 있거나, 혈전/혈관종 문제가 있는 환자들이 많고, 이로 인해 가슴 통증, 호흡 곤란, 역류성 식도염 등의 증세를 보이는 사람들이 많다고 한다. 내 증세도 마찬가지인 것 같고, 인근 병원에 가서 진단을 받고 처방을 받으라고 한다.

생각해보니, 이런 후유증을 겪는 사람은 우리나라에 나만 있는 것은 아닐 거다. 중국, 미국, 이탈리아, 영국 등 다른 나라의 코로나19 회복자들 중 많은 수가 후유증을 겪고 있다는데, 우리나라는 전원 완치이고, 나만 완치가 아닌 후유증 환자일 수는 없다.

하지만, 우리나라는 다른 나라처럼 후유증에 대한 정보를 정부, 의료 기관, 언론 어디에서도 얻을 수가 없다. 그래서, 그동안 내가 모은 정보만이라도 우리나라의 코로나19 후유증 환자과 공유하기 위해 페이스북에 "부산 47"이라는 페이지를 만들

었다. 부산 47번째 환자의 코로나19 후유증 정보 공유 사이트
이다.

몸이 계속 안 좋아서 오늘도 병원에 다녀왔다. 전문의인 의사
선생님이 나보고 고생했다고 코로나19 바이러스는 후유증이
없으니, 지금 치료 당시 복용했던 약의 부작용으로 역류성 식
도염이 생긴 것 같다며 역류성 식도염 약 2주일분을 처방해 주
셨다. 미국 사이트에서 찾아보니 내가 먹었던 약의 부작용으로
가장 많이 보고된 것이 위장 관련이고, 약을 먹고 난 뒤에 항
상 가슴과 배가 타는 듯한 증세가 있었던 것이 역류성 식도염
증세였다면 아마 약의 부작용 때문일 수도 있을 것 같다.

하지만, 역류성 식도염뿐 아니라 피부에 생긴 문제 등 다른 증
상을 종합적으로 보면, 미국의 의사 친구가 말했던 것처럼 약
의 부작용이라기보다는 혈전/혈관종 문제나 자율 신경계 문제

의 후유증일 가능성도 있을 것 같다. 하여튼, 코로나19 바이러스는 후유증이 전혀 없고, 바이러스가 없어지는 순간 완치라고 믿고 있는 우리나라 전문의에게는 부작용 외에 고려는 없다. 물론, 그 전문의의 문제는 아니다. 과연, 전문의 한 명에게 코로나19 환자가 방문할 확률이 얼마나 될까? 전문의가 외국 사이트까지 찾아가면서 코로나19 후유증 정보를 찾아볼 수는 없다. 우리나라 보건복지부, 질병관리본부와 언론이 다른 나라들처럼 코로나19 후유증 정보를 전혀 제공하지 못하고 있는 현실에 전문의도 정보를 접할 기회가 없다. 퇴원 후 11주가 지났지만 여전히 후유증 때문에 고통스럽다.

퇴원 79일 차

2020년 5월 22일 금요일

미국인 의사 친구에게 어제 병원에서 있었던 일과 우리나라의 코로나19 후유증에 대한 정보 부족 상황으로 제대로 된 치료를 의료 기관에서도 받기 힘든 상황을 이야기하니, 일단 식이 요법과 운동의 생활 관리로 치료를 시작하라고 한다.

소화 기관 및 혈전/혈액종 문제가 있으니 소화와 혈액 순환이 잘되는 음식 위주로 먹으라고 한다. 양배추를 특히 많이 먹고, 브로콜리, 비트 등을 먹고, 고기보다는 생선 위주로 먹으라고 한다. 그리고, 힘들어도 야외 산책을 하면서 운동 강도를 차츰 높이도록 해 보라고 한다. 아직은 아파트 단지 내 공원을 산책 하는 정도밖에 못 하지만, 좀 괜찮아지면 인근 생태 하천을 산 책해야겠다. 산책은 괜찮지만, 산책하러 나갈 때 9층을 계단으 로 오르락내리락하는 것이 힘들다.

혈전/혈관종으로 피부 문제가 많고, 피부 색깔도 검붉다. 이웃 들 불편하지 않도록, 밤에 산책을 나가고, 낮에는 집에만 있는 데도, 어머님은 얼굴이 너무 탔다고 산책할 때 선크림 바르라 고 하신다. 남들보다 유난히도 흰 피부를 가졌던 나였는데, 이 제는 해변에서 여름을 보낸 사람 같다.

밤에 가슴이 너무 갑갑해 창문을 열고 바깥 공기를 쐬니 괜찮아져서 창문을 열어 두고 잠을 잤더니, 아침 기상 때 목이 너무 아프다. 아무래도 바깥바람 때문에 방 안 공기가 너무 건조해졌었나 보다.

저녁 늦게 사람들이 별로 없는 시간에 산책을 나가는데도 주차하고 집으로 들어오시는 이웃이나, 저녁 늦게 산책을 나오신 이웃분들이 계신다.

난 누구인지도 모르는데, 나를 알아보시는 건지 나를 보고는 깜짝 놀라면서 마스크를 착용하시는 이웃분도 계셨다. 아무래도, 내가 감염되었을 때, 우리 아파트 몇 동에 확진자가 나왔다는 걸 아파트 모든 사람이 알게 되었고, 3, 4월 언론 인터뷰 때 내가 마스크를 쓰고 인터뷰하는 모습들을 봐서, 우리 동 바로 앞에서 나의 마스크를 쓴 모습을 보고 알아챘을 것 같다.

그리고, 퇴원 후 빨리 기력 회복하라고 우리 집에 음식까지 보내 주신 고마우신 이웃분들 중에 내가 아주 잘 아는 이웃 한

124

분도 나랑 몇 번 마주쳤는데, 못 본 척하고 그냥 지나가신다. 아무래도 3, 4월에 재확진 기사가 많이 났기에, 아직도 이웃분들 중 나를 불편해하시는 분들이 꽤 계실 것 같다.

어차피, 내가 그분들 입장이라고 해도 불편하고 걱정되었을 것이다. 몸이 좀 괜찮아지면 아파트 단지 공원을 산책하는 걸 그만두고, 나를 아는 이웃이 없는 인근 생태 하천으로 가서 산책하는 게 나을 것 같다.

퇴원 87일 차
2020년 5월 30일 토요일

가슴 통증보다는 배 통증이 더 심하다. 역류성 식도염 약을 계속 복용하며 양배추로 김치와 물김치를 담가 먹고, 소화가 잘되는 음식들만 먹고, 매일 운동을 위해서 산책을 하고 있다. 역류성 식도염에는 앞으로 구부리는 동작이 안 좋다고 해서, 아침 스트레칭 동작 중 앞으로 구부리는 동작들은 모두 뺐다. 잠을 잘 때는 상체를 높여서 잘 수 있도록 쿠션을 이용하고 있다.

부산의 초, 중, 고가 온라인에서 교실 수업으로 전환된 후 처음으로 부산의 고등학교에서 확진 학생이 나왔다고 한다. 하루 전에 내과에 방문을 했었는데, 감염 소견이 없어서 검사를 못 받았다가, 그다음 날 학교에서 증상이 너무 안 좋아져서 선생님이 보건소에 연락해서 검사를 받을 수 있었고, 양성 판정을 받았다고 한다. 여전히 예전처럼 검사받기가 힘든 것 같다. 그 학생과 같은 아파트 살고 복도에서 지나치기도 했는데, 밀접 접촉자가 아니라서 검사를 못 받고 있다는 항의글도 있고, 그 학생이 재학하는 학교의 학생들도 전원이 아닌 일부만 검사를 받을 수 있어서 학부모들이 부산교육청에 항의를 하고 있고, 그 학생이 타고 다닌 버스와 노선이 겹치는 인근 학교들과 그 학생이 다닌 학원의 학원생이 재학하는 학교들도 검사를 하지 않고 있단다. 그런데, 이런 내용은 언론에 나오지 않고 있다.

오히려, 언론에는 그 학생이 PC방에 갔다는 내용이 나오고 있고, 대중은 PC방가서 다른 이들을 감염시키는 마녀인 양 욕을 한다. 아직 그 학생이 간 PC방에서 감염자가 안 나와서 다행이지만, 만약 PC방에서 여러 명의 감염자가 나오면 그 학생은 마녀사냥을 당할 것이다. 신천지 탓, 이태원 클럽 동성애자 탓, 지금 언론에 나오고 있는 쿠팡발 108명의 확진자 발생이라는 기사들의 쿠팡 탓에 이어, PC방 간 학생 탓으로 진행되지 않기를 바란다.

얼마 전 노벨 경제학상을 수상한 시카고대학 경제학과 및 경
영대학원 교수인 리처드 탈러(Richard Thaler) 교수의 넛지
(Nudge)[1] 이론은 미국뿐 아니라 전 세계 수많은 정부에서 정
책 입법에 사용되고 있다. 교육부는 학교에 학생이 등교하면,
방과 후에 PC방을 가는 것은 당연히 있을 수밖에 없다는 것은
알았어야 했고, 그에 대한 대책을 마련해야 했다. 이걸 학생이
방과 후 공부 안 하고 코로나19 상황에서도 PC방을 갔다고 마
녀사냥 하는 건 잘못된 것이다. 코로나19 검사 후에도 학생이
바로 집에 안 가고 PC방을 갈 수도 있다는 것을 인지하고, 자
가격리에 대한 정확한 지침과 자세한 설명을 했어야 한다. 특
히, 그 전날 병원에서 코로나19 소견이 없다고 했으면, 학생은
검사를 받고도 음성일 거라고 생각하게 된다.

그리고, 무증상이 50% 이상이라는 것이 알려지면서 다른 주
요국들은 지역 감염 파악을 위해 여러 주요 도시에서 대대적인
무작위 검사까지 하고 있는 상황에, 아직도 밀접 접촉자나 정

---

1) 상대방의 행동을 변화시키는 유연한 방식의 선택 설계를 의미한다. 사람들에
게 경제적인 영향을 미치거나 특정 행위를 강요 또는 금지하지 않고도 선택의
조건을 변화시킴으로써 자연스럽게 행동이 변화되도록 하는 자유주의적 개입
을 특징으로 하며, 주로 공익적인 목적을 위해 활용된다. /두산백과

확한 의사의 소견이 없으면 검사를 받을 수 없는 우리나라의 현실은 문제가 있는 것 같다. 대중에게 제공되는 질본의 발표와 언론의 정보는 누가 어디서 감염되었다, 우리나라 방역 잘하고 있다, 상황이 안 좋은 나라들의 비극적 소식밖에 없다. 다른 나라들처럼 의학적, 과학적 정보, 다른 나라들 중 잘하고 있는 나라들의 정보, 그리고 후유증에 대한 정보는 전혀 없다.

퇴원 88일 차
2020년 5월 31일 일요일

벌써 5월의 마지막 날이다. 4월부터 지금까지 계속 심한 두통과 갑자기 아무런 이유 없이 흐르는 눈물과 조그마한 스트레스도 참을 수 없는 민감한 감정이 힘들다. 특히 아무 이유 없이 자주 짜증을 내서 어머님께 너무나도 미안하다. 두통과 가슴 통증도 좋지 않지만, 여전히 배의 통증이 가장 심하다.

난 중, 장기 후유증이 어떻게 될지 모른다. 약을 먹고 있지만, 증세가 나아지고 있지는 않다. 다른 나라들은 코로나19 후유증의 체계적인 치유가 시작되었다고 하는데 우리나라도 조만간 코로나19 후유증의 체계적인 치유가 시작되면 나의 후유증도 치유될 수 있기를 희망한다.

봄은 참 좋은 것 같다. 꽃이 피어나고, 날씨가 따뜻해지고, 희망을 가질 수 있게 해 주는 계절인 것 같다. 밤에 아파트 단지 내 공원 산책을 하다가, 이제는 비타민 D 섭취를 위해서 낮에 집 근처 생태 하천 산책을 30분 한다. 생각지도 못했던 코로나19 후유증이라는 고통을 겪고 있지만, 햇살 가득한 봄날 산책을 즐길 수 있는 행복을 누릴 수 있음에 고마움을 느낀다. 매일 하천을 걸을 때마다 만나는 오리 한 쌍이 나에게 커다란 행복을 느끼게 해준다. 저 오리들도 힘든 겨울을 보낸 후, 이렇게 화창한 봄날을 즐기고 있을 것이다.

퇴원 91일 차

2020년 6월 3일 수요일

여전히 우리나라에서는 보건복지부와 질본 발표, 언론 어디에서도 코로나19 후유증은 없고, 완치만 있다. 그리고, 언론은 클럽, 콜센터발, 이태원 클럽발, 쿠팡발 감염과 초기 증상 후에도 돌아다니다가 나중에 검사받고 양성 확진 판정받은 감염자를 마녀사냥 하는 기사만 내고 있다.

지금 생각하면 만약에 내가 검사받기 전 주말에 헬스클럽을 가서 운동을 했고, 헬스클럽에서 여러 명의 감염자가 나왔으면, 나도 몰지각하게 다른 이들을 감염시킨 마녀로 언론에 의해 대중들의 재판을 받게 되었을 거다. 역학 조사관은 내가 금요일 저녁 잠시 아주 약하게 했던 마른기침이 초기 증상 발현일이라고 했다. 금요일 밤 건조한 겨울철 흔하게 할 수 있는 약한 마른기침과 그 기침이 물을 마신 후 바로 없어져 버리고, 그 뒤 월요일 갑작스런 호흡 곤란이 오기 전까지 아무런 증상이 없었던 것이 나의 초기 증상이다. 나뿐만 아니라, 해외 언론을 보면 코로나19의 초기 증상은 아주 헷갈리고, 아주 미미하며, 잠시 나타났다가 없어져 버리는 특성이 있어서, 인지하기가

130

매우 힘들다고 한다. 우리나라 언론은 이런 초기 증상의 특성은 말하지 않고, 그냥 미열, 기침 등의 증상이 있다고만 말하면서 일반 대중들이 이런 증상이 지속되는 뚜렷한 징후가 있다고 생각하게 만들며 마녀사냥의 기반을 다지고 있다.

내가 금요일 저녁 약간의 마른기침 후, 물을 마신 후 증상이 완전히 없어졌고, 평소처럼 토, 일요일 운동을 하러 헬스클럽을 갔다가 감염자가 나왔으면, 나에 대한 기사는 금요일 초기 증상 발현 후에도 운동을 하러 가서 헬스클럽에 대규모 감염을 발생시킨 슈퍼 전파자로 기사에 나왔을 것이다. 금요일 약간의 마른기침 후 월요일까지 괜찮았다는 것은 언론에서는 절대 나오지 않고, 대중은 지속적으로 뚜렷한 증상이 있음에도 이기적으로 운동을 하러 간 몰상식한 이로 생각하고 마녀사냥을 했을 것이다.

스페인 언론도 확진 중심으로 감염 집단을 밝히고 있지만, 누가 슈퍼 전파자라고 밝히거나 그에 대한 마녀사냥은 이루어지지 않고 있고, 미국, 영국, 독일, 프랑스 등의 언론들도 슈퍼 전파자 중심의 기사를 우리나라처럼 지속적으로 밝히고 있지는 않다. 증세가 뚜렷하지 않다는 걸 이미 대중들이 아는 이 나라들은 당연히 감염자를 죄인시하지도 않는다. 왜 우리나라는 감염병에 걸린 감염 환자가 확진자라고 불리면서 다른 이를 감염시키는 사람으로 우선 고려되고, 마녀사냥과 편견, 차별을 겪어야 하는 걸까?

초기에는 밀접 접촉자가 아니면, 엑스레이 진단에서 뚜렷한 증세가 있어야만 검사를 받을 수 있었고, 그 뒤에도 내과의의 소견이 있어야 검사를 받을 수 있는 등 검사를 받기 어렵게 했다. 그래서 월도미터(worldometer) 발표 기준 인구 대비 검사율이 3월 초까지는 가장 높은 편에 속하던 나라 중 하나였던 우리나라가 한 달 뒤인 4월 18일에는 43위까지 폭락하더니, 그 후에도 지속적으로 떨어져서 4월 29일 54위, 5월 12일 69위, 오늘 보니 77위까지 떨어졌다.

3월 초 지역 감염 파악을 위한 아이슬란드의 대대적 일반인 무작위 검사에서 무증상 감염이 50% 이상이라는 결과에, 확진 중심 검사만으로는 지역 감염 파악이 힘들어 무증상 감염자를 고려해 다른 나라들은 확진 중심 검사와 무작위 검사의 투 트랙(two track)으로 전략을 바꾸었지만, 우리나라는 지역 감염 파악을 위한 무작위 검사도 안 하고 있다.

우리나라 언론과 대중들은 일본은 감염자가 많은데, 검사를 적게 해서 감염자가 적게 파악되고 있다고 계속 비난하지만, 인구 대비 검사율이 우리나라보다 낮은 나라 중 일인당 국민

소득이 우리보다 높은 나라는 유일하게 일본밖에 없다. 일본이 검사를 적게 해서 감염자 파악 숫자가 적을 확률이 높지만, 우리나라도 마찬가지가 아니라고 하기에는 힘든 상황이고, 50% 이상 무증상 감염인 상황에서 지역 감염 파악을 위한 주요 도시들의 무작위 검사를 실시하지 않는 건 일본과 마찬가지인 우리나라가 일본을 비난하는 건 어불성설일 수도 있다.

3월 초까지는 인구 대비 검사율이 가장 높은 편이었다가 선거 전에 감염자가 적게 나오게 하기 위해 검사를 적게 해서 선거 바로 후인 4월 18일에 48위까지 폭락한 것은 선거를 위한 전략 때문이었다고 하더라도, 그 후에도 계속 검사를 적게 하고, 일반인들이 검사받는 것을 힘들게 하면서 마녀사냥식으로 특정 집단만 쫓는 방식의 검사는 논리적으로 잘못되었다. 그리고 이렇게 생각하는 언론이 한 곳도 없다는 것도 놀랍다. 물론, 이 생각이 맞지 않을 수도 있다. 하지만, 이런 생각을 논리적으로 하는 곳이 한 곳은 있어야 하는 것 아닐까?

사회는 다른 생각을 나누면서 발전을 한다. 해외 언론에서 인권을 침해할 수 있는 방역 방식과 마녀사냥에 문제를 제기하면, 그 기자의 SNS에 몰려가서 테러성 비난을 퍼붓는 행동이 어쩌면 우리나라의 언론 기자들이 이런 다른 생각조차 못 하도록 막는 것은 아닐까?

여전히 통증이 나아지지가 않아서, 다른 종합 병원에 가 보았다. 이번에는 해외의 후유증에 대한 정보도 요약해서 갔다.

내과 전문의이신 의사분이 나의 증세를 들은 후에 코로나19로 인해서 기력이 떨어져서 그럴 거라고 기력 회복만 하면 나아질 테니, 보약도 먹고 몸에 좋은 걸 많이 먹으라고 하신다. 그래서, 내가 요약해서 가지고 간 해외의 코로나19 후유증 정보를 보여드렸다. 깜짝 놀라시면서, 질본에서 코로나19는 100% 완치라고 하던데, 완치가 아니었네요. 후유증이 이렇게 많군요. 어떻게 이렇게 많은 정보를 모으셨나요. 외국에는 이렇게 정보가 잘되어 있네요. 제가 좀 메모해도 될까요? 하시면서 메모를 하셨다.

메모 후에 검진을 다시 해 보시고는 위장에 문제는 없고, 역류성 식도염 증세는 있지만 역류성 식도염 약을 오래 복용하면 약의 부작용이 있으니 약보다는 생활 관리로 치유하도록 음식 조절과 운동에 대한 설명을 고맙게도 자세히 해 주셨다. 음식 조절과 운동에 대한 정보도 이미 의사 친구의 조언과 다른 내용은 없었고, 오히려 친구가 말해준 혈전/혈관종 관련이나 자율 신경계 관련 음식 조절과 운동에 대한 정보는 없었다. 그래도 자상하게 이야기해 주셔서 너무나도 고마웠다.

이번에도 또 느끼는 것이지만, 우리나라도 빨리 코로나19 후유증에 대한 정보를 의료 기관들이 공유할 수 있게 되고, 체계적인 치료를 받을 수 있게 되기를 바란다.

퇴원 96일 차
2020년 6월 8일 월요일

두통은 좀 나아지는 것 같지만, 배의 통증은 여전히 심하고, 가슴 통증과 혈전/혈관종으로 기인된 피부 증상도 여전하다. 그래도 요즘은 산책 후 돌아와서 계단을 올라올 때 한 번 정도만 쉬면 되고, 산책하는 것도 힘들지 않고 가볍게 할 수 있다. 산책하는 거리를 더 늘려볼까 하다가, 혈전/혈관종 문제에 도움이 될 수 있도록 운동 강도를 높이라는 뉴욕 의사 친구의 권유로 거리를 늘리지 않고, 대신에 천천히 걷기에서 빨리 걷기로 바꾸었다. 친구는 빨리 걷다가 힘들면 천천히 걷다가 좀 괜찮다 싶으면 다시 빨리 걷는 식으로 인터벌(interval) 운동을 하라고 했는데, 빨리 걷기를 해보니 괜찮다.

하루 종일 통증이 있고 특히 먹을 때 더 통증이 심하다. 하지만, 그래도 나를 걱정해 주고 보살펴 주는 가족도 있고, 지인들도 있고, 우리나라 의료계로부터는 체계적인 치료는 못 받고 있지만, 멀리 외국에서 도움을 주는 친구도 있고, 따뜻한 햇살 아래 푸른 하늘과 멋진 나무들을 즐기면서 걸을 수 있으니 난 행운아다. 밤에 아파트 단지 내 공원을 걸을 때도 나무와 가로등의 운치가 너무 좋지만, 낮에 생태 하천을 걸으면서 즐기는 봄날 또한 삶의 행복을 나에게 전해준다.

퇴원 100일 차
2020년 6월 12일 금요일

영국 보건복지부가 코로나19 바이러스 회복자 중 1%는 영구적인 호흡기 관련 후유증 치료가, 4%는 중, 장기적인 입원이 필요한 후유증 치료가, 45%는 중, 장기적으로 지속적인 후유증 치료가 필요할 수 있다고 발표했다. 아직 중, 장기 후유증에 대한 정확한 정보는 알 수 없어서, 이 수치는 계속 바뀔 거다. 하지만 중, 장기적 후유증 치료를 위한 시설과 예산을 수립하기 위한 기반으로는 충분히 가치 있는 조사이다.

중국, 영국, 미국 등의 해외 언론에는 폐 질환, 심장 질환, 소화계 질환, 혈관 질환, 신경 질환의 후유증 환자의 증상 및 조사 대상 회복자 중 몇 %가 이런 질환을 겪고 있는지 등에 대한 자세한 보고서와 네이처(Nature) 등에 보고된 자료들을 종합적으로 언급한 기사들이 꽤 있다. 미국, 영국 언론을 보면 자국뿐 아니라 다른 나라들의 후유증 관련 의학 정보들도 종합적으로 요약해서 보고하고 있다.

우리나라 보건복지부와 질본도 이런 조사를 실시하고, 후유증 관련 정보를 의료 기관에 공유하고, 우리나라 언론도 해외 언론처럼 이런 정보를 공유하기를 바란다.

퇴원 103일 차
2020년 6월 15일 월요일

금요일 밤부터 계속 너무 몸이 안 좋아서 토, 일요일은 계속 집에서 누워 있었다. 지난주 월요일부터 산책 방식을 천천히 걷기에서 빨리 걷기로 바꿔도 몸에 무리가 없다고 생각했는데, 매일 빨리 걷기를 하던 것이 결국은 무리였나 보다.

몸이 좀 좋아지고 있나 싶다가도, 다시 나빠지고, 계속 좋았다 나빴다 하는 것이 몸 상태가 롤러코스터처럼 오르락내리락하는 것 같다. 모든 증상들이 오르락내리락거리는 것은 마찬가지다. 한 증상이 좋아지고 있다 싶으면 다른 증상이 악화되어 예측이 불가능하고 걷잡을 수 없다.

그래도, 주말에 계속 누워서 쉬고 나니, 오늘은 산책을 나갈 수 있을 것 같아서 천천히 산책을 하고 왔다. 아파서 누워만 있을 때는 고통스럽고 힘들게만 느껴지더니, 그래도 좀 나아져서 산책을 나갔다 오니, 비관적인 생각들이 많이 사라졌다.

천천히 걷기에서 빨리 걷기로 바꾸고, 몸이 힘들어진 후 빨리 걷기에서 천천히 걷기로 다시 바꾸었듯이, 아침, 낮, 저녁 다른 시간에 걷기도 여러 번 해봤다. 비타민 D를 생각하면 아침이나 낮에 걷기가 좋지만, 아무래도 저녁 식사 후 밤에 걸었을 때가 가장 나은 것 같다.

아침이나 낮에 걷기를 한 후에는 하루 종일 피곤함에 아무것도 할 수 없고, 그 때문에 낮잠을 자면 밤에 잠들기가 더 힘들어지는 것 같았다. 저녁 식사 후 걷고 나면 소화가 잘되어서인지, 산책 후 목욕으로 인해 혈액 순환이 잘되는 상태에서 잠자리에 들어서인지, 피곤해서인지 모르겠지만, 아침이나 낮에 걸을 때보다는 밤에 잠을 잘 자는 것 같다. 여전히 바로 잠들지 못하고 통증에 뒤척이다가 겨우 잠들고, 중간중간 통증으로 일어나기는 하지만, 그래도 아침이나 낮에 걸었을 때보다는 밤에 걸었을 때 좀 더 잠을 편하게 자는 것 같다.

퇴원 111일 차

2020년 6월 23일 화요일

벌써 퇴원한 지 111일이나 되었다. 입원해 있을 때는 퇴원만 하면 많은 것을 하고 싶었고, 할 수 있을 거라 생각했다. 퇴원 후 111일이 지난 지금도 내가 할 수 있는 유일한 것은 건강 회복을 위한 노력뿐이다.

여전히 좋았다 나빴다를 반복하면서 매주 하루나 이틀 정도는 아무것도 할 수 없을 정도로 몸이 안 좋다. 그래도 그 외의 날들은 예전보다는 좋아졌다. 매일 같은 시간에 일어나고, 잠을 자고, 아침, 점심, 저녁 식사를 규칙적으로 한다. 무리하지 않고 재택근무를 하고, 식단 조절을 하고, 하루에 30분~1시간 정도는 야외 산책을 하면서 건강 관리를 하고 있다.

여전히 아픈 증상은 여기저기 바뀌면서 변화무쌍하다. 매일 아침 일어날 때마다 아픈 곳이 다르고, 하루에도 몇 번씩 아픈 곳이 변하는 게 입원해 있을 때만큼 심한 건 아니지만, 증상은 거의 비슷하다.

지난주부터는 다시 천천히 걷기로 바꿨는데도 지난주 중 하루는 몸이 너무 안 좋았다. 어제도 천천히 걷는데도 힘들어서 일찍 들어왔는데, 오늘 저녁에 몸이 갑자기 축 처진다. 예전에는 한 번도 겪어보지 못한 증상들을 많이 경험하고 있다. 예전과 너무 달라진 나 자신에 이제는 차츰차츰 적응해 가는 것 같다고 생각하다가도, 또다시 겪어보지 못한 증상이 나오면 다시 힘든 걸 반복하고 있다.

예전 언론에 나온 나의 기사를 보시고, 얼마 전 후유증으로 질본에 전화를 걸고 병원들을 찾아가셨는데 별로 도움이 되지 않고 계속 후유증을 겪고 계셔서 지푸라기 잡는 심정으로 나에게 연락을 주신 분이 계셨다. 나도 후유증으로 1339 질본 코로나 상담 전화와 보건소도 여러 번 전화해보았고, 병원도 세 군데 가봤지만, 코로나 후유증에 대해서는 아무것도 몰랐다. 전에도 이야기했듯, 증상을 말하기도 전에 감기니까 집에서 쉬면 된다는 이야기를 들었을 뿐이다. 미국, 이탈리아, 중국 등 해외 언론에서 나오는 후유증 관련 기사들을 보면서 나와 비슷한 후유증을 겪는 사람들이 외국에는 많다는 것을 알고 있었지만, 그분의 연락을 통해 정말 나만 혼자 이렇게 후유증을 겪고 있는 것은 아니구나 하는 것을 알게 되면서 많은 힘이 되었다.

아직 그리 덥지는 않아서 마스크 쓰고 산책하기가 힘들지는 않은데, 장마가 오면 걸으러 나가기 힘들어질 테고, 장마 후 더위가 시작되면 마스크 쓰고 걷기가 힘들 수도 있겠다. 하지만 그래도 나가서 걸을 수 있다는 게 너무 행복하다.

퇴원 112일 차
2020년 6월 24일 수요일

며칠 전부터 부산항에 외국인 선원 16명이 확진되었다는 기사와 그로 인해 부산항에 근무하는 한국인 직원과 가족까지 감염되었다는 기사들이 나오고 있다.

질본의 항만 방역 관리 지침에 따라 지금까지 외국인 선원은 휴대폰에 앱을 설치하고 질문에 자가 답변만 하면 아무런 검사와 격리 없이 바로 입국이 되었다고 한다. 공항으로 입국할 때 전원 코로나19 검사하고, 14일간 격리하는 것과 달리, 항만은 완전히 방역이 뚫려있었고, 부산항에 외국 선박 입항이 많은 날은 3천 명의 외국 선원이 들어오는 날도 있었다고 한다. 중국 선박의 입항이 많은 인천항 등 다른 항도 마찬가지였을 테니, 대중의 관심과 언론 노출이 심한 공항은 방역 관리가 잘되고 있었지만, 대중과 언론의 관심을 받지 못한 항만의 방역 관리는 완전히 뚫려 있었던 것이다.

더 큰 문제는 이런 사실을 부산 지역 언론만 다루고 있고, 서울의 주요 언론들은 다루고 있지도 않다는 것이고, 가장 큰 문제는 이런 문제가 터졌는데도 질본은 코로나 검사 자원 부족으로 당분간 항만의 외국인 선원 전원 검사는 불가능하다고 한다는 것이다.

수출입을 통해 국가 경제를 유지하기 위해서 항만의 기능은 유지되어야만 한다. 그래서 항만을 폐쇄할 수는 없다. 하지만, 항만이 수개월 동안 잘못된 방역 관리를 하고 있었고, 그 사실이 밝혀진 후에도 부산 지역만의 문제인 것처럼 서울의 언론은 조용한 것, 그리고 여전히 그 문제를 해결 못 한다는 것에 더 놀랍다. 질본이 정한 항만 방역 지침은 부산만의 문제가 아니라 인천 등 다른 항구들과의 공통의 문제이고, 인천은 바로 서울 옆에 있음에도 서울의 언론이 조용한 것이 너무나도 놀랍다.

퇴원 113일 차

2020년 6월 25일 목요일

요즘 오른쪽 무릎이 많이 안 좋다. 가슴, 팔, 허벅지, 엉덩이 등 몸의 근육이 거의 다 빠져 버렸는데, 친구의 말로는 아마도 무릎 통증이 갑작스런 근손실 때문일 수도 있다고 한다.

하기야, 코로나 감염 전에는 헬스클럽에 매주 4~5일 다녔지만, 이미 근육 운동을 전혀 못 한 지 4개월이 넘었고, 먹는 것도 힘들어서 소식만 하고 있으니 근육이 빠질 수밖에 없을 거다.

배 통증과 가슴 통증이 심하고, 여전히 역류성 식도염 증세가 있어서 상체 운동은 힘들고, 하체 근육이라도 관리하기 위해서 무게 없이 맨몸으로 런지 동작을 오늘부터 조금씩 시작했다. 그리고, 이웃들이 나를 만나면 불편해할 것 같아서 엘리베이터를 사용하지 않고 9층에서 계단으로 오르락내리락했지만, 올라오는 것은 여전히 계단을 이용하더라도 무릎 통증 때문에 내려가는 것은 엘리베이터를 타야 할 것 같아서, 오늘부터 내려가는 것은 엘리베이터를 탔다. 낮에 사람이 없는 시간이라서 혼자서 엘리베이터를 타고 갈 수 있었다.

퇴원 119일 차

2020년 7월 1일 수요일

벌써 올해의 반이 가버리고, 7월이 시작되었다. 3월 초 완치 판정을 받고, 퇴원할 때는 후유증은 상상도 못 하고 난 완치니까 곧 예전의 생활로 돌아갈 수 있을 거라고 생각했다. 이제 난 언제 나의 건강이 괜찮아질지를 알지 못한다.

여전히 피로는 심하고, 특히 두통이 다시 많이 안 좋아졌다. 조금만 집중을 해도 머리뿐 아니라 온몸이 힘들어지고, 기억력이 너무 안 좋다. 혈전/혈관종 문제로 피부도 여전히 문제가 있다.

여전히 질본은 누가 어디서 감염되었다는 정보만 발표하고 있고, 언론은 (속보) ○○발 감염 ○명, K-방역 찬양, 다른 나라 사망자, 확진자 많다는 기사만 거의 반년째 다루고 있다. 후유증에 대한 기본적인 정보조차 우리나라 어디에서도 찾아볼 수 없다는 현실은 변함이 없다.

요즘 내가 가장 싫어하고 무섭기도 한 것은 거울이다. 난 거울을 통해 나를 보는 것이 너무 싫다. 내가 보기에도 나의 모습은 너무 휑해졌다. 왜 귀신은 휑하게 생겼는지 이해가 간다. 남들에게 항상 엄청난 동안이다, 엄청 피부가 좋다는 소리를 듣고 살아왔던 내가 이제는 늙어 보이고, 피부가 푸석해진 것. 그것은 그래도 덜 싫고 덜 무섭다. 하지만, 혈전/혈관종 문제로 검붉어진 피부를 보면 무섭다.

산책 후 샤워를 하기 위해 옷을 벗으면 너무나도 무섭고 싫다. 근육이 다 빠져버린 몸은 그래도 덜 걱정되지만, 혈전/혈관종으로 피부 여기저기 나타난 문제들이 너무 나를 무섭게 한다.

난 항상 몸이 따뜻한 편이었고 추위를 별로 안 타는 대신 여름에 더위를 엄청 타는 편이었다. 하지만 지금 나의 몸, 특히 배부분은 항상 엄청 차갑다. 산책을 하고, 땀이 날 때도 식은땀이 나고, 땀이 나는데도 몸은 차갑다. 혈전/혈관종 문제로 혈액 순환에 문제가 있어서 체질까지 변한 것 같다.

146

해외 언론에는 코로나19 후유증으로 혈전/혈관종 문제를 많이 언급하고 있고, 뉴욕주지사의 동생이자 CNN 방송의 유명 앵커인 크리스 쿠오모(Chris Cuomo)도 코로나19 회복 후 여전히 혈액 관련 후유증을 겪고 있다고 밝히고 있다. 미국의 코로나19 생존자들의 온라인 모임인 '생존자 연합(Survivor Corps)'에도 코로나19 회복 후 혈전/혈관종 문제에 대한 이야기가 많다.

내가 본 다른 나라 보건복지부, 질본, 언론들 중 완치자라는 표현을 사용하는 나라는 없다. 그들은 회복자, 후유증 환자 또는 생존자라는 표현을 사용한다. 그리고, 확진자라고 표현하는 나라도 없고, 그냥 환자라고 표현한다. 확진자라고 부르면서 감염자가 마녀사냥 당하고 편견과 차별을 겪는 환경인 우리나라에서 '생존자 연합(Survivor Corps)' 같은 회복자/생존자들 간에 정보를 공유하면서 서로 치유를 돕는 온라인 모임이 생성되기는 힘들 것 같다. 이러한 온라인 모임이 활성화되려면, 구성원간의 신뢰가 필요하고 그러기 위해서는 가명이 아닌 실명과 개인 정보의 공개가 필요하다. 그렇지 않다면, 각종 유언비어를 양산하는 이들, 정치적 목적을 가진 이들, 가짜 약을 판매하려는 이들로 인해 이상한 정보만 넘쳐나게 된다. 하지만 이렇게 확진자에 대해 편견과 차별이 만연한 분위기에서 환자가 개인 정보를 공개하기는 어려울 것이다

나도 페이스북에 "부산 47"이라는 후유증 정보 공유 페이지를 5월 말에 만들었지만, 아직까지 이 사이트를 팔로우하는 이는 내가 만들 때 알린 나의 지인 40명 정도뿐이고, 다른 후유증 환자는 나에게 연락 준 2분뿐이다. 물론, 나는 이 페이지를 홍보를 한 적도 없고, 다른 회복자들이 찾기 쉽지도 않다. 아마 우리나라에도 3월의 나처럼 완치라고 착각하고 후유증인 줄 모른 채 그저 기력이 떨어진 거라고 생각하는 이들도 있을 거고, 4월 초의 나처럼 이제 거의 나았다고 착각하는 이들도 있을 거고, 4월 중순의 나처럼 다시 몸이 안 좋아지기 시작하면서 왜일까 궁금해하는 이들도 있을 거고, 지금의 나처럼 후유증이 있다는 걸 해외 사이트들을 통해서 알게 된 이들도 있을 것이다.

지금 현실에서 후유증을 의사에게 환자인 내가 설명해야 하는 우리나라 의료 기관에서는 제대로 된 치료를 이미 코로나19 후유증 치료 전문 센터를 5월부터 설치한 나라들처럼 체계적으로 치료를 받을 수 없다. 내가 할 수 있는 건, 미국의 의사 친구가 알려준 대로 생활 치료를 하면서, 조만간 우리나라도 코로나19 후유증을 체계적으로 치료하는 시스템이 구축되기를 바라는 것뿐이다.

헬스클럽에서 운동하면서 알게 된 지인들이 빨리 회복되어서 다시 헬스클럽에 나와 같이 운동하자는 등 가끔 안부 인사를 보내온다. 오늘도 마스크를 쓰고 저녁에 생태 하천을 산책을 하다가 그런 연락을 보내 주시던 지인분을 우연히 만났다. 그냥 손들고 인사를 했더니, 나를 보고는 갑자기 몸을 돌려서 뛰어가 버리신다. 그 뒤, 카톡으로 인사도 못 하고 갑자기 바쁜 일이 생각나서 가버려 미안하다고 연락을 주셨다.

3월 말, 4월 거의 매일 재확진 기사가 났었고, 4월 말 질본이 재확진자 전원, 죽은 바이러스 검출로 재감염이 없다고 발표를 한지 꽤 시간이 지났지만, 여전히 회복자를 꺼림칙하게 생각하시는 분들이 꽤 있으실 거다.

당연히 그분에게 섭섭하거나 기분 나쁘지는 않고, 당연히 이해한다. 하지만, 나처럼 재택근무를 할 수 있는 경우와 달리, 출근을 해야 하는 사람들은 어느 정도의 편견과 차별을 여전히 겪고 있을 수도 있겠다고 생각하니 안타깝다.

다른 나라들은 항체 검사도 실시하고, 내 외국 친구들 중에도 그냥 자기가 무증상 감염 후 나은 것은 아닌지 알아보기 위해서 항체 검사했다는 친구들도 있다. 또 다른 나라들은 무증상 비율이 높아서 걸린 줄도 모르고 자연 치유된 사람들의 비율을 알기 위해서 대대적 무작위 항체 검사도 실시했다고 하는데, 우리나라는 회복자들도 항체 검사를 안 하고 있다. 유럽 국가 중에는 회복자의 항체 검사 때 항체 기증도 함께 받고 있는 나라도 있다고 한다.

회복자들의 항체 검사만 했어도 회복자에 대한 대중들의 편견과 차별을 없앨 수도 있고 회복자들의 불안도 없앨 수도 있을 뿐 아니라, 항체가 생성된 회복자들의 항체 기증도 받기도 쉬울 텐데, 왜 다른 나라들처럼 항체 검사를 하지 못하고 있을까?

오늘 영국 런던의 한 대학에서 발표한 코로나19 후유증 환자들의 뇌 질환에 대한 글을 보았다. 캐나다의 온타리오주의 한 대학의 의대 교수도 코로나19 후유증 환자들의 뇌 질환에 대한 이야기와 이들의 생산성 저하가 사회에 미치는 영향, 후유증 환자 개인의 삶의 질 저하의 문제, 후유증 환자들로 인한 의료계의 부담 등에 대한 문제에 대한 인터뷰를 했다.

5월부터 심하게 겪고 있는 나의 두통은 브레인 포그(Brain Fog) 증상이다. 이 증상은 집중이 힘들고, 기억력에 문제가 있는 것이 특징이다. 나는 집중을 하면 머리뿐 아니라 온몸이 힘들어서 아무것도 못 하고 누워 있어야만 하고, 단기 기억력이 심하게 좋지 않은 걸 2개월째 경험하고 있다.

오늘 영국과 캐나다의 코로나19 후유증 중 뇌 관련 문제에 대한 글들을 보면서, 난 걱정보다는 오히려 너무나도 부럽다고 느꼈다. 우리보다 엄청 많은 수의 감염 환자로 의료 시스템의 부담이 심각한 나라들에서도, 그 많은 환자들을 치료하면서도 후유증에 대한 연구를 꾸준히 하고 있다는 것이. 이 나라들의 보건복지부가 후유증에 대한 체계적인 치료를 의료 기관들과 함께 제공하기 시작했으며, 언론이 후유증 환자의 개인적인 삶, 사회적 영향, 의료계와 경제적 영향까지 토론을 할 수 있는 그들이 너무나도 부러웠다.

퇴원 127일 차
2020년 7월 9일 목요일

올해 처음으로 집 앞에 있는 백화점을 갔다. 이번 주말 어머님의 생신이 있어서, 어머님이 운동하시러 다니시는 헬스클럽과 수영장이 있는 백화점 안의 평소 어머님이 자주 가시는 가게에 나 혼자 생신 선물을 사러 갔다. 나는 한 해에 한두 번 어머님과 함께 갔을 뿐인데, 점원분이 마스크를 쓰고 있는데도 나를 보자마자 알아보셨다. 나에게 살이 너무 심하게 빠져서 알아보기 힘들 뻔했다면서, 왜 이렇게 살이 심하게 빠졌냐고 뼈밖에 안 남은 것 같다고 걱정하신다.

근육이 갑자기 다 빠져버리면서, 오른쪽 무릎도 안 좋아졌는데, 근육 운동을 하기에는 여전히 몸이 좋은 편은 아니다. 상체는 팔 굽혀 펴기를 조금씩 하려고 하지만 쉽지가 않고, 하체는 맨몸 런지를 꾸준히 하고 있고, 산책 나갔다 돌아올 때 9층까지 계단 오르기를 하고 있다. 난 예전에 헬스클럽에서도 스쿼트보다는 런지가 편해서, 하체 근력 운동을 위해서 런지를 하고 있다.

유명 보디빌더 중에는 연약했거나 아팠다가 몸 관리를 하면서 보디빌더가 되었다는 분들도 계신다. 내가 보디빌더는 안 되겠지만, 천천히 관리를 하면 다시 건강하게 될 수 있을 거라고 나는 믿는다. 하천 산책을 할 때, 철봉에서 운동을 하는 사람들을 보면 부럽다. 하지만, 지금은 철봉 운동을 하기 힘들어도 하천가를 걸을 수 있는 나의 삶에 감사하고, 언젠가는 나도 다시 그들처럼 운동을 열심히 하며 땀의 행복을 더 많이 느낄 수 있는 날이 올 거라고 믿는다.

영국 언론에 실린 오랫동안 코로나19 후유증을 겪고 있는 환자들에 대한 이야기를 적은 영국 의사의 일기를 올린 기사를 보았다. 20대 후반, 30대 초반 운동선수였던 후유증 환자들의 개인적인 이야기들과 미국 의사협회 JAMA등에 실린 후유증에 관한 논문 등의 요약도 있었다. 코로나바이러스 감염때 증세와 후유증의 증세는 아주 많이 있지만, 감염 때 증상으로는 피로, 기침, 호흡 곤란, 식욕 감퇴, 근육통 순의 이 5개가 가장 많은 이들이 겪은 증세이고, 후유증은 피로, 호흡 곤란, 관절 문제, 가슴 통증, 시력 문제 순이라고 JAMA에 실린 이탈리아 논문을 근거로 밝히고 있었다.

엑스레이 검사에서는 아무런 이상이 없다고 나왔지만, 폐, 가슴 등에 통증이 심하고, 잠을 자기 어려울 정도로 숨쉬기 힘든 증상이 젊은 회복자들에게도 자주 나타났다고 밝히고 있다.

영국은 이미 코로나19 바이러스 회복 후 퇴원한 환자를 12주간 지속적으로 병원에서 모니터링을 실시하면서 후유증을 관리하고 있다고 한다. 먼저 엑스레이, CT 등 다양한 테스트를 진행하고, 증상에 따른 치유를 진행하고 있다고 한다.

증상에 대한 파악은 가능하지만, 이러한 증상의 궁극적인 원인을 아직 자세하게 파악할 수 없는 상황이라서 후유증에 대한 더 많은 의학적 정보의 수집이 중요하고, 영국 보건복지부는 영국 내 의료 기관들이 후유증 정보를 서로 공유하고, 분석할 수 있도록 시스템을 제공하고 있다고 한다.

아직도 우리나라 언론은 K-방역의 성공을 이야기하고 있다. 그런데, 우리나라는 후유증에 대한 제대로 된 정보조차 그 어디에도 없다. 왜 난 갈수록 K-방역이라는 것은 홍보용 브랜드일 뿐, 실체가 없는 속 빈 강정처럼 느껴지는 걸까?

퇴원 132일 차

2020년 7월 14일 화요일

거의 3주째 장마가 계속되고 있다. 비가 계속 와서 산책을 못나간 날이 많다. 산책을 못 해서인지 몸이 더 안 좋아졌다. 아무래도 산책을 하는 것이 혈액 순환에 도움이 되는 것 같다.

집 안에서 걷기도 하지만, 아무래도 밖에서 걷는 것만큼 활동량이 되지 못하는 것 같다. 비로 인해 하천으로 산책을 하러는 못 나가지만, 우산을 쓰고 아파트 내 공원이라도 산책을 해야 할 것 같다.

선풍기 바람을 맞으면 몸 안에 찬바람이 들어오는 것 같고, 너무 몸이 안 좋다. 아직 날씨가 많이 덥지 않아서 에어컨을 안 틀고 있지만, 장마가 끝나고 에어컨을 틀어야 하면 더 힘들어지지 않을까 걱정이 되기도 한다. 하지만, 미리 걱정을 하지는 않으려고 한다. 에어컨 때문에 몸이 차갑고 힘들면, 겨울옷을 입고 있으면 되고, 아니면 내 방에 들어가서 있으면 된다.

장마로 산책을 가는 것이 힘들어지기는 했지만, 그래도 아직 날씨가 무덥지 않아서 좋다. 되도록이면 좋은 쪽으로만 생각하려고 한다. 행복과 기쁨을 느끼게 하는 호르몬은 그것들을 먹어서 행복과 기쁨이 느껴지는 것이 아니라, 내가 행복하고 기쁜 일을 하면서, 행복하고 기쁘다고 여기기 때문에 내 몸에서 나오는 것이라고 한다. 내가 행복하려면 나 자신이 행복한 생각을 하고, 내 삶의 행복을 스스로 느껴야 한다. 동전의 양면처럼 좋은 것과 나쁜 것이 공존하는 삶에서 내가 더 행복할 수 있는 방법은 좋은 것을 더 많이 생각하는 것이다. 햇살이나 달빛 아래 산책하는 것도 즐겁지만, 비 오는 날 우산을 쓰고 산책을 하는 것도 운치가 있다. 비가 와서 푸른 나무를 즐길 수 있고, 맑은 물을 마실 수 있다. 나의 삶을 행복하게 할 수 있는 건, 나의 생각인 것 같다.

퇴원 134일 차

2020년 7월 16일 목요일

미국 언론에 따르면 영국과 이탈리아는 코로나19 바이러스 회복 후 후유증 환자에 대한 체계적인 재활 프로그램을 시작했다고 한다.

후유증 환자마다 나타나는 증상이 다르고 다양한 증상이 한꺼번에 나타나서, 심장 전문의, 신경과 전문의 등 다양한 분야의 전문의로 구성된 팀이 여러 검사를 실시하고, 치료를 진행하고 있다고 이탈리아의 후유증 재활 프로그램을 소개하고 있다. 그리고, 후유증 환자들이 심장이나 폐의 검사에서 아무런 이상이 없지만, 여전히 통증을 겪고 걷거나 계단을 오르는 걸 힘들어하는 증상이 발생하고 있다고 보고하고 있다. 또한, 후유증 환자들 중 심각한 근육 손실을 보이는 이들도 있어서, 재활 프로그램에 헬스클럽에서 체계적인 운동 관리를 통해 근육 회복을 돕는 것이 효과적이라고 밝혔다.

여러 후유증 환자들 개인의 이야기도 여럿 소개되어 있는데, 내가 지금 겪고 있는 브레인 포그 증세가 심한 영국의 한 후유증 환자는 물리학 박사 학위자이지만 생각을 제대로 하기가 힘들다고 호소하고 있고, 후유증 환자인 39세의 영국 의사는 자신이 80세인 것처럼 느낄 정도로 너무나도 피곤하고 브레인 포그가 심해서 집중도 못 하고 기억력에 심각한 문제를 겪고 있다고 한다.

내가 정보를 얻고 있는 미국의 코로나19 생존자들 온라인 모임인 '생존자 연합(Survivor Corp)'과 비슷한 영국의 코로나19 후유증 환자들의 온라인 모임인 '코로나 장기 (후유증) 환자 모임(Long Covid Support Group)', '장기 (후유증) 도움(Long Covid SOS)' 등도 소개되었다.

해외 언론을 보면 예전에는 회복자, 생존자라는 표현을 쓰거나 회복 후 후유증을 겪는 이들을 환자라는 표현으로 주로 지칭했는데, 요즘은 후유증 환자를 장기간 환자를 의미하는 "long-haul"이라고 표현하고 있다. 우리나라처럼 바이러스 치유가 완치로 끝난다고 생각하지 않고, 바이러스 치유 후에도 바이러스로 인해 생긴 피해로 계속 진행되는 후유증도 지속적인 바이러스 질병으로 간주하고 차별 없이 환자라고 부르고 코로나19 바이러스로 인한 질병으로 고려하고 있다.

바이러스로 인해 생긴 질병은 바이러스가 몸에서 죽는 순간이 완치가 아니라, 바이러스가 몸에 끼친 질병적 증상이 모두 없어졌을 때가 완치이다. 따라서, 우리나라 질본이 바이러스가 없어진 순간을 완치라고 한 것은 의학적으로도 비상식적이다. 왜 우리나라는 전 세계 다른 나라와 다른 몰상식한 "완치"라는 표현을 사용했을까? 3월달에 확진자가 완치되었다면서 엄청 홍보를 했던 상황을 생각하면, 선거 전 업적 홍보용으로 선택된 단어일 가능성도 있을 것이다. 선거 전에 이런 홍보를 하는 것은 어쩌면 누구나 하는 전략일 수 있다. 하지만, 선거가 끝난지 3개월이나 지난 지금에도 잘못된 표현인 완치를 계속 사용하는 것은 이해할 수가 없다. 완치라고 했으니, 당연히 후유증은 상상조차 할 수 없는 유일한 나라가 되어버린 우리나라의 현실이 너무 안타깝다.

오늘 미국 언론에서 미국과 영국의 20대 건강했던 청년들 중 코로나19 감염 후 바이러스 회복 후에도 후유증으로 이전 생활로 돌아가지 못한 이들의 이야기를 보았다. 28세 박사 후 연구원은 자신이 나병 환자인 것처럼 느낀다고 말했고, 28세 방송 작가는 움직이기 위해서는 천식 환자들이 쓰는 호흡기가 필요하다고 한다. 그 외에도 20대의 학생, 법조인 등 다양한 이들이 자신의 실명과 사진을 밝히고 자신의 코로나19 후유증 이야기를 공유하고 있다. 이런 글들은 해외 언론에서 수개월째 보고 있고, 미국, 영국 등 해외의 코로나19 후유증 환자 온라인 모임에서는 실명과 개인 정보 등을 모두 밝히면서 이야기를 나누고 있다.

환자가 나와 같은 병을 앓고 있는 다른 환자가 있다는 것을 아는 것만으로도 심리적으로 많은 위로를 받을 수 있다. 하지만, 우리나라는 코로나19 후유증 환자들이 이렇게 자신의 이야기를 나눌 수 있는 환경은 아니다. 우리나라도 감염병 환자가 죄인으로 손가락질받는 게 아니라 환자로서 치유를 받을 수 있는 상식적인 환경이 조성되기 위해서는 "확진자"라는 바이러스를 가지고 다른 이에게 옮길 수 있다는 뉘앙스를 주는 표현과 "완치자"라는 잘못된 표현의 사용부터 없어져야 하고, 아직도 진행되고 있는 마녀사냥이 가능한 방역 정책의 수정이 필요하지 않을까?

난 환자는 치료를 받아야 하는 사람이라고 생각했다. 하지만, 시간이 갈수록 우리나라에서 코로나19 감염병 환자는 정치의 권력을 위한 도구일 뿐 치료를 위한 환자는 아니라는 생각이 갈수록 심해진다. 내가 몸이 아파서, 생각마저도 염세적이게 되어 버린 것일까?

나는 남의 것을 부러워하거나 질투하는 사람은 아니었다. 하지만, 요즘은 다른 나라의 코로나19 후유증 관리와 치료를 보면서, 너무나도 부럽다. 물론, 서양 많은 나라들과 비교하면 우리나라는 바이러스를 막는 방역에는 성공했다. 하지만, 무증상이 50% 이상이라서 아무도 모르게 지역 감염이 퍼져 버려 우리보다 나중에 감염이 파악되기 시작한 서양 국가들과 달리, 우리와 비슷한 시기에 최초 감염이 시작된 동아시아 국가 중에서는 그렇게 방역에 성공한 나라도 아니다. 시간이 갈수록 우리나라에 대한 자긍심보다는 창피함이 커지는 것은 나의 생각이 염세적으로 변하고 있기 때문일까?

코로나19가 나의 삶을 바꾼 지 150일이 되었다. 내 삶의 많은 부분이 바뀌었다. 지난 150일 중에서 편안하게 잠을 잘 수 있었던 날은 딱 3일뿐이었다. 이전에는 불면증 있어서 잠을 잘 못 잔다는 사람들의 심정을 겪어본 적이 없었다. 이제는 숙면을 취할 수 없는 것뿐 아니라, 내 삶에서 예전에 전혀 겪어보지 못한 많은 상황들이 나의 일상이 되고 있다.

코로나19에 감염되기 전, 난 너무나도 잘 자고, 너무나도 잘 소화했다. 나의 최대 장점은 주변의 사람들로부터 엄청난 집중력의 소유자라는 말을 들을 정도로, 긴 시간 동안에도 고도의 집중력을 유지할 수 있는 것이었다. 하지만, 지금의 난 항상 가슴 통증, 배 통증, 피로감을 느끼고, 집중을 조금만 해도 머리가 아파와서 집중을 할 수가 없다. 그리고 두통, 피부 질환, 특히 단기기억상실 증상도 나타났다 없어졌다 반복하는 걸 겪고 있다.

코로나19에 걸리기 이전의 난 상쾌한 아침과 편안한 잠을 너무 당연하게 여겨왔었다. 최근의 나는 매일 아침 다른 통증을 느끼면서 하루를 시작하고, 매일 밤 불편한 신체 상태에 몸부림치면서 잠을 청하고 있다. 난 내가 먹고 싶은 것들을 먹지 못하고 있고, 내가 하고 싶은 것들을 못 하고 있다. 심지어 내가 좋아하는 책을 읽거나 좋아하는 글을 쓰는 것도 조금만 집중하면 머리가 아파서 하기 힘들 때가 대부분이다. 먹는 것은 더이상 즐거움이라기보다 쓰린 속으로 음식물을 내려보내는 힘든 과정이다.

하지만, 상쾌한 아침이 아닌 눈뜨자마자 통증을 느끼는 아침라도 가족을 다시 볼 수 있는 하루라는 것만으로 충분히 감사하고, 멋진 삶을 보낸다고 느낀다. 가끔 먹는다는 것이 바로 속쓰림을 일으키는 불쾌하고 힘든 순간이기도 하지만, 맛을 느낄 수 있고 이 음식들이 나를 건강하게 해 준다는 것에 감사한다.

내가 얼마나 행복한 삶을 살고 있었는지를 가지고 있을 때는 모르다가 잃고 나서 알게 된 것을 보면 난 아마 멍청한가 보다. 하지만, 여전히 내가 가지고 있는 것들 중에도 행복이 많다는 걸 아는 것 보면 그리 바보는 아닌가 보다. 멍청하게도 난 내 인생이 행복으로 가득 차 있다는 것을 반을 잃어버리기 전까지는 몰랐다. 하지만 이제 알게 되었다. 내 인생의 행복이 반이 비어 버린 것이 아니라, 반이 차 있는 것임을.

퇴원 140일 차

2020년 7월 22일 수요일

내 페이스북 페이지는 구독자가 40명밖에 안 되고 홍보도 안 했는데, 바이러스에 감염되었다가 회복 후 계속된 후유증으로 질본, 병원을 가도 상태가 나아지지 않아서 정보 찾으시다가 이 페이지를 알게 되었다고 연락을 주신 분이 두 분 계신다.

두 분 다 나보다는 나중에 감염되셨는데, 나와 비슷한 후유증을 겪고 있으시단다. 질본, 병원에 문의했을 때도 나와 거의 비슷하게 전혀 도움이 안 되는 답변을 받는 상황을 겪으셨다고 한다. 질본 전화에서 후유증 이야기를 하니 짜증만 냈고, 여러 병원 의사분들도 각종 검사만 하려고 했지 코로나19 후유증에 대한 정보는 전혀 없었다는 것마저도 나의 경험과 너무나도 똑같다.

힘든 후유증을 겪고 계신 것이 안타깝지만, 이상하게 다른 분들도 나와 같은 상황을 겪고 있다는 것을 안다는 것이 심적으로 많이 위로가 되어줘서, 이분들의 연락이 너무나도 고맙다.

후유증에 대한 정보가 얼마나 없고, 답답하면 나의 페이지까

164

지 찾아내서서 연락을 주셨을까? 이제부터 해외 기사나 보고서를 보면 나만 알고 있을 게 아니라, 번역하고 요약해서 다른 분들과 정보 공유를 하려고 한다.

나처럼 강의 시간표를 변경할 수 있고 집에서 온라인으로 강의하면서 재택근무를 할 수 있고 방학이라 쉴 수 있는 사람은 그나마 나은 편이겠지만, 먹고 살기 위해 일하러 나가야 하는 분들은 후유증으로 많이 힘들 것 같다. 병원 여러 곳 가봐도 모두 다 별 도움은 못 받았지만, 그래도 병원을 갈 수 있는 상황이라면 나은 것일 테다. 후유증에도 생활 형편이 어려워 병원비 부담 때문에 병원에 아예 못 가시는 분들도 계실 것이다.

퇴원 142일 차
2020년 7월 24일 금요일

미국 질본의 주간 발표에 따르면, 미국 내 13주에서 무작위로 실시된 코로나19 감염 후 무증상 또는 미미한 증상으로 의학적 도움 없이 코로나19 바이러스에 자연 치유된 사람들의 후유증 파악에 대한 조사에서, 이들 중 수주~수개월 이후에 코로나19 바이러스로 인한 질병 후유증 증세가 35%의 회복자에서 나타났다고 한다. 이 보고에서 18~34세의 젊은 층에서 26%, 35~49세는 32%, 50세 이상에서는 47%가 질병적 후유증으로 이전의 상태로 못 돌아가고 있다고 한다.

또한 후유증을 겪고 있는 회복자들은 이 후유증에 대해 알려진 정보가 없어서 느끼는 불확실성에 기인한 공포, 코로나19 후유증에 대한 인식 부족으로 인한 어려움, 그리고 의료진이 코로나19 후유증이 없다고 믿거나 알고 있더라도 제대로 된 관리가 없음으로 인해 고통을 받고 있다고 밝히고 있다.

후유증은 '중증 후 회복자'들이 겪는 것이고, '무증 또는 경증 후 회복자'들은 후유증이 거의 없을 것이라는 생각은 잘못된 것이고, '무증 또는 경증 후 회복자'들 중에서도 3명 중 1명이 지속적인 후유증을 겪고 있는 것으로 나타났다. 또한, 후유증은 나이가 들어서 면역력이 약하거나 체력 회복이 더딘 노년층들이 겪을 거라는 생각과 달리, 18세에서 34세 사이의 젊은 층의 '무증 또는 경증 후 회복자' 중에서도 26%가 지속적인 후유증을 겪고 있다고 이번 보고서에서 밝히고 있다.

코로나19 후유증이 나처럼 병원에 입원해서 치료가 필요했던 사람들뿐 아니라, 무증상으로 자연 치유된 사람들까지 질병적 증세가 나타나고, 젊은 층에서도 26%가 나타나는 것은 정말 심각한 문제인 것 같다.

바이러스가 인체에 침입했을 때는 바이러스 공격을 받은 몸이 질병적 후유증이 나타날 정도로 심각하게 손상되지는 않았지만, 그때 입었던 손상이 바이러스 퇴치 후에도 계속 진행이 되어서 결국 수주~수개월 뒤에는 질병적 증세로 나타나기 때문에, 시간이 지날수록 비율은 이번 조사보다 더 높아질 수도 있을 것 같다.

중국 다음으로 세계에서 2번째로 대규모 감염이 일어나서 우리나라보다 늦게 감염이 퍼진 미국 등 서양보다 감염이 먼저 일어난 우리나라는 후유증 환자의 비율이 더 높을 수도 있을 거다.

이 보고서를 보면 나의 증상도 어느 정도 논리적으로 이해가 된다. 3월 초 퇴원했던 나는 3월보다 4월이 더 안 좋았고, 4월보다 5, 6월이 훨씬 더 안 좋았다. 감염되고 치료받던 3월에는 전혀 없던 두통도 4월부터 시작되었다. 바이러스가 없어지고도 1달 이상 지나서 증세가 더 안 좋아졌고, 이전에는 전혀 없던 증세가 치유되고도 1달 넘게 지나서 나타난 것을 이 보고서가 설명해 주는 것 같다.

무증상이나 미미한 증상으로 걸린 후에 자연 치유되어 바로 일상으로 복귀했다가 시간이 지난 뒤에 몸이 안 좋아진 이들은 항체 검사로 감염되었던 여부를 판단하지 않는 한 자신이 코로나19 후유증을 겪고 있다는 것 조차도 상상조차 못 하고 있을 것이다. 그리고, 무증상이 50% 이상이나 되는 현실에, 무증상이라서 자신이 감염된 줄도 모르고 그래서 검사도 안 받고 자연 치유되었다가 나중에 코로나19 후유증을 겪고 있는 사람들은 다른 나라들이 실시하고 있는, 항체 검사로 감염되었던 여부를 판단하지 않는 한 절대 자신이 코로나19 후유증이라는 걸 알 수 없을 것이다. 그런데, 코로나19 항체가 오래 유지되지 못할 수도 있고, 바이러스 회복 후에도 안 생길 수도 있다고 하니 항체 검사를 한다고 해서 100% 감염 여부를 알 수도 있는 것도 아닐 수 있다.

이 결과는 단순하게 무증상 후에도 코로나19 후유증이 있다거나, 약물치료를 전혀 받지 않은 자연 치유에도 코로나19 후유증이 있다거나, 건강한 젊은이도 코로나19 후유증이 있다는 것만 알려 주는 것은 아니다. 우리의 생각 그 이상으로 후유증인 것조차도 알지도 못하고 있는 코로나19 후유증 환자들이 많을 수도 있다는 것을 의미한다. 그리고, 무증상이 50% 이상이라는 코로나19 바이러스의 특성상, 코로나19 후유증은 확진 판정을 받고 치료를 받은 일부만의 문제가 아니라, 우리 사회 모두의 문제일 수도 있다.

퇴원 146일 차
2020년 7월 28일 화요일

최근 스페인의 대대적(25,600명) 항체 검사 결과, 항체 생성이 된 사람들 중 55%가 아무런 증상을 느낀 적이 없었다고 발표했다.

코로나19 항체가 형성되었다는 것은 코로나19에 걸렸다가 나았다는 것인데, 아무런 증상도 느낀 적이 없이 자연 치유된 경우가 55%라는 뜻이다. 전에도 언급했듯, 3월 초에 지역 감염 파악을 위해서 대대적인 무작위 검사를 실시했던 아이슬란드가 당시 발표한 보고서에서 무증상 감염이 50%라고 한 것과 이탈리아가 무증상이 50~70% 사이라고 발표한 것과 같은 범위 내의 수치이다.

우리나라도 지역 감염 파악을 위한 전국 주요 도시들의 대대적 무작위 검사도 필요하고, 무증상으로 감염되었는 지도 모르고 치유된 사람들을 파악하기 위한 대대적 항체 검사도 실시해야 하지 않을까? 월도미터를 보면 인구 대비 검사율이 이제는 세계 95위까지 떨어져서 세계 100위 밖으로 나가기 직전까지 왔다. 우리가 검사 적게 한다고 수개월째 욕하고 있는 일본마저도 지난달 6월에 1만 명을 항체 검사했고, 얼마 전에 다음 달에 동경, 오사카 등 주요 도시에서 무작위 검사를 실시해서 지역 감염을 파악하겠다고 발표했다. 이제는 우리도 확진자 중심 검사라는, 2월달 정보가 부족할 때 추구하던 K-방역의 방식에서 한발 나가야 할 때가 아닐까? 2월 말~3월의 위기를 벗어났던 당시 K-방역의 조그마한 성공에 너무 우리 자신을 가두어 두고, 더이상 진전을 못 하고 있는 건 아닐까?

최근 미국 뉴스에 옥스퍼드대학 로즈 장학생이었던 듀크대의 보건공공정책 전문가, 메사츠세츠종합 병원 주치의, 시애틀의 워싱턴대학병원 폐 및 중환자 치료 교수가 공동으로 코로나19 중증 환자의 후유증 관리에 대한 의견을 기고한 기사가 있었다. 그 기사는 코로나19 치료 후에 코로나19 검사에서 음성으로 3차례 나왔다고 해서 퇴원 조치 후 관리가 끝나서는 안 되고, 후유증 관리를 위한 코로나19 회복자들을 위한 재활센터의 운영의 필요성에 대해서 이야기 하고 있다. 실제적으로 미국은 이미 5월부터 뉴욕시의 마운트 시나이 병원(Mount Sinai), 의학대학만 있는 샌프란시스코 켈리포니아대학(UCSF) 대학병원 등이 이미 코로나19 후유증 전담 치료센터를 운영하고 있다.

이미 6월, 영국 언론에서는 퇴원 14일 이후 폐, 뇌 등 종합적인 후유증 검사를 받기 위해 병원을 재방문하고 영국 보건복지부가 영국 의료 기관들에 후유증 관리를 체계적인 시스템이 이미 시작했음에도, 코로나19 회복자들의 후유증에 대한 정보 및 치료가 좀 더 효율적이고 전문적이게 되기 위해서 지역별 코로나19 회복자들의 후유증을 전문하는 병원이 필요하다는 기사가 있었다.

그보다 전인 5월에 중국 질본은 이미 국가에서 체계적으로 코로나19 회복자들의 뇌, 폐, 심장, 위, 신장, 혈액 관련 후유증으로 인한 질환을 국가가 책임지고 체계적으로 관리가 들어갔다고 발표했었고, 영국과 이탈리아도 코로나19 회복자들의 후유증으로 인한 각종 질환들을 체계적으로 관리가 들어갔다고 발표했었다.

여전히 우리나라는 보건복지부, 질본, 언론 어디에서도 코로나19 후유증에 대한 언급조차 없고, 우리나라에는 코로나19는 완치만 있다.

벌써 코로나19 음성 판정을 받고 병원에서 퇴원한 지 5개월이나 되었다.

아직도 머리와 위, 가슴에 통증이 있고, 혈액 때문인지 피부도 문제가 있다. 입원했을 때처럼 불타듯 뜨겁지는 않지만 가끔 배와 가슴이 따뜻해지는 증상과 배가 갑자기 복근 운동을 한 것처럼 근육이 당기는 느낌, 맹장이 위치한 오른쪽 아랫배가 당기듯이 아픈 느낌이 있다. 그리고 여전히 피로 회복이 안 되고 계속 몸이 매우 피곤함을 느낀다.

미국 지역 언론에 나와 비슷한 증상의 후유증을 겪고 있는 회복자의 기사가 났다는 것을 지인이 알려줘서 찾아보았다. 코로나19 감염 이후 위장이 계속 안 좋았고, 회복 후에도 위장이 몇 주 계속 안 좋았다고 한다. 오른쪽 아랫배를 비롯해 누가 배 여기저기를 당기듯이 아프기도 했다는데, 결국 맹장이 야구공만큼 부풀어서 맹장염으로 맹장을 제거했을 뿐만 아니라 결장도 일부 제거했다고 한다.

173

다른 이들도 위장과 맹장의 후유증이 있는가를 찾아보니, 특히 어린이, 청소년 그리고 성인 중에도 젊은 층에서 회복 후 후유증으로 위장 문제가 지속되고 맹장염으로 수술받은 경우에 대한 기사들이 많았다. 그리고 맹장염 수술 후 폐가 문제를 일으킨 경우도 있었고, 위장 질환뿐만 아니라 다른 장기들도 악화된 경우도 꽤 있는 것 같았다.

영국, 이탈리아, 스웨덴, 중국은 정부가 이미 코로나19 회복자들의 체계적인 후유증 관리에 시작했고, 미국 언론들도 코로나19 회복자들의 후유증 전담 병원 필요성 및 의료보험 미가입자들의 후유증을 위한 저렴한 국민의료법이 필요하다는 논의를 시작했다.

미국 기사에서 회복자들은 후유증으로 인한 통증보다, 후유증에 대한 정보 부족과 심지어 의료진마저도 후유증에 대한 지식이 부족할 뿐 아니라 후유증이 없다면서 코로나19 후유증 존재 자체마저 부정하는 현실에 가장 큰 어려움을 느낀다고 한다. 이러한 기사를 보면, 이러한 기사들에 언급된 어려움이 내가 후유증에 질본에 전화했을 때와 여러 병원을 방문했을 때, 우리나라에서 겪었던 경험과 나의 페이스북 페이지를 보고 연락해 주신 두 분의 경험과도 정확히 일치하는 듯하다.

코로나19는 바이러스라 후유증이 없고, 그냥 기력이 약해져서, 피로해서, 아니면 치료할 때 약물이 독해서 그렇다는 말을 했던 의사 선생님들, 증상 설명도 하기 전에 짜증부터 내면서 '감기니까 그냥 집에서 쉬세요'라고 하던 질본.

누구의 도움도 못 받고 혼자서 정보를 찾아가면서 후유증을 관리해야 하는 회복자들의 현실이 나아지는 날이 빨리 오기를 바란다.

퇴원 156일 차
2020년 8월 7일 금요일

완치 판정을 받고 퇴원한 지 156일이 되었지만 여전히 후유증을 겪고 있다. 그동안 여러 증상들이 좋아졌다 나빠졌다 반복을 했지만, 지속적으로 계속 안 좋은 증상은 심한 피로감이다.

미국 등 해외 언론에서도 코로나19 후유증으로 만성 피로를 자주 이야기하고 있다. 3월 말 코로나19에 감염되었던 뉴욕 주지사의 동생이자 CNN의 유명 앵커인 크리스 쿠오모도 회복

175

후 혈관/혈액 관련 문제가 있다고 밝힌 후, 지난달 7월에 브레인 포그 증상이 심각하다고 말했고, 감정을 조절할 수 없는 임상적 우울증과 피로 회복의 어려움을 이야기했다.

해외 언론에서는 이러한 증상들이 수년간 지속되는 만성 질환이 될 수도 있다는 의학 전문가들의 경고도 요즘 자주 볼 수 있다. 만성 피로를 앓고 있는 코로나19 후유증 환자 중에는 운동을 한 후에 오히려 몸이 더 불편해지면서 운동이 체력을 회복시키지 못하고 오히려 악화시키는 경우도 있어서, 운동을 하지 말아야 하는 이들도 있다고 한다. 어쩌면, 내가 그런 경우일 수 있을지도 모른다. 산책 정도의 간단한 운동은 가능하지만, 조금 더 무리할 때마다 나의 몸의 상황은 더 안 좋아졌다. 예전 같으면 운동이라고 할 수도 없을 정도의 간단한 동작마저도 나를 힘들게 하고 있다.

미국은 코로나19 후유증에 대한 연구를 위한 연구자들의 온라인 모임, 정치적 요구를 위한 온라인 모임 등도 있다고 한다. 코로나19 후유증 환자들의 질병을 모니터링하고, 발생 가능한 만성 질환, 질병, 환자들의 유전자(게놈), 단백질 및 신진대사를 일정한 간격으로 프로파일링하는 등 공동으로 의학적인 데이터를 수집하고, 미국 국회 등에 코로나19 후유증 연구를 위한 지원금 및 후유증 환자가 저렴한 비용으로 치료를 받을 수 있게 하기 위한 정책을 요구하는 등의 행동을 같이하기 위한 온라인 모임 등이 있다고 한다.

영국 등 보건복지부가 직접 나서서 코로나19 후유증 정보를 의료 기관들과 공유하고, 의료 기관들에게 체계적인 후유증 관리 센터나 프로그램을 운영할 수 있도록 하고 있는 유럽 국가들이나 중국처럼 정부가 나서서 후유증 관리를 책임지겠다고 한 것과 달리, 코로나19 후유증에 아무런 관심조차 없는 우리나라 보건복지부와 질본, 정부를 움직이게 하려면, 코로나19 후유증 치료와 관련한 정치적 요구를 위한 온라인 모임이나 코로나19 후유증 연구를 위한 연구자들의 온라인 모임이 필요할 것 같다.

벌써 "완치" 판정을 받고 퇴원한 지 5개월도 훨씬 넘은 161일이 되었지만, 여전히 후유증이 심하다.

아직도 우리나라는 완치자라는 표현을 사용하고 있고, 후유증은 없는 나라이다. 그 "완치"라는 말에, 퇴원할 때 가슴, 배를 포함하여 여러 신체 부위에 여전히 통증이 있었지만, 집에서 요양하면서 체력이 회복되면 나아질 거라고 착각했었다. 나의 몸 상태는 수개월 간 좋았다 나빴다를 반복하고 있다.

지난주, 운동 겸 산책을 하면서 참 많이 좋아지고 있다고 생각했다. 토요일 아침도 다른 날과 마찬가지로 가슴 통증을 느끼면서 일어났지만, 이제는 가슴 통증도 일상처럼 친숙해졌구나 하고 생각했다. 하지만, 정오가 다가올수록 통증은 심해졌고, 앉으면 숨쉬기도 불편해져서 누워 있어야 했다. 수개월 동안 지속되었던 좋았다 나빴다의 반복이 또 시작되었다.

식사를 할 수 없을 정도로 상황이 안 좋았고, 계속 안정을 취할 수밖에 없었다. 안정을 취한 후 일요일부터는 식사는 할 수 있게 되었지만, 토, 일, 월, 화, 그리고 어제까지 4일간 안정을 취하기 위해 누워 있는 것 말고는 아무것도 하기 힘들었다. 배와 가슴의 통증도 심했지만, 머리가 너무 아프고, 글을 읽기 위해 집중을 하는 것이 힘들었다. 갈수록 집중이 불가능해지고, 바로 방금 전에 무엇을 했는지도 기억 못 하는 경우가 자주 있다.

주말에 미국 언론에서 코로나19 생존자가 장기간 만성 피로 증후군을 앓을 위험성이 크다는 기사가 났다. 코로나19 생존자가 수년 뒤에도 만성 뇌척수염 같은 질병의 증상인 피로 증후군, 뇌 질환, 심한 피로, 각종 통증, 신경 면역 질환 및 운동 후 불쾌감 등의 증상을 겪을 수 있다고 밝힌 것이다.

같은 기사에서 미국 내 코로나19로 가장 저명해진 앤서니 파우치(Anthony Fauci) 박사가 "바이러스가 없어진 후에도 후유증이 있습니다. 근육성 뇌척수염/만성 피로 증후군과 놀랍도록 유사한 코로나19 바이러스 후유증을 앓고 있는 생존자들이 놀랍게도 많습니다."라고 직접 밝히고 있다.

전 세계적으로 생존자의 후유증 관리에 대한 논의가 이루어지고 있을 뿐 아니라 후유증에 관한 여러 보고가 발표되고 있고, 체계적인 후유증 관리가 이루어지고 있다. 의료의 대부분이 공영의료 기관을 통해 무상으로 제공되는 서유럽과 달리 국가 전반적인 의료보험이 없는 미국은 코로나19 후유증 환자들이 저렴한 비용으로 치료를 받을 수 있도록 '저렴한 치료 법령(Affordable Care Act)'을 통해 국가 의료보험 시스템 구축의 필요성을 언론이 언급하고 있는 마당에, 한국 질본과 병원들은 후유증으로 문의하면 그냥 체력이 떨어져서 또는 독한 약의 부작용일 뿐 후유증은 전혀 없다고 말하는 것이 나를 더 힘들게 한다.

입원했을 당시 의사 선생님이 말씀하셨던, 치료제가 없어서 결국은 스스로 자기 면역으로 싸워 이기는 방법밖에 없고, 환자에게 제공하는 산소와 약은 그냥 싸우기 좋게 약간 도와줄 뿐이라고 했던 것처럼, 한국 질본과 의료진은 아직 제대로 알지도 못하는 후유증도 마찬가지로 도와주는 이 없이 결국 나 스스로 극복할 수밖에 없는 게 현실이다.

입원해 있으면서 절실하게 되새겼던 로마 철학자의 말, "삶이 있는 한, 희망은 있다"라는 말을 다시 되새기면서 희망을 가지고 후유증을 극복하려고 한다.

하지만, 가끔은 힘에 부칠 때가 있다.

완치 판정을 받고 퇴원한 지 165일째.
요즘도 계속되는 후유증 증상은 크게 5가지이다.

첫째, 머리가 안개가 낀 것처럼 멍하면서 기억이 잘 안 나고 집중이 힘든 브레인 포그가 계속되고 있다. 조금만 집중해도 머리만 아플 뿐 아니라, 가슴 통증 등 다른 증상까지 심해지면서 아무것도 할 수 없을 정도로 안 좋아지기도 하고, 방금 했던 일이나 하려고 했던 것을 기억 못 하는 일이 흔하다. 방금 전에 비타민을 먹었는지도 기억 못 하고, 뭘 검색하려고 구글을 열었다가도 뭘 검색하려고 했는지도 기억이 안 나고, 부엌에 갔다가 '어, 내가 왜 여기 있지' 하는 순간도 있다. 미국 언론들을 보면 많은 회복자들이 브레인 포그 증상을 후유증으로 겪고 있다고 하고, 중국, 영국 언론도 후유증으로 뇌 질환을 겪는 회복자들이 많다는 보고를 했다.

둘째, 가슴 통증이 여전히 왔다 갔다 하고 있다. 통증이 심해지면 앉아 있기도 불편해져 누워서 쉬어야 하지만, 누우면 또 다른 불편함이 있다. 가슴 통증도 후유증으로 중국, 미국, 영국 등 해외 언론에 많이 언급되고 있다.

셋째, 배의 통증이다. 여전히 속 쓰림이 있고, 특히 맹장이 있는 오른쪽 아랫배가 가끔 아픈 증상도 여전히 왔다 갔다 한다. 위장의 통증 또한 후유증으로 중국, 미국, 영국 등 해외 언론에 많이 언급되고 있고, 맹장과 신장도 최근 미국 언론에 후유증으로 나왔다.

넷째, 혈전/혈관종으로 인한 피부 문제 또한 지속되고 있다. 피부가 검붉은 색으로 변했던 건 많이 나아졌지만, 요즘도 피부가 갑자기 보라색으로 변하기도 하고 피부에 보라색 점이 생기기도 한다. 이는 혈액 및 혈관 문제일 수도 있다고 하고, 중국, 미국, 영국 등 해외 언론에 후유증으로 혈액 및 혈관 문제로 회복자들이 후유증을 겪고 있다는 보고들이 있었다. 피부색뿐 아니라 건조증도 여전한 문제이다. 물을 많이 마시고 있지만, 반팔이나 반바지를 못 입는다. 4월에 창문을 열어놓고 잠을 잤다가 피부 건조증이 갑자기 심해졌고, 5월에 반팔, 반바지를 하루 입었다가 노출되었던 부위만 피부 건조증이 심해지기도 했다. 요즘도 선풍기 바람에 조금만 노출되어도 노출된 부위만 피부건조 증세가 나타난다.

다섯째, 만성 피로다. 만성 피로는 예전보다 나아졌지만, 이도 여전히 좋았다가 나빴다를 반복한다. 예전에는 좋은 날, 나쁜 날이 있었지만, 요즘은 아침에 좋았다가도 갑자기 오후에 나빠지기도 하면서 예측 불가이다. 뉴욕에 있는 미국인 의사 친구는 예전부터 내 후유증이 신경 계열 문제인 것 같다고 했고, 해외 언론들도 후유증으로 신경 계열 문제를 보고하고 있다.

컨디션이 좋은 날은 한 시간 산책을 하며 체력 관리를 하려고 하는데, 요즘도 마스크 안 쓰고 산책 나오는 사람들이 꽤 많이 있다. 마스크도 안 쓰고 전화로 큰 소리로 잡담하면서 바로 옆으로 걸어 지나가는 사람들이 매일 적어도 한두 명은 있다. 산책할 때 지하철역을 지나가는데, 지하철역에서 나오는 사람 중에 마스크 안 쓴 사람들도 꽤 있다. "완치자"라는 잘못된 말에, 중, 장기 후유증을 겪는 회복자들이 많다는 걸 모르고 아직도 코로나바이러스를 가볍게 여기는 사람들이 많은 것 같다.

국내 종합 병원 감염내과 의사 선생님이신 분이 익명으로 미국 의학협회 JAMA에 실린 이탈리아 회복자들에 대한 부작용에 관한 논문을 보내 주셨다. 종합 병원 감염내과이시면, 중환자 격리 병동에서 코로나19 환자분들 치료하신다고 헌신적으로 고생하시고 계실 텐데 이렇게 좋은 자료를 보내 주심에 너무나도 감사하다.

코로나19 발생 시기도 다르고, 바이러스 공격으로 피해 입은 신체의 후유증이 회복 후 바로 시작되는 것이 아니라 수주~수개월 후에 시작될 수도 있기 때문에 각국의 후유증을 겪는 회복자 비율도 다르게 나오고 있다. 중국, 이탈리아처럼 미국, 영국보다 먼저 코로나19가 발병한 나라들에서 후유증에 대한 자료가 먼저 나왔다. 이탈리아의 후유증을 겪는 회복자 비율이 미국보다 높게 나오는 이유도 환자들이 먼저 발생해 중, 단기 후유증 진행 사례가 많기 때문일 수도 있을 것 같다.

감사하게 보내 주신 이탈리아 논문을 읽어보니 코로나19 이전에 기저 질환이 있었던 환자들은 표본에서 제외해야 코로나19

바이러스로 인한 정확한 후유증을 분석할 수 있어서, 조사 표본이 되는 인원수가 적을 수밖에 없는 상황이라고 한다. 그래서 조사별 편차가 클 수밖에 없고, 또한 조사 방법이 논문이나 보고서마다 다른 것도 각 조사별로 후유증을 겪는 회복자의 비율이 다르게 나오는 또 다른 원인인 것 같다.

코로나19가 신종 바이러스라서 중, 장기 후유증에 대해서 아직은 알 수 없기에, 같은 코로나바이러스 계열인 사스와 메르스에 대한 후유증 보고서들도 해외 언론에서는 다시 언급하고 있다.

미국 언론의 이탈리아 특파원의 기사에서는 뼈가 부러지지도 않았는데 뼈가 부러진 것 같은 통증을 후유증으로 느끼는 회복자도 많다고 했다. 나도 뇌, 심장, 폐, 위장, 혈액 관련, 신경 관련, 맹장 증상은 있지만 뼈가 부러지는 것 같은 통증은 없었는데, 얼마 전 발이 문에 부딪혔는데 그 이후로 며칠이 지난 지금도 아직도 오른발에 누르는 듯한 아픔이 있는 것을 보면 아마도 뼈가 부러지는 듯한 느낌을 느끼는 이들이 있을 것 같다는 생각이 든다.

우리나라 바로 다음 시기에 확산을 겪어서 서양 국가 중에서는 확산이 가장 일찍 일어난 이탈리아에서는 회복자의 증세가 중, 단기 질병적 후유증 증상으로 발전한 비율이 87%로 9명 중 8명이라는 논문이 있었고, 이탈리아보다 늦게 확산이 일어나서 회복자의 증세가 아직 중, 단기 질병적 후유증 증상으로 발전한 비율이 낮은 미국 사례를 봐도, WHO가 코로나19 감염자 중 의학적 치료가 필요한 환자가 20%, 경증이나 무증상으로 의학적 도움 없이 자연적으로 자가 면역 치유되는 환자가 80%라고 한다. 병원 치료 후 회복자와 미국 질본 자료에서 경증, 무증으로 병원치료가 필요 없었던 회복자 중 35%가 회복 후 수주~수개월 후부터 후유증이 일어난다고 하니, 대략적 계산만으로도 회복자의 48%가 회복 수주~수개월 지난 후에 후유증이 있다고 유추해 볼 수도 있고, 그렇다면 회복자 중 많으면 9명 중 8명이, 적어도 2명 중 1명은 후유증을 겪고 있다는 것이다. 그런데도 한국에서는 나 혼자만 후유증을 겪는 것처럼 언론 어디에도 언급이 없다.

코로나19와 같이 코로나계열의 바이러스인 사스와 메르스 후유증에 대한 자료인 미국의샌디에고 켈리포니아 대학(UC San Diego)에서 사스 회복자의 뇌 질환에 대해서 연구한 보고서에 따르면 사스 회복 후 31~50개월(거의 3~4년) 후에도 후유증으로 뇌 질환을 겪고 있는 환자가 54.6%나 되었다고 발표했다. 뇌 질환만 이렇고, 다른 질환들까지 합하면 더 높아질 수도 있을 것이다.

메르스 회복자의 후유증의 경우는 한국 국립중앙의료원 발표에 따르면 생존자의 54%가 회복 1년 후에도 한 가지 이상의 정신 건강 문제를 겪고 있었고, 42.9%가 외상 후 스트레스 장애, 27%가 우울증, 22.2%가 중증도 이상의 자살 사고, 28%가 불면증을 겪고 있다고 발표했다. 정신 질환에 대한 연구라서, 정신 질환 외 다른 후유증에 대한 보고는 없었기에, 마찬가지로 다른 질환들까지 합하면 더 높아질 수도 있을 것이다.

코로나19의 중, 장기 후유증이 어떻게 될지는 아무도 모른다. 나도 지금처럼 일상에 돌아갈 수 없고, 일할 수도 없는 상황이 얼마나 계속될지 모르겠다. 후유증이 지속되어서 일을 할 수 없어 생활비를 벌 수 없는데, 병원은 더 많이 가야 해서 병원비는 증가하는 상황이 나에게도 닥칠 수 있다고 생각하면 걱정이 된다. 하지만 미리부터 걱정하는 것은 도움이 되지 않기에 희망을 가지고 나아지고자 한다.

아직도 각종 후유증이 있고, 시간이 지나면서 또 어떤 후유증이 나타날지 모르지만, 병원에 입원했을 때를 생각하면 그때보다 지금이 훨씬 나은 상황이니 좋아질 거라는 희망을 가지고 회복을 위해 노력하고 있다.

페이스북의 내 글이 갑자기 널리 공유된 후 너무나도 많은 분들이 나에게 용기와 격려의 말씀을 페이스북 메신저, 이메일로 보내 주셨고, 학과 사무실에도 많은 연락이 왔다고 한다. 용기와 격려의 말씀을 보내 주신 모든 분에게 진심으로 감사드린다. 한 분, 한 분 답장으로 고마움을 표현해야 하지만, 그렇게 할 수 없어서 페이스북 페이지에 메모로 인사를 남겼다.

도움이 되는 논문을 보내 주신 종합 병원 전문의 선생님도 계셨고, 도움을 주고 싶다는 한의사 선생님들도 여러분 계셨고, 나와 비슷한 후유증을 겪고 계신다는 회복자분도 많으셨는데, 어제 아침 일찍 보내 주신 분들에게만 답변을 드렸고, 그 뒤에 보내 주신 분들부터는 너무 많아서 답변을 해드릴 수가 없었다.

수개월간 팔로워가 지인 40명 정도밖에 없던 페이지에 갑자기 이틀 전부터 많은 분들이 찾아와 글을 읽어 주셨고, 수많은 언론사의 취재 요청이 들어왔다.

3월 퇴원 후 병원에 보냈던 감사 편지로 인해서 국내외 80여 개 언론에서 취재 요청이 들어왔을 때 여전히 회복이 덜 된 상태였지만 완치라고 생각해서 무턱대고 취재 요청을 수락했다가 처음 인터뷰 촬영 후 5일간 침대에만 있어야 할 정도로 몸이 안 좋아서 이미 약속했던 취재 요청들을 죄송하게도 못 하게 된 적이 있었다. 일부는 4월에 했지만, 그때도 영상 전화 인터뷰 후 몸이 안 좋아서 다른 인터뷰는 더이상 못 했었다.

지금도 인터뷰 요청을 해 온 모든 언론사의 인터뷰를 진행할 수 있는 상황은 아니라서, 그때 못 해 드린 기자님 중에 이번에 다시 연락 주신 부산일보, 중앙일보, 서울신문 기자님과 각각 20분 정도 전화 인터뷰를 했다.

어제 새벽에 올려진 중앙일보 기사가 포털 사이트에서 아침부터 1위를 계속하면서, 더 많은 언론사에서 취재 요청으로 아침부터 전화가 쇄도해서 전화를 꺼 놓았더니, 이메일, 문자 메시지, 카톡 등으로 연락이 끊이질 않았다. 예전 같았으면 1시간 만에 모든 요청에 답변을 드렸을 텐데, 현재 집중하기 힘든 컨디션이라서 업무 효율도가 너무 심하게 떨어져서 답변을 다 드리지 못해 죄송하다. 우선, 아침에 먼저 연락주신 언론사 몇 곳에 영상 인터뷰는 불가능하고 짧은 전화 인터뷰만 가능함을 알려드리고, 그 뒤에 연락온 언론사분들은 아직도 답장도 못

했다.

내가 메시지에 빨리 답변을 못 해서인지, 이메일 보내신 후 문자 메시지를 보내시고, 그 뒤에 카톡, 그 뒤에 학과 사무실에 전화로 조교에게, 답장을 못 받았는데 답장을 해달라고 좀 전해 달라는 등 한 분이 여러 방법으로 여러 개의 메시지를 보내다 보니 나에게는 많이 헷갈리는 상황이 되었다. 이메일과 카톡에 답장했는데 알고 보니 같은 분이셨고, 답장하고 인터뷰 일정 잡다 보니 같은 언론사에서 기자 세 분이 따로 연락을 주셔서 혼란스러운 상황도 연출이 되었다. 이를 제대로 해결하기 위해 신경을 쓰다 보니 몸 상태가 안 좋아졌다.

이미 일정 조정을 위해 연락 중이던 몇몇 언론사분들과 메시지를 주고받던 중에 몸이 너무 안 좋아져서, 이미 일정을 약속한 KBS, JTBC 2개의 방송사를 제외한 일정이 확정되지 않은 나머지 언론사 분들에게 상태가 안 좋아져서 더이상 메시지를 주고받기 힘드니 일정 조정은 상태가 좋아지면 다시 하자고 연락을 드렸다.

쉬면서 차츰 나아지는 듯했는데, 아무래도 감당하기에는 너무 많은 언론사 요청에 답을 한다고 무리했는지, 이미 일정을 약속드린 JTBC 8시 뉴스에 8:40분 경 라이브로 전화 연결할 때

쯤에는 앉아있기도 힘들 정도가 되었다. 그래서 누워서 전화 인터뷰를 하면서도 내가 무슨 말을 하고 있는지 모를 정도라서 빨리 답변하고 끝내고 싶은 마음뿐이었고, 무슨 말을 내가 하고 있는 지도 모르게 빠른 말로 횡설수설하면서 전화 인터뷰를 했던 것 같다.

오늘은 상태가 어제보다 많이 좋아졌지만, 하루 종일 쉬는 게 좋을 것 같다. 언론사분들이 나의 글을 알려 주셔서 감사하다. 건강 문제로 더 이상 인터뷰를 할 수 없어서 나머지 언론사들에는 나의 페이스북 페이지에 충분한 내용이 있으니, 페이스북 상의 내용과 이미지로 언론 기사화 하셔도 된다고 알려드렸다.

단, 언론 기사화 하실 때, 내가 출처를 밝힌 자료들은 구글로 검색하셔서 그 자료들에 따르면 이라고 글을 적어 주시면 감사하겠다고 전했다.

고마우신 부산일보 기자님처럼 나의 글을 보시고 직접 해외 언론 사이트를 검색해서 찾아보신 후에 "실제로 해외 언론을 보면 영어권에서는 'survivor', 스페인어권에서는 'sobreviviente' 등 생존자를 뜻하는 단어를 사용하는 곳이 많다."라고 본인이 사실을 확인하고 객관적인 표현으로 기사화하는 것이 맞는 표현이다. 반면 "부산47은 한국에서는 완치자라고 하지만 해외에서는 회복자 또는 생존자라고 이야기하고 있다."라는 표현은 개인적이고 주관적 주장이라는 뉘앙스를 풍긴다는 건 기자님들도 아실 텐데, 팩트체크 후 객관화 시켜 적은 기자분보다 나의 개인 의견인 것처럼 기사화한 기자분들이 더 많다.

그리고, 미국 질본, 중국 질본, BBC, CNN, NBC, 뉴욕 타임즈, 엘 파이스(El Pais)등의 자료출처를 내 글에서 밝히고 있으니, 구글에서 1~2분 만에 찾을 수 있는 이들 자료들을 찾으셔서 직접 확인하신 후, 사실을 객관화하셔서 적어 주시면 감사하겠다고도 전했다. '부산47은 미국 경증 또는 무증환자의 35%가 후유증을 겪고있다라고 본인의 사이트에서 밝히고 있다.'는 건 잘못된 표현이다. 나는 최근 미국 질본 발표를 나의 사이트에서 요약하고 있을 뿐이다

'부산47에 따르면 해외 일부 국가는 국가 차원의 후유증 관리를 하고 있다고 한다.'라는 표현도 틀린 것이고, 나는 '영국 BBC에 따르면, 중국 질본 발표에 따르면'이라고 확실한 근거를 밝히고 있고, 이들 또한 구글로 1분 만에 확인할 수 있다고 알렸다. 팩트 체크 후 기사는 'BBC에 따르면'이 되어야지, 부산47의 근거도 안 밝힌 개인 주장인 것 같은 뉘앙스의 기사가 되면 안 될 것이다

코로나19 후유증을 겪는
"완치자"라 불리는 회복 환자의 편지

어제 본 안타까운 기사에 따르면 우리나라의 무증상 깜깜이 지역 감염이 증가하는 것 같아, 나중에 후유증을 겪을 분들이 더 나오게 되진 않을까 마음이 좋지 않습니다. 후유증을 겪는 게 저 혼자만이 아니라는 걸 알게 되었을 때 아이러니하게도 위로를 받았지만, 이제는 저 같은 후유증을 겪는 사람이 많아질 거라 생각하면 너무 가슴 아픕니다.

그동안 수개월 간 코로나19 환자로서 그리고 완치 판정 후의 생활을 가끔씩 적어 올리던 페이스북 페이지가, 여느 날과 마찬가지였던 특별하지 않은 글이, 갑자기 3일 전부터 폭발적으로 공유되기 시작했던 이유는 아무래도 안타깝게도 수도권에 코로나19 감염이 증가하면서, 나의 페이스북 페이지에 있는 많은 글 중 아주 평범한 글 하나에 많은 분들이 관심을 가지게 된 것 같습니다.

다른 나라에서는 사용하지 않는 코로나19 "완치자"라는 표현 때문인지 후유증이 전혀 없다고 생각해왔기에 해외에서는 이미 널리 알려진 코로나19 회복자/생존자의 평범한 후유증 이야기를 충격으로 받아들이시는 분이 많으신 것 같습니다.

우리나라는 아직 코로나19의 후유증 관리는 생각조차 못하고, 아직도 바이러스를 막는 방역에만 집중하고 있습니다. 하지만 K-방역이라는 것마저도, 2월 코로나19 바이러스에 대한 정보가 부족했을 당시의 방역 방식에서 더 발전을 하지는 못하고 있습니다. 주요국들이 3월부터 시작한 지역 감염 파악을 위한 주요 도시에서의 대대적 무작위 검사와 자신도 알지 못하는 사이에 감염된 사람들을 파악하기 위한 대대적 항체 검사 등을 우리나라는 아직도 진행하지 못하고 있습니다. 그리고, 미국, 중국, 유럽 여러 나라들은 이미 5월부터 후유증 치료를 체계적으로 시작하고 있지만, 우리나라는 아직도 후유증에 대한 정보조차 없습니다.

나의 글이 언론에 소개되고, 감사하게도 수많은 분들이 용기와 격려를 보내 주셨고, 나와 유사한 증상을 겪고 있는 회복자분들께도 연락이 왔습니다. 일부 증상은 유사하지만, 내가 전에 자세하게 표현하지 않은 증상의 진행 상황은 나와 다른 분들도 계셨고, 이전에 자세하게 표현하지 않았던 증상의 진행 상황마저 유사한 분들도 계셨습니다.

그렇게 나와 증상의 진행 상황이 유사한 분들 중에서도 두 분 (20대 한 분, 30대 한 분)은 젊으신 나이로 확진 판정 후 무증상으로 자가 면역으로 치유되셔서 완치 판정받고 퇴원하셨다고 합니다. 퇴원 후 금방 회복되었나 생각했고 생활에도 아무런 지장 없이 지내다가 몸이 안 좋아지셨는데, 나와 일부 증세가 동일하다고 하셨습니다.

그리고 확진자와 동선이 겹치는 게 전혀 없다는 등의 이유로 코로나 검사를 받은 적이 없지만, 나와 비슷한 후유증을 겪고 있어서 혹시나 해서 연락주신 분들 중에 세 분이 내가 글에 밝히지 않은 자세한 증상마저도 비슷했습니다.

무증상 또는 경증으로 자신이 감염된 지도 모른 채 치유된 후에도 수주~수개월 뒤 나타날 수도 있는 것이 코로나19 후유증이라는 건 미국, 유럽, 중국 등 여러 나라의 질본, 의료 기관, 언론들이 수개월 전부터 밝히고 있는 정보입니다.

코로나19는
1. 바이러스 감염 예방 및 백신 개발
2. 바이러스 치료 및 항바이러스제 개발
3. 바이러스 퇴치 후 후유증 회복을 위한 관리
이 세 가지가 모두 체계적으로 이루어져야 합니다.

이미 중국은 국가 차원의 코로나19 회복자의 후유증 관리를 수개월 전에 시작한다고 발표했고, 몇 달 전 BBC에 따르면 영국과 이탈리아는 국가 주도의 후유증을 겪는 코로나19 회복자를 위한 재활 프로그램을 시작한다고 했다고 합니다. 또한 영국 언론과 의료계는 재활 프로그램뿐 아니라 후유증 치료를 위한 전문클리닉 설치의 필요성을 제기하고 있고, 스웨덴은 코로나19 회복자의 후유증을 위한 전문 클리닉을 운영하고 있으며, 미국 언론들은 코로나19 회복자의 국가적 후유증 관리를 위한 '저렴한 치료 법령(Affordable Care Act)'을 국회에서 입법화해야 된다고 이야기하고 있습니다. 심지어 일본마저도 7월 10일 보건부 장관이 8월부터 코로나19 후유증에 대한 조사를 실시하겠다고 밝혔습니다. 회복자 1,000명을 대상으로 CT 등 종합적 검사를 실시하고 경증 회복자에 대해서 1차 설문 조사를 통한 통증 조사 후 필요 시 2차 의료 검사를 실시해서 후유증에 대한 상황을 파악하겠다고 발표했습니다. 내가 일본어를 못하기 때문에, 일본의 영자 신문에서 기사를 보았고, 그 후에 결과 발표가 나왔는지, 아직 8월이라서 조사 중인지는 모르겠습니다.

후유증을 겪고 있는 나의 욕심일 수도 있습니다. 하지만 '완치'라는 말에 속아 후유증에 대해 전혀 알지 못하고 관심도 없는 현실, 그리고 그것이 일반인의 생각일 뿐 아니라 질본, 의료진마저도 그렇게 생각하고 있어서 제대로 된 치료도 받지 못하고 있는 현실이 회복자인 후유증 환자로서 갑갑합니다.

저는 코로나19 후유증을 앓고 있는 환자 중 한 명일 뿐 국회의원도, 보건 관련 공무원도, 의료·보건 전문가도, 언론인도 아닙니다. 많은 분들이 '우리나라도 이런 걸 하면 좋을 텐데…' 하시면서 메시지를 보내 주셨고, 그런 관심에 대단히 감사드립니다.

솔직히, 저는 모릅니다.

○ 일반인뿐 아니라 의료진에게마저도 잘못된 착각을 일으키는 다른 나라에서는 사용하지 않는 "완치자"라는 표현 대신 "회복자", "회복 환자" 또는 "생존자"라는 표현으로 바꾸어야 하는지, 아닌지
○ 중국, 미국, 일본 등 다른 나라처럼 국내 회복자들의 후유증 조사를 해야 하는지 아닌지
○ 영국, 이탈리아처럼 국가가 나서서 코로나19 회복자를 위한 재활 프로그램을 시작해야 하는지, 아닌지
○ 스웨덴은 이미 시작했고 미국, 영국 등은 의료 기관과 언론에서 논의하고 있는 코로나19 후유증 전문클리닉이 국내에도

필요한지, 아닌지

○ 보건복지부나 국회 보건위 소속의 여, 야 의원들이 코로나 19 바이러스 치료뿐 아니라 후유증도 무상은 아니라도, 유럽 여러 국가들처럼, 미국 오바마 케어(Obama Care)나 저렴한 치료 법령(Affordable Care Act)처럼 적어도 건강보험 적용은 받을 수 있도록 해야 하는지, 아닌지

○ 보건복지부에서 전국 의료 기관에 공유하는 지식정보시스템에 다른 나라에서 발표된 코로나19 후유증에 대한 정보관리 폴더를 만들고, 관련 정보를 모아서 의료진이 볼 수 있도록 공유하고, 코로나19 후유증을 겪고 있는 회복 환자들에 대한 임상 정보를 축적해서 바이오 한국으로서 코로나19 후유증 관리 선진국으로 나가게 해야 하는지, 아닌지.

하지만, 제가 아는 건 딱 한 가지입니다.

해외 사이트에서는 그렇게 수없이 많은 코로나19 회복자의 후유증에 대한 이야기가 있고, 미국의 코로나19 회복자 온라인 모임에 들어가서 같이 정보교환하고 미국에 있는 의사 친구와 연락하며 조언을 들으면서도, 한국에서는 나만 겪고 있다고 생각했던 후유증이 나 혼자만 겪고 있는 것은 아니라는 것입니다.

코로나19 바이러스의 예방, 바이러스 퇴치를 위한 치료, 후유증 치료로 헌신적으로 고생하시는 우리나라뿐 아니라 전 세계 모든 의료진, 보건 관계자분들께 진심 어린 감사를 드립니다.

지금은 예방과 바이러스 퇴치를 위한 치료로 바쁜 우리나라도 언젠가 미국, 중국, 영국, 이탈리아, 스웨덴 등 다른 나라들처럼 후유증 치료에 대한 첫발을 내딛는 날이 조만간 오기를 간절히 바랍니다.

코로나19 후유증을 겪고 있는 분들뿐 아니라, 코로나19로 인해 경제적 어려움 및 인생의 어려운 순간을 겪어내고 계신 모든 분들의 오늘이 행복한 인생으로 한 걸음 더 다가가는 날이 되기를 바랍니다.

자극적 거짓 편집은 하지 마세요

언론사 인터뷰에 일일이 응할 수 없어 페이스북에 올린 글과 이미지를 기사화해도 된다고 말씀드린 후, 많은 분들이 나의 글을 읽어 주시고 공유해 주셔서 진심으로 감사한 마음이다. 그러나, 나의 글을 출처도 밝히지 않고 무단으로 블로그 등에 복사해 가는 일이 많고, 언론도 나의 허락 없이 내 글을 사용하는 곳들이 많이 있다. 물론 내 허락이 없이도 정보 제공적 측면에서 "페이스북 Busan47(부산47)"이라는 정확한 출처를 밝히고, 편집 없이 정확히 글을 공유하는 것은 괜찮다. 하지만, 자극적으로 거짓 편집이 이루어지는 경우가 많이 발생하고 있다. 그래서 그런 사람들에게 경고의 말을 아래와 같이 전하였다.

1. 나는 피부 사진을 공유한 적이 없습니다.

모 언론사 기자분이 인터넷에 올라와 있는 피부 사진을 기사에 사용해도 되냐고 연락을 해와서, 저는 피부 사진을 올린 적

200

이 없다고 답했습니다. 그분이 보신 블로그에는 저의 글 중간에 타인의 피부 사진이 함께 올라와 있었으며, 이러한 블로그들이 꽤 있는 것 같습니다. 증상을 극대화해서 자극적인 공포를 조성하기 위해서 악의적으로 집어넣은 것 같습니다. 이런 식의 편집 하지 마세요.

2. 편집 시 저의 글과 다른 분의 글은 정확하게 구분해서 올려 주시기 바랍니다.

지인분께서 언론에서 제가 헛소리를 했다면서 영상 파일을 보내 주셨습니다.

정확히 보면, 제가 글에 올렸던 증상을 요약해서 소개하면서, 그 뒤에 "다른 분은"이라고 언급 후 머리가 빠진 증상을 이야기하면서, 그건 코로나19 증상이 아니라고 말합니다. 하지만, 실제 영상에서는 저의 증상 요약 바로 다음 다른 분의 영상은 나오지 않아서 "다른 분은"이라는 말을 자세히 안 들으면 제가 후유증 증상이 아닌 것을 후유증이라고 말했다고, 보는 분들이 오해할 만하게 되어 있었습니다.

3. 팩트 체크하시기 바랍니다.

저는 후유증 중에 탈모 증상이 있다는 글을 이전에 올린 적이 전혀 없습니다. 저와는 상관없지만, 그 영상을 본 후에, 정말 한국의 의사 자격증 가진 전문가가 절대 코로나19 후유증이 아니라고 말했다는 탈모를 저는 해외 회복자들 온라인 모임 사이트에서 여러 번 본 적이 있어서 구글에서 해외 질본이나 의료 기관에서 나온 보고서나 논문이 있는가 찾아봤습니다. 아주 쉽게, 단 몇 초 만에 탈모가 코로나19 후유증 증상이라는 영국 국립 의료센터의 후유증 자료 데이터를 분석한 영국 병원의 보고를 바로 찾을 수 있었습니다.

물론, 영국 병원의 보고가 틀렸을 수도 있습니다. 하지만, 아직은 신종 바이러스이기에 단, 중, 장기 후유증에 대한 정확한 정보가 만들어지고 있으니, 명확하게 '그건 아니다'라고 하는 것보다는 이미 신뢰성 있는 해외 의료 기관의 보고가 있으니 '이런 사례가 있다'가 더 정확한 표현 아닌가요?

또한, 이전에도 말씀드렸듯이 제가 해외 질본, 의료 기관, 언론에서 인용한 부분은 정확히 그 출처를 밝히고 있습니다. 그러니 본인이 직접 그 자료를 찾아서 사실 확인을 하신 후, 객관적 출처를 밝히고 인용하시기 바랍니다. '부산47이 ~라고 말했다.'는 식의, 저의 주관적 주장이라는 뉘앙스의 글은 지양해 주시기 바랍니다.

적어도 언론이라면, 그리고 적어도 언론에 나와 의사 자격증 가진 전문가라면서 조언을 한다면 팩트 체크는 최소한의 기본입니다.

4. 정확한 출처를 밝혀 주세요.

저의 글을 일부라도 언급하시는 분은 "페이스북 부산47(Busan47)"이라는 정확한 사이트를 밝혀 주세요. 블로거나 언론사 중에 제 글의 일부만을 발췌해서 짜깁기 정보를 내거나, 저의 수많은 글 중 단 1개의 글만을 특정 목적을 위해 사용하시면서 저의 페이스북 인용임을 밝히지 않는 경우가 있습니다. 심지어 제가 밝힌 적이 없는 저의 직업과 실명까지 밝히면서 마치 저와 직접 인터뷰한 것 같은 식으로 올린 경우가 많은데, 오해가 생기지 않도록 "페이스북 부산47(Busan47)"이라는 출처를 밝혀주시기 바랍니다.

5. 저를 정치적 음모론에 빠트리는 행위는 거절합니다.

3, 4월에도 저의 사례를 선거철에 정치적으로 악용하려 하는 일부 언론들의 행태를 이야기했습니다.

여전히 저의 글을 정치적으로 연관시키려는 분들이 있고, 정치적 메시지를 보내오는 분들도 있습니다. 구해 놓았더니 보따리 내놓으라고 하냐는 분, 그렇게 다른 나라가 좋으면 다른 나라 가서 후유증 치료 받으라고 하는 분, 왜 K-방역에 흠을 내냐 하는 분 등 다른 나라 정부, 질본은 이미 후유증 관리가 들어갔는데 우리나라는 후유증에 대해서 아직 아무것도 하지 않고 있다는 사실에 불편해하시는 분들도 있었습니다. 또한 반정부집회를 하려는 시기에 왜 갑자기 후유증 글을 올려서 사람들 겁을 주냐, 너 진짜 환자 맞냐고 하시는 분들도 있었고, 이외에도 무슨 말인지 이해할 수도 없는 저와 전혀 상관없는 정치적 내용의 메시지를 보내오시는 분들도 있었습니다. 코로나19 앞에서도 좌우 프레임 씌우기 하는 행위에 저는 참여하고 싶은 생각 없고, 전혀 관심 없습니다.

저는 갑자기 지금 글을 적은 것도 아니고, 수개월간 40명의 팔로워밖에 없던 제 페이스북의 글이 왜 갑자기 수많은 공유가 일어났는지는 저도 모릅니다. 지난주 아침에 일어나니 밤사이 저의 글 중 하나가 갑자기 수많은 공유가 일어났고, 그때부터 수많은 언론사들의 취재 요청이 들어왔습니다.

우리나라의 많은 분들은 코로나19 후유증 환자가 있다는 것에 놀라신 것 같은데, 저는 오히려 해외에서는 각국 질본, 의료 기관, 언론에 의해서 널리 알려진 수많은 사례의 코로나19 후유증들이고 이미 국가 주도로 체계적으로 치유가 들어간 나라들도 여럿 있는 상황에서 왜 우리나라에서는 엄청 특이한, 생전 처음 들어보는 이상한 사례처럼 여겨지고, 아직도 그렇게 소개되고 있는지가 너무 놀랍습니다.

저의 페이지는 정치적 토론을 위한 페이지가 아닙니다. 저의 페이지는 치유가 필요한 환자가 치유를 못 받고 있는 현실적 문제를 타개하기 위해 다른 환자들과의 정보 소통을 위한 페이지일 뿐입니다.

6. "부산47(Busan47)"이라는 이 페이지는 후유증 환자들의 체계적인 치유를 위한 것이지, 경각심 캠페인 용이 아닙니다.

이미 해외에는 수개월 전부터 각국의 질본, 의료 기관, 언론을 통해 많은 정보가 제공되고 있는 코로나19 회복자들의 후유증 관련 정보, 해외에는 흔한 코로나19 회복자들의 후유증 정보 공유를 위한 온라인 모임, 심지어 국가 차원의 후유증 관리를 체계적으로 들어간 나라들도 많은 현실에도, 우리나라는 질본, 의료 기관, 언론 어디에서도 전혀 얻을 수 없는 후유증에 관한 정보와 관리를 직면하고, 이런 어려움을 겪고 있을 수많은 우리나라의 코로나19 후유증을 겪는 회복자들에게 정보 공유를 위해 만든 페이지입니다.

경각심 조성을 통한 다른 분들의 감염을 막는 방역에 저의 글이 사용되어, 다른 분들이 수많은 코로나19 후유증을 겪고 있는 회복 환자들처럼 후유증을 겪지 않게 되는 데 도움이 될 수 있다면 저도 당연히 좋습니다. 하지만, 저의 사례가 특이한 극소수 개인의 이야기인 것처럼 잘못 소개하지 마시고, 수많은 이들이 겪고 있는 객관적인 정보를 함께 제공해 주세요. 단 한 명의 특이한 이야기가 아닌, 수많은 사람들이 겪는 공통적 이야기임을 알려 주시기 바랍니다.

해외에서는 수개월 전부터 이미 널리 알려져 있는 후유증이, 왜 우리나라에서는 이제서야 놀라울 정도로 특이한 일이 되고, 왜 제가 특이하게 다른 사람이 안 겪는 후유증을 겪는 극소수의 사람 중 한 명인 것처럼 포장이 되는지, 이해하기 힘듭니다.

경각심을 위해서라면, 이게 한 명의 특수한 경우가 아닌, 해외에서는 이미 널리 알려져 있고, 수많은 사람이 겪는 증상이라는 사실을 함께 알리시기 바랍니다.

그리고, 이 페이지는 경각심용이 아니라, 다른 나라에서는 너무나도 평범한 코로나19 후유증이 우리나라에서는 존재하지 않는, 너무나도 아주 특이하고 이상한 것이 되어버린 현실의 어려움 때문에 만들어진 페이지라는 것을 알아주시면 고맙겠습니다.

나를 가장 즐겁게 하는 방법은 다른 이를 즐겁게 하는 것이다

- 마크 트웨인(Mark Twain, 1835~1910)

"톰 소여의 모험"과 "허클베리 핀의 모험"으로 유명한 노예해방 주의자였던 작가 마크 트웨인의 말입니다.

참 신기한 게 행복인 것 같습니다. 나의 행복을 다른 사람에게 줘도 나의 것이 작아지는 게 아니라, 오히려 나의 것도 함께 커져서 너무 좋은 게 행복이라는 걸 느낍니다. 저에게 행복을 나눠주신 모든 분들의 행복이 저에게 주신 것보다 훨씬 더 커졌기를 바랍니다.

해외에서는 이미 널리 알려졌지만, 우리나라에서는 아직 질본, 의료 기관에서마저도 제대로 된 정보 하나도 얻기 힘들어서, 이 세상에서 나 혼자만 후유증을 겪고 있는 것처럼 느끼시면서 힘들어하시고 계시는 우리나라의 수많은 코로나19 후유증을 앓고 있는 회복자분들도 저처럼 많은 행복을 받으시길 기원합니다.

그리고, 선한 마음으로 저에게 도움을 주시겠다고 연락 주신 분들이 너무나도 많으셔서 정말 살기 아름다운 세상이라는 걸 다시 깨우치고 있습니다.

몇 년 전 바이러스로 인해 고생을 하셨던 분이 "비록 얼마나 시간이 걸릴지 몰라도 후유증은 분명 차근차근 나아질 거고 희망을 가지시고 인생을 되돌아보는 휴식기를 가진다고 생각하시고 몸과 마음을 충분히 쉬어 주신다면 자신도 모르게 나아지리라 믿습니다. 응원합니다."라는 고마운 응원을 보내 주셨습니다.

저도 얼마나 시간이 걸릴지 몰라도 희망을 가지고 인생을 되돌아보는 휴식기를 가진다고 생각하려 합니다. 그리고 계속 후유증 관리를 하면서, 다른 후유증을 겪고 계시는 코로나19 회복자분들에게 어쩌면 도움이 될 수 있는, 제가 나눌 수 있는 정보를 계속 나누겠습니다.

다시 한번, 저에게 용기와 격려를 해 주시고, 행복을 나눠주셔서 저를 더욱더 행복한 사람으로 만들어 주신 모든 분들께 진심 어린 깊은 감사를 드리고, 모든 분들이 항상 건강하시고 행복하시기 바랍니다.

저는 부산행의 좀비가 아닙니다

수많은 언론사에서 연락이 왔고, 2개 기관의 공무원분들에게 연락이 왔다.

2월 말 입원해서 3월 초 "완치" 판정을 받고, 조금 있으면 기력 회복만 하면 이전으로 돌아갈 거라고 생각했다. 계속 좋았다 나빴다를 반복했다. 해외 언론에서는 완치가 아닌 회복이라고 표현을 하고, 후유증에 대한 기사가 많이 나면서, 완치가 아니고, 상당히 많은 회복자들에게 후유증이 있다는 것을 알게 되었다. 우리나라는 질본, 병원, 언론 어디에서도 정보를 얻을 수 없는 현실을 직접 접했다. 나처럼 후유증으로 갑갑한 회복자분들이 우리나라에 있을 거라고 생각해서, 그분들이 정보를 접할 수 있도록 5월 말 "부산 47"이라는 페이지를 만들었다.

그 후 3개월 동안 달랑 40명의 팔로워 외에 거의 방문객이 없던 저의 페이지의 글 하나가 갑자기 수많은 공유가 되면서, 고맙게도 많은 분들이 응원해 주시고 용기도 주셨다. 또한 "ㅋㅋㅋㅋㅋㅋ", "개무섭" 등의 반응, "갱년기 증상이네", "나이 들면

깜빡깜빡한다", "노화가 시작됐네"라는 비아냥, "뭔가 수상하다", "의대 교수도 아닌데 뭘 안다고 지껄이냐"라는 소리도 들었다.

하지만, 이런 반응은 "경각심"을 높여서 다른 이들의 감염과 후유증을 막고, 나뿐 아니라 수많은 후유증을 겪고 있는 회복자분들이 다른 나라처럼 체계적인 정보와 관리를 받을 수 있게 된다면 아무 상관 없었다.

지난주 화요일부터 모든 지상파 방송국과 수많은 방송국, 신문사 등 언론사에서 취재 요청이 왔다. 모든 언론의 취재요청 이유가 나의 사례가 국민들에게 "경각심"을 줄 수 있으니 알리고자 한다고 하면서, 정확한 정보를 알게 해서 조심하게 하는 "경각심"보다는 나의 통증 이야기에만 관심을 보였다.

사람들이 알게 해서 조심하도록 하는 '경각심'과 사람들을 무섭게 만드는 '공포심'은 분명 다른 것이다.

일부 언론은 나의 허락도 없이 글을 무단으로 기사화했지만 사회에 도움이 될 수 있다면 나는 괜찮았다. 하지만 해외의 여러 객관적인 정보들을 전달함과 동시에 우리나라의 한 사례로 나의 이야기를 공유하여 경각심을 주는 것이 아닌, 이렇게 이상하고 무서운 통증을 겪는 사람이 있으니 공포심을 느끼고 조심하라는 식으로만 나의 사례를 악용하는 것은 사양한다. 우리 사회가 부족한 것은 해외에는 넘쳐나는 객관적이고 정확한 정보이지, 자극적인 이야기가 아니다. 정확한 정보를 나누며 경각심을 가지는 것은 중요하지만, 단기적 효과만 있고 정신적 스트레스를 고조시키는 공포심을 조성하는 악의적 편집은 없어져야 할 병폐이다.

심지어, 나에게 연락해 온 공무원들마저도 특정 한 명이 후유증이 있으니 다들 조심하라는 "공포심" 조성 캠페인을 만들려고만 하고, 해외는 이미 수개월 전부터 후유증 정보가 나왔고, 이미 여러 나라가 국가 차원에서 체계적인 관리까지 들어갔는데도, 후유증 관리에는 관심도 없고, 단지 한 명의 후유증을 공포심 증대 컨텐츠로만 보는 건가? 심지어 허락도 없이, 나의 후유증만 자극적으로 발췌해서 SNS 캠페인을 만들어 놓고도 문제가 뭐냐고 하는 공무원을 내 상식으로 이해할 수 없다.

언제까지 나는 "개무섭!", "이것 봐!". "무서운 겨" 같은 소리를 들으면서, 동물원 안 원숭이가 되어야 하는 건가.

물론, 그 공무원분들은 홍보 담당이실 테고, 국민들의 경각심을 고조시켜서 감염병 예방을 위해 노력하는, 본인들의 맡은 일을 하는 분들일 거다. 하지만, 한 명의 환자 개인의 후유증만을 집중적으로 홍보해서 공포심을 조성하는 목적으로 그 환자의 허락도 없이 캠페인에 사용하는 게 옳은 걸까?

다른 나라들은 수개월 전부터 정보가 제공되고 체계적으로 국가에서 후유증 관리가 들어간 나라도 많은 현실에, 홍보 담당 공무원들만 열심히 하고, 24명이나 되는 국회 보건복지위 소속 여, 야 소속의원들과 보건복지부 소속 수많은 공무원들 중에서는 후유증 정보 제공이라도 해 줄 사람이 한 명도 없는 건가?

언론은 왜 환자가 생각하기도 싫다는 후유증에 대한 이야기는 국민들의 경각심을 위해서라는 핑계로 확진 받을 때 얘기부터 앵무새처럼 반복하도록 요청 하면서 자극적인 공포심 유발 컨텐츠에만 관심을 두는가? 다른 나라 질본, 의료 기관에서는 이미 넘쳐나는 정보들, 많은 후유증 환자들이 있고, 다른 나라들은 벌써부터 체계적 후유증 관리를 정부 차원에서 시행한다는 사실과 환자로서의 겪고 있는 어려움 등 진정한 경각심을 위한 내용은 왜 대충 빠르게 넘겨 버리려고 하는가?

왜 해외에서는 수개월 전부터 넘쳐나는 정보와 이미 여러 나라 정부가 국가적 차원에서 후유증 관리에 들어간 나라들도 있는데, 왜 한국 언론과 공무원은 꼭 몇 안 되는 특이한 특정 후유증 환자의 사례가 있는 듯한 경각심 용으로 이용하면서, 이미 해외에서는 널리 알려진 수많은 후유증 환자들이 있다는 사실과 후유증 환자의 관리의 필요성에 대한 토론이 아닌 "경각심" 용이라면서 "공포심" 조성용으로만 이용하려고 하는가?

다른 나라 질본, 의료 기관, 언론들은 수개월간 초기 증상, 치료 과정, 약의 부작용, 중증 환자의 후유증, 약의 사용이 없었던 경증 및 무증환자의 후유증 등에 대한 각국 정부, 질본, 의료 기관들의 보고서 및 논문, 환자들의 사례 등에 대한 기사를 계속 내왔는데, 왜 한국 언론은 그런 내용은 전혀 없이 매일 누가 어디서 감염되었다는 기사를 내기만 했을 뿐이면서, 이제는 "경각심" 용이라는 명목으로 후유증 환자의 글 중에서 증상 묘사만을 집중적으로 부각해서 자극적 "공포심" 조성을 위해 무단으로 사용하는가?

전 세계에서 한국 외 어느 나라가 이렇게 지속적으로 수개월간 감염 환자가 누구고 어디서 걸렸다는 자극적 기사만 몰두해서 적고 있는가? 왜 한국 언론은 감염자가 누구이고 어디에서 걸렸는가에만 집중하는가?

나는 사람들에게 공포심 조성을 하며 "경각심"만을 주기 위한 동물원 안 원숭이가 아니다. 나는 다른 나라와 달리 코로나19

"완치자"라고 불림에도 바이러스로 인해 공격받은 신체에 생긴 문제로 후유증을 앓고 있는, 다른 나라에서는 "회복자", "회복 환자", "생존자"라고 불리는 수많은 코로나19 후유증 환자 중 한 사람일 뿐이다.

우리나라에서 후유증을 겪고 있는 건 나 혼자만이 아니다. 다른 나라와 이전 다른 코로나바이러스에서는 과반이상이 겪는다는 후유증이 우리나라에서는 왜 저 혼자만의 특이한 이야기로 "경각심" 용이 되는 걸까?

환자를 "경각심"의 대상만으로 초점을 맞추는 몰상식함이 아닌, 환자는 "체계적인 치료"가 필요한 대상의 상식적 접근을 부탁드리는 게 우리나라 언론에게는 내가 몰상식 한 너무나도 무리한 짓거리를 하는 건가?

왜 우리나라의 언론과 공공 기관은 환자 한 명의 통증 중에 자극적인 것만 뽑아서 집중적으로 다루고 싶어하고, 해외의 수많은 저명한 기관들의 정보와 이미 시작된 체계적인 치유 등은 아예 관심이 없거나 끝자락에 약간 언급만 하고자 하는가?

다른 나라는 무증상 감염비율이 아주 높고, 아무도 모르게 지역 사회에 무증상 감염이 일어나고 후유증 비율이 아주 높아서, 누구나 감염될 수 있고 누구나 후유증을 겪을 수 있다는

"정확한 정보를 알려서 조심하게 하는 경각심"을 높이고 있지만, 우리나라는 이런 경각심을 위한 정보 제공은 없이, 특정인의 후유증을 "자극적으로 편집해서 공포심"만 조성하려 하고 있다. 이러한 현 상황은 분명히 바뀌어야 한다.

내가 아는 상식은 환자는 치유 받아야 할 대상이지, 공포심 조성을 위해서 동물원 안 원숭이 노릇하면서 "개 무섭!" 같은 이야기만 듣고 있어야 하는 대상은 아니다. 언론과 공공 기관이 특정 환자의 후유증 증상만 집중적으로 이야기하면서 공포심 조성에만 활용하려고 하는 현재의 상황은 분명 개선되어야만

퇴원 181일 차
2020년 9월 1일 화요일

"완치" 판정받고 퇴원한 지 181일째

벌써 9월이다. 3월 초 "완치" 판정을 받고 퇴원할 때는 정말 하고 싶은 것이 많았다. "완치"라는 말에, 남아있던 통증이 곧 사라지고 기력만 회복되면, 하고 싶은 모든 것을 할 수 있을 거라

했다. 책도 적어 보고 싶었고, 고생하시는 간호사님들을 위한 뭔가도 하고 싶었고, 1년 쉬면서 새롭게 해 보고 싶은 것들을 모두 할 계획이었다.

181일이 지나도 여전히 지속되는 후유증으로 "완치"자가 아닌 "회복" 중인 환자/회복자로서, 지금은 내가 할 수 있는 건, 하루에 3번의 식사를 정해진 양을 모두 먹고, 하루에 1번 산책을 갈 수 있도록 매일 매일 신체 상태를 유지하는 것뿐이다. 그리고, 후유증 회복만을 위해서 내년 8월까지 1년 더 쉴 계획이다.

언제 좋아지고 나빠질지 알 수 없지만, 요즘은 밥을 먹기 힘들거나, 산책을 못 나갈 정도로 몸이 안 좋은 날은 많지 않다. 몸이 좋아지는 건지, 아니면 관리를 하는 방법을 터득하게 된 건지는 모르겠다.

코로나19 후유증의 체계적인 관리를 시작한 나라의 외국 대학 동창 의사 친구들 조언받으면서, 우리나라에서 내가 할 수 있는 유일한 방법인 생활 관리를 하고 이런저런 식이요법과 운동 방법을 시도해보면서, 나에게 맞는 방법을 찾은 것일 수도 있다.

기상, 아침, 점심, 저녁 식사 시간, 취침 시간을 매일 일정하게 유지하기, 소화가 잘되는 식단과 하루 한 번 산책과 같은 아주 기본적인 관리밖에 못 하고 있지만, 하루 3끼 정해진 양을 모두 먹을 수 있고, 하루에 한 번 산책을 갈 수 있는 행복한 날들이 너무 고맙다. 매일 같은 시간에 취침을 위해서 침대에 들지만, 그날그날 다른 통증 정도에 따라 뒤척이다가 잠이 드는 시간이 다르고, 자다가도 여러 번 깨지만, 그래도 다음 날 일어나서 가족과 행복한 시간을 보낼 수 있다는 것이 너무 고맙다.

노벨문학상 수상자인 콜롬비아의 가브리엘 가르시아 마르케스(Gabriel García Márquez)가 그의 책 〈사랑과 다른 악마들(Del amor y otros demonios)〉에서 "행복이 치유하지 못하는 걸 치유할 수 있는 약은 없다(No hay medicina que cure lo que no cura la felicidad)."라고 했다.

삶에 행복이라는 너무나도 멋지고 좋은 약이 있다는 것이 정말 고맙다.

코로나19 후유증에 관한
해외 수많은 의학 보고서,
하지만 우리나라는 후유증 없는 완치

우리나라는 완치라는 말에 아직도 코로나19는 후유증이 없다고 잘못 알고 있는 이들이 많고, 후유증을 알고 있는 이들도 코로나19가 감기나 폐렴처럼 폐에만 영향을 미쳐서 호흡기만 후유증이 있을 거라고 잘못 알고 있는 이들이 많은 것 같다.

세계 최고의 의과대학 중 하나인 샌프란시스코 캘리포니아대학(UC San Francisco) 교수이면서 버클리 캘리포니아대학(UC Berkeley) 보건대학 겸임교수이신 존 스워츠버그(John Swartzberg) 교수는 코로나19가 알려진 초기에는 의학계가 잠시 코로나19를 인플루엔자와 같은 호흡기를 공격하는 질병이라고 생각했었지만, 그 생각이 잘못되었다는 것이 아주 빨리 밝혀졌다고 이야기한다. 인플루엔자는 일반적으로 호흡기에만 감염되지만, 코로나바이러스는 호흡기뿐 아니라 위장관, 심혈계, 피부, 신장 및 신경계의 세포를 감염시키는 능력이 있고,

염증성 캐스케이드(cascade)[1] 뿐만 아니라 일부 사람들에게 혈액 응고의 통제 불가능한 캐스케이드를 유발하는 것을 의학계는 이미 코로나19 발병 초기에 알게 되었다고 설명한다.

마찬가지로 5월부터 보건복지부가 국가적 차원에서 코로나19 후유증 전문센터 설립을 시작해서 체계적 치료를 시작한 영국 보건복지부는 생존자(영국 보건복지부 및 질본 표현 "생존자", 한국 보건복지부 및 질본 표현 "완치자") 중 많은 사람들이 호흡 곤란, 지속적인 피로, 근육 기능 저하, 중요한 일상 업무 수행 능력 장애 및 PTSD[2], 불안 및 우울증 등 지속적인 건강 문제를 겪는다고 밝혔다.

국가차원에서 이미 5월부터 보건복지부가 체계적인 코로나19 후유증을 위한 전문치료를 의료 기관을 통해서 시작하고, 코로나19 후유증의 증상을 체계적으로 수집한 데이터베이스를 운영하는 영국의 경우, 킹스 칼리지 런던(King's College London)의 유전학 교수이자 코로나 증상 연구 앱의 대표인

---

1) 연속단계, 연쇄반응(連鎖反應), 다단계(多段階). 일단 개시되면 각 단계가 전 단계로 인하여 발동되고 그 결과 마지막까지 연속되는 단계의 계열(系列)[예컨대 생리학적 과정 같은 것]. 누적효과를 동반할 때도 있다. (이우주 의학사전, 2012. 1. 20., 이우주, 연세대학교 의과대학 약리학교실)
2) 외상 후 스트레스 장애. 사람이 충격적인 사건을 경험한 후 발생할 수 있는 정신 신체 증상들로 이루어진 증후군/ 서울대학교병원 의학 정보

팀 스펙터(Tim Spector)교수는 후유증 관리 앱을 분석한 자료에서 약 30만 명이 한달 이상 지속되는 후유증 증상을 보이고 있다고 말했다.

미국 대학 연합 협회 또한 코로나19 바이러스에 감염으로 인한 피해가 수개월이 지난 후에도 많은 후유증 환자들이 호흡 곤란, 심장 문제, 기억상실 등의 문제를 겪고 있다고 한다. 많은 코로나19 생존자들(미국 대학 연합협회 표현 "생존자", 한국 질본표현 "완치자") 이 바이러스 회복 후에도 몇 달이 지나도 숨가쁨, 기침, 집중력 저하, 심계항진, 설사 및 수면 곤란 등 수많은 고통스럽고 불안한 증상에 시달리면서 코로나19 바이러스 회복 후에도 바이러스로 인한 후유증으로 지속적인 건강 문제로 어려움을 겪고 있다고 밝히고 있다.

그리고, 이미 5월부터 코로나19 후유증 전문 치료 센터를 설립해서 운영하고 있는 샌프란시스코 캘리포니아대학(UC San Francisco)의 대학병원의 교수인 스워츠 버그(Swartzberg)교수는 코로나19 바이러스에 의한 장기적 영향 중 일부는 영구적일 수도 있다고 최근 인터뷰에서 이야기했다. 그 예로, 숨가쁨은 종종 폐 흉터로 인한 것으로 영구적일 수 있고, 코로나19 바이러스는 더 많은 혈전을 일으키고 뇌를 영구적으로 손상시키는 뇌졸중으로 이어질 수 있으며, 혈전이 폐로 이동하면 폐

조직을 파괴하는 폐색전증으로 이어질 수도 있어서, 이 경우 신체의 구조적 손상이 나타날 수 있고 질병으로 인한 장애가 만성적일 수 있다고 한다.

또한, 코로나19에서 회복된 사람들의 60%가 3~4개월 이후에도 여전히 극심한 피로를 보이고 있다고 말한다. 코로나19 후 만성 피로에 대한 명백한 의학적 이해는 현재 상황에서는 없다고 한다. 중추신경계의 기능 장애와 관련이 있을 수 있는 것으로 볼 수도 있지만, 다른 증후군과 마찬가지로 장기적인 피로는 명백한 구조적 손상으로 설명하기 힘들다고 한다.

후유증으로 인지 문제가 있는 사람들의 경우, 코로나19 감염 전처럼 명확하게 생각하지 못하고, 기억력과 집중력에 문제가 있는 "브레인 포그(Brain Fog)" 현상을 겪고 있지만, 일반적 바이러스성 질병 후에 보았던 것과는 다르고, 인플루엔자에 걸린 후에도 이런 종류의 인지 문제가 지속되는 것을 일반적으로 보지 못했기에 의학적으로 명확한 설명이 현재는 힘든 상황이라고 한다.

코로나19 후유증으로 근육성 뇌척수염과 비슷한 증세의 만성 피로 증후군을 보이는 회복자들이 있는데, 근육성 뇌척수염이 종종 전염병으로 유발되기도 한다고 한다.

지속적인 피로, 인지 문제 및 기타 여러 증상으로 괴로워하고, 또한 운동 후 불쾌감을 느끼고 조금만 운동을 해도 컨디션이 더욱 악화되는 후유증을 겪는 회복자들도 있다고 한다. 현재 코로나19 바이러스로 인한 후유증이 근육성 뇌척수염의 방아쇠가 될 것인지는 파악되어야 할 중요한 문제라고 한다.

그러니 코로나19 후유증으로 근육성 뇌척수염 환자에 대한 의학적 상태가 아닌 심리적 또는 정신적인 문제일 뿐이라고 주장하는 잘못된 인식이 바뀔 필요가 있다고 한다.

코로나19 이후 오랫동안 후유증을 앓고 있는 회복자들은 근육성 뇌척수염 또는 잘 이해되지 않는 증상들을 보이고 있고, 이는 의학계의 더 많은 이해와 더 나은 치료를 필요로 한다고 스워츠 버그(Swartzberg) 교수는 밝히고 있다.

코로나19의 장기적인 영향을 확실하게 평가하기에는 아직 너무 이르지만 유사한 조건에 대한 연구에 따르면 심각하고 확장된 손상 가능성이 있다고 한다. 예를 들어 중증 급성 호흡기 증후군(SARS) 환자의 1/3 이상이 진단 후 15년 후에도 폐활량 감소를 경험했다고 보고하고 있다.

코로나19와 관련하여 풀뿌리 그룹인 '생존자 연합(Survivor Corps)'이 1,500명 이상의 코로나19 환자들을 대상으로 최근 설문 조사를 진행했는데, 그 결과 약 50개의 지속되는 증상이 있는 것으로 나타났다고 한다.

또한 무증상에서 중증에 이르는 사람들을 대상으로 한 회복 후 연구에서는 100명 중 78명의 심장에서 생리적 변화가 발견되었다고 보고하고 있다. 또 다른 연구에서는 입원한 60명의 이전 코로나19 환자 중 절반 이상이 3개월 후에도 기억 상실, 시력 문제 및 기분 문제와 같은 신경 학적 증상을 여전히 가지고 있었다고 한다.

또한, 코로나19에서 회복된 생존자들은 다수의 심각한 걱정과 고통스러운 절망감이 생길 수 있다고 미국 의학대학 연합회는 밝히고 있다. 회복 후에도 일을 할 수 있을지와 사회적 편견, 완전히 회복되지 못한 건강 등에 대한 걱정을 하게 될 수 있고, 감정 조절이 힘들며, 공포감, 외상 후 스트레스 장애 증상이나 우울증을 겪을 수 있다고 밝히고 있다.

콜로라도 주립대학 병원의 코로나19 후유증 관리 클리닉 설립을 주도했던 정신과 전문의 및 심리학자인 알렉산드라 채더돈(Alexandra Chadderdon) 교수는 "우리는 코로나19 후유증으로 우울증을 겪고 있는 환자의 어려움을 위해, 그들이 즐거워하는 활동을 파악하는 것부터 시작해야 합니다. 이것은 촛불을 켜는 것만큼 작거나 산으로의 여행만큼 클 수 있습니다. 그리고, 환자가 불안에 시달리고 있다면 심호흡과 같은 그라운딩 기법[3]을 사용하여 환자가 현재 순간에 머물도록 도울 수 있습니다. 개인이 미래에 살 때 불안이 커지는 경향이 있기 때문에 당연한 피난처는 지금 현재에 집중하는 것입니다."라고 말하고 있다.

전 세계 여러 나라들의 보건복지부, 질본, 의료 기관이 올해 초부터 꾸준히 코로나19에 대한 다양한 의학적 보고서를 발표하고 있지만, 우리나라는 코로나19 후유증에 대한 의학적 보고서 하나 없이 완치자만 존재하며 보건복지부와 질본은 K-방역을 홍보를 위한 성공 축포만 수개월째 터트리고 있다.

우리나라도 보건복지부와 질본의 보건 공무원들도 제발 정신 차리고 축포는 그만 터트리고, 제대로 코로나19 생존자들의 후유증에 대한 일을 시작하기를 간절히 바란다.

---

3) Grounding technique

완치 판정 후 퇴원한 지 6개월(반년)

사람은 충격적인 기억은 잊지 못해서인지, 아직도 병원에 입원해 있을 때의 기억이 생생한데 벌써 "완치" 판정 후 퇴원한 지 오늘로 6개월이 되었다.

되돌아보면 아무것도 한 것도 없이 훌쩍 반년이 지나가 버렸다. 완치 판정을 받은 후 시간이 조금 지나면 모든 통증이 사라지고 기력이 회복되면 이전으로 돌아갈 수 있을 거라 생각했었다. 괜찮아지다가도 나빠지는 걸 반복하고, 여러 다른 통증들이 번갈아가면서 좋아졌다 나빴다를 반복하면서, 종잡을 수 없는 후유증과 싸우는 것 외에는 아무것도 하는 것 없이 집에서 반년의 시간이 정말 총알같이 흘러갔다.

내가 졸업한 대학에는 그 유명한 뉴턴의 사과나무가 있다. 뉴턴의 집에 있던 사과나무를 나중에 학교로 옮겨와서 심은 것이다. 뉴턴은 대학 시절 동창생들보다 특출하지 못했다고 한다. 뉴턴이 마지막 학년 때 영국에서 흑사병이 유행하는 바람에 방역 목적으로 대학이 휴교에 들어갔고, 모든 학생들은 집으로 보내졌다. 뉴턴은 1년 8개월간 집에 돌아가 쉬면서, 그 유명한 일화인 뜰에 있던 사과나무에 밑에 누워서 놀다가 떨어지는 사과를 보고 '만유인력의 법칙'의 기초를 발견했다고 알려져 있다.

난 뉴턴과 같은 대학을 졸업했고, 감염병으로 인해 집에서 노는 것도 마찬가지이지만, 뉴턴은 집에서 놀면서 "만유인력의 법칙"의 기초를 만들었다는데, 나는 집에서 놀면서 아무것도 한 게 없는 건, 난 흑사병이 아니라 코로나19라서, 아직 1년 8개월이 안 돼서, 아니면 아파트라서, 정원이 없어서, 사과나무가 없어서라고 핑계를 댄다. ㅎㅎㅎ

뉴턴은 만유인력의 법칙에서 만유인력은 두 물체 간의 질량의 곱에 비례하고 거리에는 반비례한다는 것을 밝혀냈지만, 중력상수는 뉴턴의 사후 70년이 지나서 같은 대학 출신인 헨리 케번디시에 의해 밝혀지면서 완성되었다.

난 집에서 6개월 동안 놀기만 한 게 아니라, 누가 완성할지는 모르지만, 행복은 본인 마음속의 긍정적인 생각에 비례하고, 부정적인 생각에 반비례한다는 행복의 법칙의 기초를 발견했다고 핑계를 댄다. ㅎㅎㅎ

난 뉴턴처럼 사과나무 아래에서 놀다가 떨어지는 사과를 보고 발견한 게 아니고, 흔들의자에 앉아서 흔들거리면서 놀다가 느꼈다고 해야겠다. ㅎㅎㅎ 뉴턴의 집에 있던 사과나무를 학교에 옮겨와 심은 것처럼, 나의 흔들의자도 그럼 나중에 학교에 옮겨지는 건가? ㅎㅎㅎ

뉴턴은 "진리는 복잡함이나 혼동이 아니라 단순함에서 발견된다."라고 했다.

난 "행복은 단순한 것에서 느낀다."라고 하고 싶다.

나이가 들면서 깨우치게 된 것은 행복은 크고 화려한 뭔가에서 오는 게 아니라, 인생의 구석구석 조그만 것들에서 느낄 수 있다는 것이었다. 코로나19 바이러스를 겪은 후 알게 된 것 또한 단지 숨을 쉴 수 있다는, 단지 물을 마시고 뭔가를 먹을 수 있다는, 단지 잠을 잘 수 있다는, 단지 가족과 같이 시간을 함께 할 수 있다는, 정말 인생에서 너무 기본적이라서 감사한 줄을 모르고 있던 것들에서 행복을 느낄 수 있게 되었다는 것이다.

뉴턴은 "모든 행동에는 동등한 반대 행동이 있다"고 했고, 그것이 뉴턴의 운동 법칙 중 3번째인 "작용과 반작용"의 법칙이다.

대학 동문 중 나처럼 코로나19에 감염되었다 치유된 런던에 사는 마틴이라는 친구가 있다. 그와 통화 했을 때, 난 가장 힘든 순간에 모순적으로 삶의 행복도 함께 느꼈다고 했고, 마틴은 "인간은 삶의 가장 절망적인 순간에 삶의 행복과 희망을 깨닫게 된다."라는 멋진 말을 했다. 아마도 신체적으로 힘든 상황이, 정신적으로 행복을 느낄 수 있도록 가르쳐 준 것 같다.

뉴턴은 이성으로 외부적 현상의 물리학의 법칙들을 밝혀냈지만, 난 행복이란 감성으로 나의 마음속에서 느끼면서 즐기고 있는 것 같다. 행복의 법칙은 이성으로 깨우치는 게 아니라, 그냥 내 마음으로 느끼면 되는 것 같다.

뉴턴이 집에서 1년 8개월간 쉬면서 만유인력의 법칙의 기본을 발견했다고 하나, 난 행복의 법칙의 기본을 6개월 만에 발견했으니, 나머지 1년 2개월은 행복은 머리로 생각하는 게 아니라, 그냥 느끼는 것이기에 아무 생각 없이 푹 쉬면서 놀아도 된다고 우겨야겠다. ㅎㅎㅎ

왜 수많은 사람들 중에 내가 감염이 되어서 수개월 동안 후유증을 앓고 있을까? 하는 생각이 가끔 들기도 한다. 하지만, 후유증 덕에 삶에서 쉬는 시간을 가질 수 있게 되었고, 나중에 후유증에서 완치가 되고 나면 인생의 더 많은 행복을 알게 되어 인생에서 더 많은 행복을 느끼면서 지낼 수 있을 것 같다. 그리고, 나의 다른 가족이나 지인들이 아닌 내가 감염이 되어서 나 혼자만 힘든 순간을 지나가면 되는 것에 너무나도 감사하고 행복하다.

나의 모교는 졸업한 동문도 학교를 방문해서 기숙사를 빌려서 캠퍼스 생활을 즐길 수 있는 동문 혜택이 있다. 코로나19 문제가 해결되고 나면, 한 달 정도 기숙사를 빌려 생활하면서, 그 불편한 기숙사 침대와 맛없던 아침 식사에 대해 불평을 하는 행복을 다시 한번 누려보고 싶다.

이성적으로는 모순적이지만, 힘들어서 더 큰 행복을 느낄 수 있게 되어서 인생은 멋진 것 같다. "삶이 있는 한 희망과 행복은 항상 있다."는 걸 느낄 수 있어서 즐거운 인생이다.

퇴원 190일 차
2020년 9월 10일 목요일

나도 코로나19 멍청이였다

외국에는 신조어로 코로나19(Covid-19)과 멍청이(idiot)를 합친 코로나 멍청이(covidiot)라는 단어가 있다고 한다. 코로나

19를 제대로 몰라서 무식한 행동으로 자신과 타인을 위험에 빠트리는 멍청이짓을 하는 이들을 의미한다고 한다.

나도 이전에는 코로나 멍청이였다.

갑자기 감염자가 늘어난 것에 대한 기사만 자극적으로 도배하고, 후유증의 통증에 대한 기사만 집중적으로 내보내서 두려움을 만드는 방식은 잠시 그 순간에는 방역 효과가 있을 수 있지만, 시간이 지나 그 두려움에 익숙해지면 다시 사람들은 느슨해지게 된다.

지속가능한 효율적인 방역을 이루려면, 잠시의 두려운 감정으로가 아니라, 정확한 정보를 공유하고, 그것에 대한 이해를 통해 지속적으로 조심하게 해야 하지 않을까?

1. 주변에 양성 확진 판정받은 이가 없으니, 안전하다고 착각하는 코로나 멍청이

내가 감염된 2월 말에 나도 이런 멍청이였다.

당시 서울 등 다른 지역에는 1월에 최초 감염자가 나왔지만, 부산은 2월 중순까지도 코로나19 청정 지역으로 감염자가 전혀 없었다. 나는 2월 초까지는 마스크를 착용했지만, 어느 순간 나는 안전한 지역에 살고 있으니 상관이 없다고 생각했다.

요즘도 질본의 검사로 모든 감염자 파악이 가능하다고 믿으면서, 자기 주변에는 감염자가 없으니 안전하다고 착각하는 사람들이 꽤 있는 것 같다.

3월부터 실시된 해외 여러 나라의 지역 감염 파악을 위한 대대적 무작위 일반인 PCR 검사와 항체 검사로 무증상자가 50%~70% 사이임이 밝혀진 후, 전 세계 주요국들은 감염자(확진자) 중심 검사와 지역 감염 파악을 위한 대대적 무작위 검사의 투 트랙을 실시해 온 반면, 한국 질본은 감염자 중심 검사 위주만으로 검사를 해왔다.

한국 질본은 다른 나라들처럼 무증상 지역 감염자 파악을 위해 대대적으로 국내 여러 도시에서의 무작위 검사나 항체 검사를 실시하지는 않았다. 최근 지역 감염 파악을 위한 무작위 검사를 하기는 했지만, 그 규모는 작았다.

한국의 인구 대비 검사율은 다른 국가들에 비해 지속적으로 낮아져서, 9월 9일 기준 세계 112위까지 떨어졌다(자료 출처: Worldometer). 한국 언론들은 수개월간 일본은 감염자가 적은 게 아니라, 검사를 적게 해서 감염자가 적게 파악되고 있을 뿐이라는 기사를 계속 내왔다. 152위인 일본도 검사 엄청 적게 하고 있는 것은 맞고, 그래서 감염자 수가 적게 파악되는 상황

231

일 가능성도 높다. 하지만, 일본은 우리보다 먼저 지역 감염 파악을 위한 일본 내 여러 도시의 무작위 검사를 실시했다.

무증상이 50% 이상이 된다고 하는 자료들이 다른 국가에서 3월부터 줄곧 나오고 있었고, 다른 나라에서는 지역 감염 파악을 위해서 질본이 확진 중심 검사뿐 아니라 대대적 무작위 검사 및 항체 검사까지 하면서, 지역 감염과 무증상 감염을 대대적으로 알려온 반면, 이렇게 우리나라는 지역 감염과 무증상 감염에 대한 파악과 구체적인 정보 제공이 부족한 이런 상황에서, 감염 확진을 받은 사람이 주변에 없다고, 내 주변에는 무증상 감염자가 전혀 없다고 확신하는 게 영리한 생각일까?

무증상 비율이 높고, 무증상 감염이 일어나는 바이러스가 만연하고 있는 상황에서, 내 주변에 감염으로 파악된 사람이 없다고 해서 나는 안전하다는 생각은 안일함을 넘어서 멍청한 생각이고, 나도 2월까지는 이런 생각을 하던 멍청이였다.

2. 자기는 괜찮다면서 마스크 착용 안 하거나 턱에 걸치고, 다른 사람을 위험에 몰아넣는 줄도 모르고 돌아다니는 코로나 멍청이

심지어, 요즘도 건강 관리를 위한 산책을 나가보면 마스크를 안 쓰거나, 턱에 걸치고 이야기하면서 지나가는 사람들이 꽤 있다.

방금도 이야기했듯이, 나도 2월 중순부터는 마스크 착용도 안 하고 다니는 멍청이였다. 어머님이 마스크 쓰고 나가라고 해도, 부산에 확진자도 없고, 난 면역력 높은 건강한 사람이니 괜찮다면서 안 쓰고 다녔다.

당시 내가 다니던 헬스클럽에 마스크를 항상 착용하시는 분이 한 분 계셨는데, 난 그것이 지나치다고 잘못 생각했었다. 결론적으로는 그분이 영리한 분이셨고, 나는 자신을 과신하는 멍청이였다.

주 4~5회 헬스클럽에서 운동하고, 담배를 피우지 않고, 술도 거의 마시지 않고, 설탕, 카페인, 기름진 음식, 튀긴 음식 등은 먹지 않으면서 맛보다 건강 중심으로 식단관리를 해오던 나는 2월, 아직 코로나19에 대한 정확한 정보가 없었던 당시, 나 자신과 나의 건강을 과신했었다.

아직도 코로나19에 자신은 걸리지 않는다 또는 걸려도 쉽게 나을 수 있다고 과신하면서 마스크를 쓰지 않거나, 턱에 걸치고 이야기하면서 지나가는 예전에 나 같은 멍청이들이 많다.

3. 사회적 거리두기 하지 않고 넓은 공간에서도 다른 사람 옆에 다가서는 코로나 멍청이

야외에서는 괜찮다고 생각하는 건지, 넓은 공간이 있음에도 바로 옆으로 지나가거나, 바로 옆에 와서 운동하는 사람들이 아직도 간혹 있다.

'빨리빨리'라는 우리나라의 특성 때문인지, 사회적 거리두기를 잘하다가도 짧은 순간을 기다리지 못하는 경우가 있는데, 이것은 멍청한 일이다.

4. 대부분 쉽게 회복되니 별것 아니라는 코로나 멍청이

쉽게 회복된다는 사실만 보면 이건 틀린 말은 아니다. WHO도 80%가 아무런 의학적 도움이 전혀 필요 없이 무증상이나 미미한 증상만 겪은 후에 자가 면역으로 자연 치유된다고 말한다.

하지만, 문제는 감기처럼 치유되면 끝인 게 아니라는 것이다. 미국 질본은 7월 말에 무증상 또는 경증 후 자가치유된 회복자들 중 수주~수개월 지나서 바이러스로 인한 질병적 후유증이 발병한 경우가 35%라고 보고했고, 이 비율은 시간이 지날수록 높아질 수 있다.

코로나19는 무증상으로 치유된 후에도 상당한 비율의 회복자들에게서 바이러스로 인한 질병적 후유증 증세가 차후에 나타나기 때문에, 단순히 무증상 또는 미미한 증상으로 바이러스 회복된 경우가 많다고 가볍게 생각하는 것은 멍청한 짓이다.

5. 후유증 없는 완치라는 코로나 멍청이

이건 다른 나라와 달리 유일하게 질본과 언론이 "완치"라는 용어를 사용하고 있는 우리나라에서 더욱 잘못 알고 있는 사람들이 많은 것 같다. 미국 의학협회 학술지인 JAMA에 발표된 이탈리아 산 라파엘레 병원의 논문에는 코로나19 회복자의 87.4%가 후유증을 겪고 있다고 보고하고 있다. 아직도 코로나19가 감기처럼 나으면 아무 일 없었던 듯 예전으로 쉽게 돌아갈 수 있는, 후유증 없이 바로 완치되는 병이라고 착각하면서 조금 독한 감기일 뿐이라고 생각하는 멍청이들이 많은 것 같다.

6. 후유증은 극히 일부만 겪는다는 코로나19 멍청이

갑자기 나의 후유증 이야기가 우리나라 SNS상에서 공유된 후, 나의 후유증 증세에 대한 언론 기사도 많이 났다. 하지만, 후유증이 있다는 걸 알게 된 사람들 중 여전히 많은 사람들이 후유증은 극히 일부만 겪는다고 착각한다.

이미 미국, 중국 질본들과 영국, 이탈리아 병원들의 논문, 해외 언론들을 보면 후유증은 코로나19 회복자들이 광범위하게 겪고 있고, 20대 운동선수로 쉽게 치유되었지만 나중에 바이러스로 인한 질병적 후유증이 발병하면서 어려움을 겪고 있는 사람들이 기사들도 BBC 등에서는 어렵지 않게 볼 수 있다.

235

그리고, 영국 등 국가가 코로나19 후유증 전문 클리닉을 이미 시작해서 급속히 전국적으로 도입하고 있는 나라들을 보면, 코로나19의 무증상 특징으로 인해, 코로나19에 걸린 줄 몰랐기 때문에 검사를 안 받아서 자신이 걸린 줄도 몰랐지만, 나중에 나타난 후유증 증세로 인한 사람들도 코로나19 후유증 전문 클리닉에서 치료대상으로 포함하고 있다.

무증상 감염 파악을 위해 대대적인 무작위 검사와 항체 검사를 실시했던 다른 주요국들과 달리 이런 검사가 대대적으로 여러 지역에서 실시되지 못했던 우리나라의 현실상 후유증에 대한 정확한 정보 공유와 관리는 더 중요하다.

후유증은 모두의 문제이지, 양성 확진 판정을 받고 완치 판정을 받은 이들 중 아주 일부만의 문제라는 생각은 멍청한 것이다.

아직도, 우리나라 언론들은 누가 어디서 감염되었다는 것과 후유증의 특정 증세만으로 겁주기식의 두려움을 만들어서 방역에 활용하고 있는 듯하다. 우리에게 필요한 것은 자극적인 정보를 통한 두려움을 조성하는 멍청한 짓거리가 아니라, 올바른 정보를 통해 멍청이에서 탈출해서 지속적인 조심성을 가지게 하는 것이다.

"완치" 판정 후 후유증 191일

최초로 갑작스런 가슴 통증을 느끼면서 코로나19 검사를 받은 지도 벌써 200일이 훌쩍 넘었고, "완치"판정을 받고 퇴원한 지도 191일이 되었다.

어제 밤 30초 정도 너무나도 행복했다.

지난주말부터 가슴 통증이 계속 많이 안 좋았고, 혈액/혈관 관련 문제 때문인지 피부 문제도 조금 더 심해졌다. 이로 인해 피로를 심하게 느껴 하루 종일 아무것도 안 하고도 낮잠을 자야만 할 때도 있었다.

예전에는 잠들기 전 침대에서 바로 누운 자세로 이불을 덮고 10분 정도 포근함을 즐기다가 숙면을 취했고, 아침에 깨어날 때까지 아무런 몸부림 없이 바른 자세 그대로 자다가 일어나서 아침의 상쾌함을 즐겼었다.

지난 200일간 숙면을 취했던 적은 딱 3번밖에 없고, 마지막으로 숙면을 취했던 것도 반년이 다 되어간다. 잠을 잘 수 있어

237

서 행복하기는 하지만, 잠이 예전처럼 즐겁기만 한 시간은 더 이상 아니다. 잠이 들기 전까지 통증으로 뒤척거리다가, 중간 중간에 통증을 느끼며 일어나고, 아침에도 눈뜨자마자 통증을 느낀다. 매일 아침 어떤 통증을 느낄지는 나도 알 수가 없을 정도로 변화무쌍하고, 알 수 없는 불확실성이 높다.

반년의 시간이 지나면서 건강했던 당시의 느낌을 몸이 기억할 수 없게 된 것 같았고, 아무런 통증이 없이 살아왔던 그때를 다시 한번 느껴보고 싶었다. 어젯밤도 자다가 중간에 잠시 깼 다. 그 순간 잠시 30초 정도 난 아무런 통증이 없는 너무나도 편한 몸을 느꼈고, 너무나도 행복했다. 물론 30초 후 가슴 통 증이 다시 찾아왔지만, 그 30초간 느꼈던 잊어버린 줄 알았던 건강했을 당시의 느낌을 아직도 기억하고 있다는 것이, 생각할 때마다 나의 얼굴에 미소가 지어진다.

나의 글이 많이 공유된 후, 비슷한 후유증 증상을 겪고 계시는 많은 분들이 연락을 주셨고, 그분들의 공통된 경험은 우리나 라 질본, 병원 여러 군데를 가서 여러 검사도 받고, 치료도 받 았지만, 후유증에 대한 정보도 없었고, 제대로 된 후유증 치료 는 받을 수 없었다는 것이다.

코로나19는 후유증이 없고 "완치"된다고 하는 우리나라의 자료가 없어서, 미국 질본이 7월에 발표했던 미국 내 무증상 및 경증 후 회복자의 후유증에 대한 보고서에 따르면, 후유증을 겪고 있는 회복자들은

1. 코로나19 후유증에 대해 알려진 정보가 없다는 불확실성에 기인한 공포,
2. 의료계와 일반인들의 코로나19 후유증에 대한 인식 부족으로 인한 어려움,
3. 의료진의 코로나19 후유증이 없다고 믿거나 제대로 된 관리가 없는 것

으로 인한 고통을 받고 있다고 밝혔다.

후유증으로 겪는 신체적 통증보다 더 힘든 것이 후유증에 대한 정보 부족으로 인한 불확실성의 두려움과 의료진마저도 제대로 된 후유증 정보나 관리조차 못하고 있음으로 인한 불안함이라고 미국 질본은 밝히고 있다.

다행히도, 영국, 중국, 이탈리아, 스웨덴 등 많은 나라들은 정부가 나서서 국가 차원의 코로나19 후유증 관리만 전문으로 하는 프로그램 또는 클리닉을 시작하였고, 미국도 뉴욕의 마운트 시나이 병원 등 유명 병원들에서 코로나19 후유증 관리 센터 운영에 들어갔고, 전국에 이들과 연계된 병원들에서 코로나19 후유증 관리 프로그램 운영에 들어갔다. 또한, 미국은 영

국, 중국, 이탈리아, 스웨덴처럼 국가 전반적 의료보험이 없어서 국가가 후유증마저도 전액 지원을 하지는 못하지만, 코로나19 후유증 환자들이 저렴한 금액으로 의료혜택을 받을 수 있는 '저렴한 치료 법령(Affordable Care Act)'의 필요성을 이야기하고 있다.

코로나19 바이러스를 막기위한 백신은 개발이 필요하고, 신체에 침입한 코로나19 바이러스를 퇴치하기 위한 치료약도 개발이 필요하지만, 코로나19 바이러스가 신체 침입때 남긴 피해로 진행된 질병적 증상인 후유증의 치료는 새로운 약이 필요한 것이 아니라서 기존의 약들로 이미 다른 나라들은 후유증의 치료가 시작되었음에도, 우리나라에서는 불치병처럼 아무 정보도 얻을 수 없고, 아무 관리도 받을 수 없는 현실이다.

우리나라 질본, 병원에서는 후유증 관리는커녕 제대로 된 정보도 얻을 수 없어서, 다른 나라에서 얻은 정보를 바탕으로 식이요법, 운동으로 생활 관리밖에 못하고 있는 이들도 많고, 해외 정보를 얻지 못해서 이것마저도 못하고 병원들만 여러 곳 끝임없이 전전하는 사람들도 많은 현실이다. 어쩌면, 신체적인 아픔에서 오는 고통보다도 더 크고, 아픔에도 제대로 된 정보나 치유를 못받음에서 오는 고통보다도 더 큰 것은 우리나라에서는 언제 완치가 아닌 후유증을 인정하고 체계적인 관리를 시작할

지마저도 알 수 없는 현실의 불확실성에서 오는 고통이다.

우리나라도 언젠가는 코로나19 후유증에 대한 정보가 없는 불확실성이 없어지고, 코로나19 후유증에 대한 정확한 정보가 공유되고, 우리나라 질본과 의료진의 코로나19에 대한 후유증이 없다고 믿는 잘못된 생각이 바뀌어 다른 나라들처럼 제대로 된 체계적인 관리가 시작되는 날이 조만간 오기를 바란다.

퇴원 192일 차
2020년 9월 12일 토요일

정보는 없지만, 만병통치약은 많은 우리나라

어제 하루 종일 이 글을 적었다 지웠다를 반복했다.

이전에 지인들은 나에게 정치적으로 악용될 수도 있으니 조심해야 하고, 우리나라에서 영웅시되고 성역시되고 있는 K-방역, 질본, 정은경 씨에 대한 언급은 되도록이면 아예 하지 않는 게 안전하다고 조언을 했다.

그들의 고마운 조언으로 나는 정치적 악용이 될 수도 있는 내용은 되도록이면 삼가려고 노력을 했고, 그래서 많은 글을 적었다가도 올리지 못하기도 했다. 그럼에도, 나는 메신저로 왜 K-방역에 흠집을 내냐, 다른 나라가 그렇게 좋으면 다른 나라 가서 치료받고 살아라, 살려 놓았더니 보따리 내놓으라고 한다는 비난의 메시지들을 받았고, 동시에 반정부집회 열려는 시기에 왜 갑자기 후유증 이야기를 하냐는 음모론의 메시지들을 받기도 하면서, 우리나라 정치의 양쪽 세력 모두로부터 욕을 듣는 사람이 되었다.

어제 하루 이 글 때문에 고민을 많이 해서인지, 머리가 너무 아파서 잠을 제대로 잘 수도 없었다. 아마, 이 글을 나의 페이스북 페이지에 올리고 나면 또다시 나를 욕하는 메시지들이 도착할 거다.

하지만, 내가 페이스북에 부산 47 페이지를 5월 말에 만든 이유는 3월부터 해외에서는 어렵지 않게 접할 수 있는 코로나 후유증 정보를 우리나라에서는 질본, 의료 기관, 언론 어디에서도 얻을 수가 없는 상황에서, 우리나라에서 코로나19 후유증을 앓고 있는 사람들 중 해외 정보를 얻을 수 없는 사람들에게 정보제공을 하기 위해서였다.

그렇기 때문에, 다른 나라들은 3월부터 이미 코로나19 후유증에 대한 정보를 질본, 의료 기관에서 공식적 발표하고 있었는데도 불구하고 반년이 지난 9월에도 왜 한국은 제대로 된 정보가 없을까 하는 것에 대한 글은 내가 비난을 듣더라도 이 페이지에서 다루어야 할 것 같다고 생각해서 올리기로 결정했다.

2월 말 코로나19에 감염되고 입원을 했을 때, 글을 적기 힘들어서 친구들에게 한꺼번에 소식을 알리기 위해 오랫동안 하지 않았던 페이스북에 글을 올렸다.

며칠 뒤, 미국 서부에 있는 세계적인 명문대학 졸업생인, 홍콩인이라고 밝힌 이가 나의 페이스북에 올렸던 글을 내 친구 중한 명이 공유를 했고 그걸 보고 연락한다면서 메신저로 연락이 왔었다. 자신이 미국 서부에 위치한 세계적으로 유명한 명문대 출신임을 증명하기 위해 자신의 동문 이메일 주소와 함께 보내온 홍콩인의 메시지는 자신이 제약회사 사장이고, 자신의 약으로 싱가포르의 코로나19 환자가 완치됐고, 나에게 공짜로 약을 보내줄 테니 주소를 알려 달라는 내용이었다.

난 이미 병원의 격리 병동에 들어와 있어서, 외부로부터 약을 받을 수 없다고 했고, 그분은 병원 주소를 알려 주면 병원으로 보내 주겠다고 했다. 난 병원이 증명이 안 된 약의 복용을 허락하지 않을 테고, 약은 세관에서 통과도 힘들 거라고 했다. 그랬더니 그분은 다시 실제로는 약은 아니고 건강식품이기 때문에 괜찮고, 싱가포르 환자는 이걸 먹고 완치되었다고 했다. 난 고맙지만, 병원에 격리되어 받을 수 없고, 안정을 취해야 하니 그만 연락해 달라고 했다. 그러나 그 후에도 지속적으로 자신의 선한 마음을 왜 이해 못 해 주냐, 정말 싱가포르 환자는 그걸 먹고 완치됐다, 못 믿겠으면 싱가포르 사람과 연락하도록 해 주겠다 등 계속 메시지를 보내왔고, 결국 나는 스팸 처리했다.

얼마 전, 나의 후유증 이야기가 광범위하게 공유되고 난 후, 고맙게도 전국 여러 대학병원의 의대 교수님들, 전문의분들, 한의사분들 및 건강식품 회사 관계자분들의 메시지를 받았다. 내가 완치될 때까지 책임지고 도와주시고 싶으시다는 분들도 많으셨고, 자신의 이름을 걸고 개발한 건강식품을 보내 주고 싶다는 분도 많으셨다. 이전 글에도 밝혔듯이, 난 이분들에게 마음만 감사하게 받겠다고 했다.

물론, 선한 마음으로 연락주신 분들이 많으셨다. 정확한 방법은 모르지만 자기도 해외 논문 등을 보면서 방법을 찾아갈 테니 함께 치유해 보자는 고마운 분들도 여럿 계셨고, 자신의 건강식이 약처럼 치유에 직접적인 도움은 안 되겠지만 그래도 건강에는 좋은 음식이니 보내 주고 싶다는 감사한 분들도 많으셨다.

하지만, 자신의 약이나 건강식품이 후유증을 완치할 수 있다고 확신하시는 분들도 꽤 계셨다. 그분들 중에는 국내 최고 대학들 중 하나의 대학의 대학병원 의사라며 자신의 논문을 보내오면서 자신이 추천하는 약을 먹으면 코로나19에 걸리지도 않고, 코로나19 후유증도 완치된다는 분도 있었다. 자신도 코로나19에 걸리지 않기 위해 먹고 있다면서, 나에게 후유증도 치료된다고 먹으라고 하는 분이셨다. 보내준 논문은 임상실험도 하지 않은 이론에만 기인한 논문이었고, 임상도 거치지 않은 약을 코로나19 예방과 모든 후유증 완치까지 다 되는 만병통치약이라고 권유하는 의사가 우리나라 최고 대학 중 한 곳의 의과대학에 있다는 것이 나의 상식으로는 이해가 되지 않았다. 난 그분에게 화를 내면서, 임상도 안 된 약을 환자에게 자기 논문 업적 욕심만으로 권하는 짓거리는 너무 역겹고, 연구자로서 윤리의식도 없는 일이며, 더군다나 원거리 진료는 불법인 한국에서 환자에게 원거리로 약을 권유하는 이런 행위는 불법이니 그만하라고 화를 냈다. 물론, 그분은 나를 도와주고 싶은 자신의 선한 의도를 오해하지 말아 달라고 했다.

그런데, 그런 사람이 한 분만 있었던 건 아니었다. 나의 지인 여러 명을 거치면서까지 지속적으로 연락을 달라고 요청해 온 다른 유명대학 의대 교수도 계셨다. 나의 지인들이 그분이 급하게 나를 찾고 있고, 나와 연락해야만 한다고 하고 있다고 해서, 결국 그분과 통화를 했었다. 그분도 자신이 참여하고 있는 회사의 제품이 나의 후유증 치유에 도움이 될 거라고 확신해서 한 달 치를 무료로 보내 주고 싶다는 이야기를 했다. 난 그분에게 내가 아는 코로나19 후유증에 대한 해외 정보들을 질문해 봤고, 그분이 유명 의과대학 의사분이시만 코로나19 후유증에 대한 논문은 읽어본 게 전혀 없는 사람이라는 걸 아주 쉽게 알 수 있었다. 결국 그분은 자신이 권유했던 회사의 제품이 나에게 도움이 될 거라는 걸 확신 할 수는 없다고 말을 바꾸었고, 하지만 부작용은 없을 거고 혹시나 도움이 될 수도 있으니 먹어 보라고 했다. 계속된 대화에서 결국은 부작용이 생기면 책임을 질 수는 없다고 말이 다시 바뀌었고, 무료로 주고 싶다는 말도 결국 한 달분을 제공하는 대신 자신이 관여한 회사의 제품을 내가 복용하는 사실을 상업적으로 이용하고 싶다는 것도 밝혔다.

그분 외에도 자신의 약이나 건강식품을 먹으면 후유증이 완치된다고 확신하고, 완치될 때까지 보내 주겠다는 분들에게 지금까지도 계속 연락이 오고 있다.

이미 후유증의 체계적인 관리가 들어간 미국, 영국, 이탈리아, 스웨덴, 중국 등은 환자별로 각각 다른 치료 방법이 필요하다고 하고, 중, 장기적 후유증에 대해서는 알 수 없어서 후유증 치료를 해가면서 방법을 알아 가야 한다고 하는데, 우리나라에서는 내가 어떤 후유증을 겪고 있고, 나의 후유증이 어떻게 바뀌어 가면서 진행되고 있는 지도 모르면서, 그냥 자기 약을 먹으면 후유증이 100% 치유된다는 만병통치약이 넘쳐난다. 아이러니하게도, 나에게 연락을 보낸 만병통치약 제공자분들 중 나의 후유증 증상을 더 자세하게 알고자 하는 이는 단 한 명도 없었고, 모두가 내가 페이스북에 글을 올리며 밝힌 일부 증상만으로 자기 약이 만병통치약인 듯 이야기했다.

왜 다른 나라 정보에서는 들어보지도 못한, 이런 코로나19 만병통치약이 왜 우리나라에만 유독 많을까?

정보가 투명하게 공개되지 못하는 사회일수록, 거짓 정보가 넘쳐나게 된다.

정보가 중립적으로 균형적이지 못하고, 불균형적일수록, 거짓 정보와 확증 편향적 정보가 넘쳐나게 된다.

한때 대구, 경북 의료 시스템이 붕괴되었을 때 병실 부족으로 인해 집에서 대기 중에 돌아가신 환자분들도 나올 정도로 위기였으나, K-방역은 확진자 추적을 통해 2, 3월 대구, 경북의 의료 시스템 붕괴의 위기를 벗어난 업적을 이루었다. 그 과정에서 의료진분들 중에도 돌아가신 분들도 나왔던 희생이 있었고, 내가 입원하던 2월 말에 이미 부산, 경남도 과반의 음압병동이 대구, 경북 환자분들로 채워져 있었을 정도로 대구, 경북뿐 아니라 전국의 의료진들의 희생적인 사명감으로 이룬 K-방역의 업적은 우리는 충분히 칭찬할 가치가 있다.

하지만, 그 후에도 지속적으로 우리나라가 코로나19 정보를 투명하고, 중립적이며, 균형적으로 공유하고, 신종 바이러스인 코로나19에 대한 새로운 정보에 따른 변화된 대응책을 성공적으로 진행하고 있는 걸까?

왜 우리나라는 다른 나라들이 3월부터 무증상이 50%라는 사실을 알게 된 후, 주요국 대부분이 지역 감염 파악을 위해 여러 도시에서 대대적 무작위 검사를 실시하고, 무증상으로 자신도 모르게 치유된 사람들 파악을 위해 대대적 항체 검사를 실시했음에도 그에 대한 필요성을 대중이 9월인 지금까지도 제대로 알지도 못하고 있는 걸까?

왜 우리나라에는 인구 대비 검사율 112위(출처: Worldometer)인 우리나라가 세계에서 검사를 가장 많이 하는 나라 중 하나일 거라고 착각하는 사람들이 많고, 일본은 검사를 적게 해서 감염자가 적다고 반년 동안이나 지속적으로 비난하고 있을까?

물론, 152위인 일본보다 우리가 인구 대비 검사를 많이 하기는 했다. 하지만, 몇 번 이야기했듯 심지어 우리가 비난하는 일본 마저도 우리보다 먼저 지역 감염 파악을 위해 여러 도시에서 무작위 검사를 실시했다.

왜 다른 나라는 이미 체계적 코로나19 후유증 관리까지 들어 간 마당에, 우리나라만 아직도 코로나19 후유증에 대한 공식 적 언급조차 없을까?

혹시, 우리나라는 과학적인 의료 정보보다는 누가, 어디서 감 염되었다는 마녀사냥식 자극적인 정보만 반년 넘게 계속 제공 함으로써 정보의 불균형이 심화되고 있는 건 아닐까?

갈수록 한국과 해외의 코로나19 정보의 불균형이 심해진다면, 해외의 후유증 정보에 접근할 수 있는 일부 사람들은 이를 짜 깁기하고 악용해서 후유증 치료 만병통치약을 더 그럴싸하게 포장할 테고, 그러면 다른 나라에서는 체계적인 관리를 이미 시작했지만, 한국에서는 제대로 된 정보조차 얻을 수 없는 절 망적인 상황에 불안해하는 한국의 후유증 환자들의 이런 만병 통치약에 의한 피해는 증가할 수도 있을 것이다.

보건복지부, 여, 야 16명이나 되는 국회 보건복지위원회 소속 국회의원들, 질본은 3월 위기에서 벗어났던 당시의 방역 성공에서 더 나아가야 하지 않을까?

언론은 지난 반년간 해온, 우리나라 질본이 발표하는 감염자 정보만 앵무새처럼 반복하는 걸 넘어서서 해외 언론들처럼 복합적인 정보를 제공해야 하지 않을까?

서양처럼 뉴스를 언론사 사이트에서 소비하지 않고, 네이버, 다음 등 대형 소비하는 우리나라에서 대형 포털 사이트들도 뉴스 랭킹 알고리즘에서 '(속보)누구 어디서 확진'같은 기사만 1~10위 중 과반을 차지하는 상황이 지속적으로 반복되는 현실로 인한 정보 불균형을 해결해야 하지 않을까?

우리는 자극적인 기사들 위주의 소비가 아닌, 양질의 기사에 대한 칭찬과 공유를 통해, 정부, 정치권, 언론이 양질의 정보를 제공하도록 유도해야 하지 않을까?

이 문제는 아마도 닭이 먼저냐, 달걀이 먼저냐의 문제일 것이다. 대중이 오직 자극적인 누가 어디서 감염이 되었냐는 정보만 관심이 있다면, 당연히 정부, 정치권, 언론은 모두 그런 정보만을 제공하게 된다. 물론, 정부, 정치권, 언론이 그런 자극적인 정보만 공유해 대중을 세뇌할 수도 있다. 우리가 필요한 것은 누가 잘못했나 손가락질하면서 시간 낭비와 분열을 하는 것이 아니라, 모두가 함께 더 나은 방법을 찾아서 더 나은 세상을 만드는 것이다.

코로나19로 인해 중국 우한, 후베이성의 의료붕괴 이후 세계에서 2번째로 의료 시스템이 대구, 경북에서 붕괴되었던 우리나라였지만, 우리나라는 그 위기를 벗어난 나라이다.

바이러스는 1. 바이러스를 막는 방역, 2. 바이러스 치료, 3. 바이러스로 인한 후유증 치유의 3단계를 모두 필요로 한다. 이제는 바이러스 관리의 가장 기초인 K-방역에서 벗어나서 K-치유까지 해야 하지 않을까?

1. 바이러스 막는 방역 활동 측면에서 깜깜이 감염이 증가한다, 지역 감염이 증가한다고 하면서도, 이미 다른 나라들은 3월부터 지역 감염과 무증상자 파악을 위해 여러 도시에서 대대적으로 시행하고 있는 무작위 검사와 항체 검사를 시행하지 않으면서 방역 성공을 외치고 있고

2. 바이러스 치유 측면에서 수도권 중환자 병실 부족 이야기가 언론에서 계속 나오고 있고,

3. 바이러스로 인한 후유증은 아예 공식적 언급조차 안하고 있는 현 상황을 정부, 여당, 야당, 언론, 의료 전문가 왜 그 누구도 언급조차 안 하는 걸까?

내가 의료 전문가가 아니고, 후유증 치유를 바라는 환자로서 개인적인 절실함 때문에 편견적인 질문들을 하고 있는 걸까?

기업의 혁신을 막는 주요한 원인 중 하나로 소속 구성원 모두가 같은 생각을 하는 것을 의미하는 집단 사고(Group Thinking)라는 것이 있다. 누군가가 다른 생각을 할 때, 발전과 혁신은 이루어질 수 있다. 다른 생각은 틀린 생각이 아니고, 다른 생각은 기존의 생각에 대한 공격도 아니다. 다른 생각은 다른 관점의 정보이고, 이러한 각자 다른 생각들이 지속된 발전과 혁신을 만들어 낸다.

우리에게 필요한 것은 누가 잘하고, 누가 못하고가 아니고, 내 생각인지, 다른 이의 생각인지도 아닌, 어떻게 더 나은 방법을 찾아가면서 계속 발전을 시킬 것인가에 대한 고민이다.

코로나19 바이러스는 신종 바이러스로 그 정보가 한정적이었고, 지속적으로 더 많은 정보를 알게 되면서, 다른 나라들은 방역, 바이러스 치유, 후유증 치유에 대한 방법을 계속 변화, 발전시켜왔다. 우리는 과연 다른 나라들처럼 코로나19에 대한 양질의 정보가 공유되고 있고, 새로운 정보에 따라 빠르게 대응책을 변경하고 있을까? 적어도 내가 본 다른 나라들 질본과 언론 중 6개월간 지속적으로 누가, 어디서 감염되었다는 정보만 주구장창 발표한 곳은 한 곳도 없었고, 그 자극적인 정보만 소비되는 나라는 한국 외에는 보지 못했다.

우리나라에서도 베스트셀러 저서로 강연을 했었던 뉴욕의 컬럼비아대학의 경영대학원 번드 슈미트(Bernd Schmitt) 교수는 기업이 혁신을 이루려면 성역을 공격하라고 했다. 누구도 공격할 수 없는 성역은 시간이 지나면서 문제가 생기고 새로운 변화가 필요해져도 누구도 감히 언급조차 할 수 없기 때문에, 발전과 혁신을 저해하게 된다고 한다. 그래서, 진정한 혁신을 이루려면 가장 먼저 성역을 공격해야 한다고 말한다.

과연 우리는 어떨까? 영웅시되고 성역시된 K-방역, 질본, 정은경 씨에 대해서는 다른 생각은 언급조차 할 수 없게 되버린 건 아닐까? 그들의 수고와 성과가 칭찬받고 높이 평가되는 건 마땅하다. 하지만, 영웅시되고 성역시되어 발전을 저해하게 되어버린 건 아닐까? 코로나19 감염병 환자(질본 표현 "확진자") 추적을 통한 확진 중심 검사를 통해 2월 말~3월 초 전 세계에서 최악의 상황이었던 우리나라가 위기를 벗어났던 걸 높게 평가한 K-방역, 하지만 우리는 그걸 너무 성역시하고 영웅시하면서 그 시점에 아직 머물고 있고 더 나아가지 못한 건 아닐까?

우리의 확진자 검사 중심의 K-방역은 칭찬도 많았지만, 해외에서 사생활 침해의 비난도 함께 받았다. 하지만, 우리는 그 다른 생각을 겸허히 받아들이기보다는 그 기사를 낸 외국 기자의 SNS에 찾아가서 대대적인 비난을 했다.

부산항의 러시아 선원 집단 감염이 터졌을 때, 질본의 항만에 대한 방역방침은 구멍이 많았다는 것이 밝혀졌다. 공항 입국자는 모두 코로나19 검사가 진행되고, 14일간 격리가 되었지만, 수 개월간 항만을 통해 입국한 외국인 선원은 앱을 설치하고 질문에 자가답변만 하면, 코로나19 검사 없이 입국이 되고 격리도 없었던 것이 밝혀졌다. 그 집단 감염 사건이 터진 후에도, 질본은 외국인 선원 전원 검사로 방침을 바꾸기까지 한 달 넘게 걸렸다.

지역 감염이 많다면서, 다른 나라들이 지역 감염 파악을 위해 3월부터 실시해 온 여러 도시에서의 대대적인 무작위 검사가 이제는 이뤄져야 하지 않을까? 최근 무작위 검사를 우리나라도 했지만, 그 숫자는 너무 작았다.

무증상 감염이 많다면서, 다른 나라들은 이미 수개월 전부터 무증상으로 감염되었는지도 모르고 자연 치유된 경우를 파악하기 위한 대대적 항체 검사를 실시하고 있는데, 우리나라도 이제는 대대적 항체 검사가 실시되어야 하지 않을까?

얼마 전 언론에서 수도권 중환자 병실 부족, 중환자용 렘데시비르[1] 부족에 대한 기사들이 계속 났는데, 2~3월 대구, 경북의 의료 시스템 붕괴 이후에도 다시 중환자 병실과 중환자용 치료제가 부족한 상황이라면, 바이러스 감염 환자 치료를 위한 대책을 다시 한번 검토해 봐야 하지 않을까?

다른 나라들은 3월부터 질본, 의료 기관에서 코로나19 후유증에 대한 발표들이 나왔었고, 국가적으로 후유증 체계적 치료가 들어간 나라들도 많은데, 우리나라 질본은 완치자라고 하고, 최근 후유증에 대한 언론의 질본 문의에 대한 질본의 공식 답변의 기사를 보면, 우리나라 질본은 "코로나19 퇴원 환자 추적을 통한 후유증 조사와 관련해 국립중앙의료원이 4월부터 연구를 시작해 진행하고 있다. 격리 해제자 30명을 대상으로 혈액을 확보하는 등 3개월마다 면역학적 분석을 하고 있다"라는 답변을 했다고 한다. 그런데 후유증 보고서 하나 발표는커녕, 후유증에 대한 공식 언급조차 없고, 4월부터 하고 있다는 후유증 조사 연구라는 게 30명 혈액 샘플을 3개월마다 분석하는 것이라면 우리가 영웅시하고 성역시하는 K-방역, 질본의 행보라기에는 너무 초라한 것 아닐까? 그리고, 다른 나라들은

---

1) 미국 제약사 길리어드사이언스가 에볼라 치료제로 개발한 항바이러스제. FDA의 긴급 승인으로 코로나19 중증 환자를 위한 치료제로도 사용되고 있다.

종합적 검사를 하는 후유증에 대해 고작 30명의 혈액 샘플을 3개월마다 분석하는 것이 후유증 연구라고 하는 질본의 답변이 후유증이 아닌 항체가 얼마나 오래 지속되는 가에 대한 항체 연구인 것처럼 느껴지고, 후유증에 대해서 아무것도 하고 있지 않았다는 비난을 피하기 위한 너무나도 초라한 변명인 것처럼 느껴지는 건 왜일까?

감염병 위기 상황에서 감염병을 종합적으로 관리하는 질병관리본부는 존중받아야 하고, 비난이 아닌 지지를 받아야 하는 기관이다. 하지만, 성역시되어 발전이 되지 못하는 상황이 초래되어서는 안 되고, 다른 많은 생각과 다른 많은 정보가 자유롭고, 투명하고, 균형적으로 공유될 수 있는 환경이 조성되어야 한다.

신종 바이러스라서 알려진 정보가 부족한 상황에서 코로나19에 대한 대응은 전 세계 어느 질본도 완벽한 곳은 없고, 우리나라도 마찬가지이다. 완벽할 수 없는 상황에서 완벽하지 못하다고 비난을 하는 것은 잘못된 것이다. 하지만, 완벽하지 못한 상황이고 아직도 위기가 끝나지도 않은 상황에서 벌써부터 영웅시, 성역시해 버려서 다른 생각이 나올 수 없게 해 발전을 저해하는 일은 없어야 한다. 평가는 위기가 끝난 후에 이루어져도 늦지 않고, 영웅은 위기가 끝난 후에 탄생해도 늦지 않다.

우리가 필요한 건 성역, 영웅이 아니고, 다양한 정보와 다른 생각들을 자유롭게 공유하고 더 나은 방법을 찾아가면서 위기를 극복하는 것이 아닐까?

나는 아마도 또 나의 메신저에 왜 K-방역에 흠집을 내냐, 다른 나라가 그렇게 좋으면 다른 나라 가서 치료받고 살아라, 살려 놓았더니 보따리 내놓으라고 한다는 비난의 메시지들을 받을 것이다. 나와 다른 의견을 가진 것을 표현해 주는 것에는 감사를 드리지만, 논리는 없이 감정만 있는 비난을 하기 전에 먼저 "과연, 이런 문제 제기를 하는 것이 정치적인 것인지, 아니면 정치적 이유 때문에 이런 문제가 생겼는지"를 1시간만 곰곰이 생각해 주시길 바란다.

또한, K-방역에 흠집을 내는 것이 K-방역을 성역시하면서 다른 생각을 하는 것마저도 비난하며 아무 말도 못 하게 해서 발전을 저해하는 것인지, 아니면 다른 생각들과 문제 제기를 통해서 발전을 하게 하는 것인지에 대해서 곰곰이 생각을 해 주시길 바란다. 문제 제기의 목적은 비난하기 위해서가 아니라, 더 나은 해결책을 찾기 위해서라는 기본적인 상식을 먼저 생각해 주시길 바란다. 문제는 해결하기 위한 것이지, 풀지 못하는 이를 비난하기 위한 것이 아니다.

그리고, 다른 나라가 그렇게 좋으면 다른 나라 가서 치료받고 살으라는 분들은 다른 생각을 하면 바로 비난하면서 아예 말조차 못 하게 하고, 다른 생각을 하는 사람들은 모두 다른 나라 가서 살아야 하는 나라가 정말 본인이 원하는 세상인지, 아니면 다른 생각을 자유롭게 나누면서 발전을 이루는 사회가 원하는 사회인지 곰곰이 먼저 생각을 해 주시길 바란다.

내가 아는 좋은 세상은 구성원들이 살아가는 세상에 대한 다른 생각들과 문제 제기를 자유롭게 나누고, 서로 비난이 아닌 존중을 하면서 함께 더 나은 해결책을 찾아가면서 발전해가는 세상이다.

우리 모두가 나와 조금은 다른 생각을 포용하고, 자극적인 정보보다는 투명하고 중립적으로 균형이 잡힌 정보들을 함께 공유하게 된다면, 우리나라에 있는 많은 만병통치약들은 없어질 테지만, K-방역은 확진중심검사 성공이라는 초기 방역 성공을 넘어서 지역 감염 파악, 무증상 감염 파악, 바이러스 환자 치유, 그리고 더 나아가서 다른 나라에서는 이미 시작된 후유증을 정말로 치유할 수 있는 체계적인 시스템까지 도입하면서, 단순한 K-방역이 아닌 K-치유까지 제대로 하는 질병 관리를 완성할 수 있지 않을까?

무증상, 경증 자연 치유자에게도 광범위하게
나타난 코로나19 바이러스로 인한 질병적 후유증에 대한
체계적 치료까지도 하고 있는 해외 여러 나라들

무증으로 바이러스에 걸린 줄 모른 채 자연 치유되었지만, 수
주~수개월이 지난 후에 바이러스로 인한 후유증 증세가 나타
난 환자들의 사례는 이미 미국 질본의 보고서에 의해 널리 알
려진 사실이고, 영국은 국가적인 후유증 관리체계에 이런 무
증상으로 감염인 줄 몰랐지만 나중에 후유증이 발생한 환자들
도 이미 포함시켜서 체계적인 후유증 관리를 시작했다고 한다.
영국 보건복지부는 코로나19 감염 후 검사를 통해 양성 판정
을 받고 치료를 받고 회복된 회복자뿐 아니라, 무증상으로 자
신이 감염되었는 지도 모르고 자연 치유로 나왔다가 나중에
후유증이 발생한 무증상 회복자들도 후유증 전문치료 대상에
포함시키고 있다. 아직 영국 전역의 모든 의료 기관들이 무증
상 회복 후 후유증 환자들도 후유증 전문치료 대상에 포함시
키고 있지는 않지만, 무증상 회복 후 후유증 환자들도 포함하
는 의료 기관들이 늘어나고 있다고 영국 전역의 212개 임상위

원회(CCG)는 밝히고 있다.

미국의 마운트 시나이(Mount Sinai) 병원의 코로나19 후유증 관리센터의 의료 책임자인 지지안 첸(Zijian Chen) 박사는 "초기에는 병이 나고, 낫는 환자 그룹과 아프거나 사망한 환자 그룹이 있는 것처럼 보였습니다. 이제는 회복 후에 후유증으로 인해 줄곧 고통받는 그룹이 지속적으로 증가하고 있고, 그 수는 수만 명으로 증가하고 있습니다. 이제 목표는 가능한 한 많은 사람들이 후유증 치료를 받을 수 있는 최선의 방법을 찾는 것입니다."라고 이야기하고 있다.

4월에 마운트 시나이 의료진들은 두 가지의 문제시되는 경향을 발견했다고 한다. 경증 회복 환자 중 일부가 회복한 지 몇 주 후부터 지속적인 후유증 증상이 나타나고, 코로나19로 인해 중증 후 회복한 환자들이 여러 장기에 손상을 입는다는 걸 알게 된 것이다.

"일부 환자는 지속적인 증상 모니터링이 필요하고 일부 환자는 상당한 치료가 필요하다는 것을 알게 되었습니다."라고 지지안 첸(Zijian Chen) 박사는 말하고 있다.

코로나19 후유증은 중증 후 회복자에게만 나타나는 것이 아니고, 무증이라서 코로나19 바이러스에 감염된 줄도 몰랐다가 자연 치유로 바이러스 회복은 했지만, 바이러스 침입 때 나타나지 않았던 질병적 증세가 바이러스 회복 후 수주~수개월 지나서 후유증으로 나타난 무증상 회복자들에게도 필요한 치료이다. 자신들이 감염되었는 지도 몰랐던 이들마저도 보건복지부가 나서서 국가 차원에서 후유증 관리를 시작한 영국이 부러운 건, 우리나라에서 나 혼자뿐일까? 국내에는 코로나19에 후유증에 대한 간단한 조사마저도 제대로 없는 현실에서, 체계적 치유를 우리나라가 언젠가는 진행할 수 있을 거라는 믿음이 갈수록 작아지는 건, 내가 비관적으로 변했기 때문일까, 아니면 내가 현실을 이제서야 제대로 깨달았기 때문일까?

퇴원 194일 차
2020년 9월 14일 월요일

다양한 증상에 관한 종합적인
코로나19 후유증 치료센터 필요

미국 의학대학 연합회에 따르면, 미국에서는 5월부터 코로나19 후유증 관리 프로그램은 각 병원마다 자체적인 방식으로 구성하고 있다고 한다.

다양한 증상으로 인해서 환자들이 어디로 가야 할지, 어떻게 치료를 받을지도 알 수 없는 상황에서 종합적이고 체계적인 코로나19 후유증 전문 클리닉의 운영의 필요성을 밝히고 있다.

영국 킹스 칼리지 런던(King's College London)의 재활의학 교수인 린 터너 스토크스(Lynne Turner Stokes) 교수는 "한곳에서 모든 것이 해결되는 대면 서비스가 더 많으면 매우 유용할 것입니다."라고 코로나19 모든 후유증 증상을 함께 다룰 수 있는 후유증 전문센터의 필요성을 이야기하고 있다.

신종 바이러스인 코로나19의 장기적인 후유증을 치료하는 체계적인 시스템을 만드는 것은 매우 복잡하다고 한다.

이미 5월부터 코로나19 후유증 전문 치료 센터를 운영하고 있는 미국 뉴욕시의 마운트 시나이(Mount Sinai)대학의 대학병원에 따르면, 신종 바이러스라서 코로나19 바이러스로 인한 장기적인 영향의 후유증은 아직 명확하지 않다고 한다. 코로나19 바이러스는 폐에서 심장, 신장에 이르기까지 체내의 다양한 시스템에 영향을 미칠 수 있기 때문에, 코로나19 후유증 관리를 위해서, 1차 치료[1], 호흡기내과, 심장학, 전염병학, 신장학, 생리학, 물리치료, 방사선과, 신경정신과, 행동건강학, 사회복지사, 약사들이 함께 구성된 전문가팀을 통한 전인치료가 이루어지고 있다고 밝히고 있다. 또한, 코로나19 회복자들의 불안과 우울증, 외상 후 스트레스 장애 및 기타 정서적 문제를 관리를 통해 "정상으로 돌아가기" 위해서는 물리 치료, 작업 치료[2] 또는 기타 유형의 지원이 필요할 수 있다고 밝히고 있다.

예를 들면, 마운트 시나이 병원의 코로나19 후유증 관리센터에서는 후유증 환자는 우선 철저한 검사를 받게 된다. 이후, 폐병 전문의, 내과 의사 등의 여러 전문가가 공동으로 핵심팀을 이루어서 초기 치료가 진행된다. 핵심팀 구성원은 환자의 증세에 따라 다양하게 변경이 된다. 미시간주 앤 아버(Ann Arbor)의 미시간 대학병원 코로나19 후유증 관리 클리닉의 경우에는 핵심팀에 사회복지사, 약사 및 물리치료사도 포함이 된다.

마운트 시나이 병원의 경우는 초기 선별 검사 후 후유증 환자는 피부과 전문의, 심장 전문의 및 기타 여러 전문가들로부터

---

1) 환자의 심신을 종합적으로 진찰하여 초기단계에서 건강문제를 파악하고 일차적으로 시행하는 구급조치 /생명과학대사전
2) 치료를 목적으로 환자가 일·놀이·자가간호 등의 활동을 하는 것 /서울대학교병원 의학 정보

치료를 받을 수 있고, 방문 치료뿐 아니라 원격 의료를 통한 치료도 제공된다.

그리고 환자에 따라 각기 다른 치료가 제공된다. 예를 들어, 필라델피아의 펜실베니아대 대학병원의 언어병리학자이자 뇌 손상 전문가인 알렉산드라 멀라이노(Alexandra Merlino) 교수는 코로나19 후유증 환자 중 고통스러운 기침, 집중력 저하, 말을 시도하는 동안 숨이 멎는 증상 등을 보이는 환자를 위해서 "내 치료 계획에는 기침 억제 기술, 횡격막 호흡 운동 및 호흡 근육 강화를 위한 음성 운동(voice movement therapy)이 포함되었습니다."라고 말한다. 또한 펜실베니아 대학병원은 코로나19 후유증 관리센터의 물리치료사를 위한 관련 지침 및 교육을 만들었다고 한다. 하지만, 다양한 신체적 및 인지적 증상이 동시에 나타나는 경우가 많은 코로나19 후유증을 치료하는 것에서 이런 치료는 일부 과정이라고 밝히고 있다.

코로나19 바이러스는 많은 환자들에게 각기 다르게 영향을 미쳤기 때문에, 환자 개개인에게 다른 방식으로 후유증 관리가 이루어져야 하고, 여러 증상이 복합적으로 일어나기 때문에 일부 증상 중심이 아닌, 환자 중심으로 여러 다양한 분야의 전문가팀을 통한 관리가 필요하다고 마운트 시나이 병원과 리치먼드(Richmond) 의대 병원 등 마운트 시나이 병원 연계병원들은 밝히고 있고, 이런 방식으로 후유증 관리를 체계적으로 진행하고 있다고 한다.

코로나19 후유증 관리가 빠르게 잘 진행되려면, 전문가들은 코로나19 후유증 전문 클리닉이 협력해야 한다고 말한다. "우리는 코로나19 후유증의 장기적 영향을 모두 알지 못하며 여전히 치료법에 대해 배우고 있다. 미국 의학대학 협회는 다음 단계를 파악하기 위해 실시간으로 작업하고 있다고 밝히고 있다. 전국의 클리닉들이 머리를 모으며 환자에게 더 나은 결과를 가져올 수 있는 모범 사례를 찾을 수 있기를 바랍니다."라고 필라델피아의 펜실베니아대학병원 코로나19 후유증 관리센터 공동 설립자인 에이브러모프(Abramoff) 박사는 말한다.

미시건 대학 병원의 코로나19 후유증 센터의 책임자인 제이콥 맥스패런(Jakob McSparron) 박사는 "코로나19 생존자를 돕기 위해 사용할 수 있는 여러 분야와 정보를 보유하게 되어 매우 다행입니다. 모든 기관이 그런 위치에 있지는 않지만 어쨌든 앞으로 나아갈 것을 조언합니다. 아직도 훌륭한 일을 할 수 있으며 이러한 장기 후유증 환자에게 여러 분야의 전문가를 아우르는 지원을 제공하는 것이 중요합니다."라고 말한다.

그리고 이 오래 지속되는 후유증을 이해하기까지는 몇 달, 어쩌면 몇 년이 될 수도 있다고 말하고 있다. 또한, 전문가들은 장기적인 후유증 환자 관찰을 통한 정보 축적의 중요성도 이야기하고 있다.

미국 의학대학 연합회의의 여러 전문가들은 코로나19 후유증 관리 성공의 핵심은 다양한 전문의 간의 협업이라고 말하고 있다. 다양한 증세가 복합적으로 일어나는 코로나19 후유증을 환자 중심으로 여러 전문가가 함께 협업해서 치유 방법을 찾아내는 것이 중요하다고 말한다. 예를 들어 호흡기 전문의는 물리치료사가 훈련 기간 중에 환자가 숨이 차는 것을 볼 때 뭐가 문제인지를 알아야 한다고 말하고 있다.

마운트 시나이의 간호사 출신의 후유증 환자인 캐런 데브리스(Karen Devries, 61세)는 여러 분야의 상호 연결된 팀으로부터 치료를 받고 있다는 사실을 기쁘게 생각한다고 말했다. "코로나19 후유증 전문 클리닉의 안내가 없었다면 코로나19가 기존 갑상선 상태를 어떻게 악화시켰는지와 같은 특정 문제를 추적하지 못했을 것입니다. 내 전체 사진을 보는 것은 정말 좋습니다."라고 말하고 있다. 장기적인 환자 정보 제공에 기여하면서 지속적인 치료를 동시에 받을 수 있다는 사실에 기뻐하며 "우리는 코로나19 후유증 회복 측면에서 앞으로 어떤 일이 벌어지고 있는지 잘 모르기 때문에 누군가가 시간이 지남에 따라 나를 지켜줄 것이 기쁩니다."라고 말한다.

마운트 시나이 병원의 코로나19 후유증 관리센터의 의료 책임자인 첸(Chen) 박사는 코로나19 후유증 치료를 제공할 더 많은 병원이 필요하다는 점을 강조하면서 "우리는 지금 코로나19에 집중해야 합니다. 우리는 앞으로 있을 일에 대비하기 위해 노력해야 합니다. 그렇지 않으면 만성 질환을 앓는 사람들이 매우 많아지고, 그들을 치유 할 수 있는 장소가 부족하게 될 것입니다."라고 밝히고 있다.

이미 2월에 중국 다음으로 세계에서 2번째로 빨리 코로나19 대규모 확진을 겪었던 우리나라이지만, 우리나라보다 훨씬 뒤에 확진 사태를 겪은 다른 나라들은 후유증 관리를 체계적으로 들어간 반면, 우리나라는 아직까지도 "완치"라고 하면서 후유증에 대한 체계적 관리는 시작도 못 하고 있는 실정이다.

우리나라도 코로나19로 인한 후유증 관리를 지금 시작하지 않으면, 첸 박사님 말씀처럼 시간이 지날수록 후유증이 만성 질환으로 진행되어서 수많은 만성 질환 환자들이 생겨나는 코로나19로 인한 또 다른 의료 위기를 겪게 될지도 모른다.

행복은 나눌수록 커집니다

조금 좋아지는 듯했다가, 오늘 다시 가슴 통증이 심해졌다. 여전히 증세가 오르락내리락하고, 좋아지는 증상이 있으면, 다른 증상이 나빠지면서 번갈아 가면서 바뀌는 상황이다. 그리고 나의 글에 대해 우리나라 정치 세력의 양쪽 끝으로부터 비난의 메시지를 받고 있는 것도 여전하다.

그래도, 요즘은 하루 세끼 모두 꼬박꼬박 먹고 있고, 매일 건강 관리를 위한 산책도 하고 있다. 하루 종일 내가 하는 일이라고는 건강 회복을 위해 세끼 모두 먹고, 산책을 나갈 수 있도록 컨디션을 유지하는 것뿐이다. 그나마 몸이 좋은 날은 페이스북에 올릴 글 하나 적는 게 유일하게 내가 할 수 있는 일이다. 예전 같으면 10~20분 만에 적을 간단한 글을 하루 종일 적는 게 유일하게 할 수 있는 일이 되었다. 하지만, 그나마 하루 세끼 모두 먹을 수 있고, 산책을 나갈 수 있다는 것만으로도 스스로 잘하고 있다고 과대 칭찬을 한다. ㅎㅎㅎ

힘들어서 산책을 나가기 싫을 때도 있지만, 그래도 건강 관리를 위해 일단 나가면 산책을 하면서 이런저런 생각을 하는 시간은 항상 너무나도 행복한 시간이 된다.

5월에 페이스북 페이지를 처음 만들 때, 해외에는 흔하지만 한국에는 전혀 없는 코로나19 후유증 정보들을 나 같은 우리나라의 후유증 환자들이 접할 수 있도록 하기 위해서 만들었다. 하지만, 지금 생각해보면 아마도 다른 후유증 환자들을 돕는 것보다 내가 다른 환자들을 도울 수도 있다고 나 스스로 생각하면서 글을 올리는 것이 나에게 더 큰 도움이 되었고, 나 자신에게 행복이라는 선물이 되어 준 것 같다.

전에도 이야기했지만 나의 페이지가 갑자기 8월 중순 엄청나게 공유가 되고 언론의 관심을 받게 된 후, 많은 격려도 받았지만, 여러 정치적 비난 메시지도 받았다. 심지어 나의 글과 전혀 연관을 지을 수 없는 90년대 대통령의 이름까지 언급하는 메시지를 메신저로 보내온 분도 있었다. 그리고, 간혹 음모론을 제기하면서 자기에게 증거를 대라고 하는 이들도 있었다. 난 그들이 유튜버이고, 노이즈마케팅을 해서라도 자기 사이트의 방문객만 늘리기 위해서 나의 반응을 이끌어내려고 도발적인 메시지를 계속 보내왔다는 걸 알게 되었다. 난 그런 이들을 차단해버렸다. 또 나의 글을 블로그나 자신이 속한 정치적 단체의 사이트에 복사해가서 악용하는 경우들도 있다는 건 알고 있지만, 어차피 악플과 뒷말은 없어질 수 없는 사회악이기에 그냥 무시해 왔다.

어제도 자신의 실제 정체는 닉네임과 프로필 이미지를 자신의 사진이 아닌 다른 사진으로 철저히 숨긴 이가 내 글을 공유하면서 "이름도 있으신 교수분이 떡하니 부산47이란 간판 달고 가짜를 호도하고[1] 다니는데…"라면서 자신의 지인들과 함께 나를 바보로 만들며 즐기고 있었다. 심지어 그는 자신과 같은 부류의 사람들과 그러한 악의적인 행동을 즐기는 것만으로도 모자라서 오늘은 "대사기극에 연기자로 수고 많으시네요", "코로나 대사기극에서 벗어나세요" 등 지속적으로 5개의 메시지를 보내왔고, 이 사람의 지인으로 보이는 분도 어제 여러 개의 메시지를 보내왔다.

나의 후유증 이야기가 갑자기 공유된 8월 중순은 광복절을 앞두고 대규모 반정부집회가 예정되어 있던 시기였고, 그래서 난 반정부시위를 못 하도록 사람들을 겁주기 위한 거짓 사기꾼이라고 우리나라 정치세력의 한쪽 편으로부터 비난을 받았다. 하지만, 내가 지속적으로 다른 나라의 방역과 후유증 환자 정보 관리 및 치유 이야기를 하면서 성역시된 완벽한 K-방역을 흠집

---

1) '진실을 호도하다'라는 표현이겠으나 직접 인용이기에 수정하지 않음

내기 위해 거짓으로 후유증을 만들어 낸 사기꾼이라고 우리나라 정치세력의 다른 한쪽 편으로부터 비난을 받았다. 한쪽은 통증 이야기를 불편해하고, 다른 한쪽은 치료 이야기를 불편해한다.

그런데, 인간으로서 상식은 "환자는 치유가 필요한 사람이다"가 아닌가? 왜, 환자가 아파서 통증을 이야기하면, 반정부 집회 못 하도록 꾸며낸 사기꾼이라고 먼저 생각하고, 환자가 다른 나라에서는 5월부터 받고 있는 체계적인 치유를 우리나라에서도 받고 싶다고 절규하면, 완치자만 있는 성역시된 완벽한 K-방역에 흠집 내기 위한 사기꾼이라고 먼저 생각할까? 적어도 난 엄청난 업적을 이룬 것 같다. 이유는 다르지만 하여튼 우리나라 정치 양쪽의 끝자락에 있는 결코 함께 할 수 없을 것 같은 두 부류가 서로 단결해서 내가 존재하지 않는 거짓 존재라고, 후유증이 있다고 거짓말하고 있는 사기꾼이라고 주장하도록 의견일치를 만들어 냈으니까. 모든 정치세력이 나를 중심으로 대통합과 단결하도록 하는 우리나라 그 어느 정치인도 이루지 못한 업적을 이룬 것 같다. ㅎㅎㅎ

그런데, 지금의 난 이들의 억지와 나에 대한 인신공격과 인격모독에 분노보다는 솔직히 부러움이 더 크다. 삶의 가장 기본적인 것만이라도 겨우 하기 위해서 하루하루 살아가는 나에게는 이렇게 다른 한 사람의 글에 열정을 낼 수 있는 여유마저도 솔직히 부럽다. 하지만, 다른 이의 불행을 자신의 정치적 신념을 잣대 삼아 재단하고, 그를 거짓말, 사기꾼이라면서 모독하고, 자기와 같은 부류의 사람들과 함께 한 사람을 비난하면서 즐기는 것으로 그들이 삶의 행복을 느낀다는 것이 안타깝다.

그리고, 솔직히 난 그들이 말하는 존재하지 않는 존재, 거짓말하는 사기꾼이고 싶다. 내가 코로나19에 감염이 된 적이 없고, 그래서 후유증도 없다면 얼마나 좋을까. 그들이 제발 나를 그렇게 만들어 줄 수 있다면, 평생 나를 사기꾼이라고 불러도 난 너무나도 행복하고 그들이 고마울 거다. 하지만, 안타깝게도 그들과 내가 공통으로 바라듯, 내가 코로나19 환자가 아니었거나 코로나19 후유증이 없는 사람이라는 건 사실이 아니다. 나는 코로나19 환자였고 회복된 지 6개월이 훌쩍 지난 지금도 여전히 후유증을 겪고 있다.

현 정부를 비판하고자 한다면, 단순하게 후유증 환자가 반정부집회를 못 하도록 꾸며낸 이야기라는 음모론보다는 오히려 다른 나라는 이미 후유증 환자들을 체계적으로 치유까지 하고 있는데, 아무것도 안 하고 있는 정부를 지적하고 요구하는 것이 사회를 더 좋게 만들기 위한 행동이 아닐까?

현 정부를 지지하고자 한다면, 단순하게 우리나라도 다른 나라처럼 후유증 치료를 받고 싶어하는 후유증 환자들에게 성역시 된 완벽한 K-방역 흠집 낸다고 비난할 게 아니라, 이미 다른 나라들의 보건복지부, 질본 등이 3월부터 후유증 정보를 제공하고, 5월부터 후유증 치료에 들어갔으니 이러한 사례들의 장, 단점과 초기 실수들을 배우도록 해서, 우리나라 정부도 늦었지만 더 좋은 후유증 정보 관리 및 치유 시스템을 조만간 도입하도록 하는 것이 자신들이 지지하는 정부를 더 발전시키고 사회를 더 좋게 만들기 위한 행동이 아닐까?

정치를 위해서 사회가 있는 것이 아니고, 정치를 위해서 국민이 있는 것도 아니다. 정치는 사회와 국민이 행복하기 위한 방법으로 사용되는 제도적 도구일 뿐이다. 정치는 절대로 사회와 국민보다 우선이 되어서는 안 되고, 권력도 절대로 사회와 국민보다 우선되어서도 안 되며, 네 편 내 편이 잣대가 되어서도 절대 안 된다. 사회의 행복과 국민 전체의 행복이 반드시 우선되어야 한다. 행복한 사회, 행복한 국가, 행복한 국민을 위한 기준은 내 편인가 남의 편인가가 절대 아닌 모두가 행복해지는 길인가 아닌가이다. 기준은 네 편인가 내 편인가가 아니라, 옳고 그름이다. 내 편이라도 그르면 잘못된 것이고, 남의 편이라도 옳으면 바른 것이다.

다른 이를 불행에 빠트려서 나의 행복을 만들 이유는 절대 없다. 나의 행복을 위해 다른 이의 행복을 빼앗을 필요도 절대 없다. 행복은 제한되어 있지 않고, 무제한으로 누구나 가질 수 있다. 다른 이들을 행복하게 만들 때, 우리는 더 행복해진다. 행복은 나눌수록 더욱더 커진다.

후유증 환자가 자신의 페이지에서 통증을 이야기하는 것마저도 정치적으로 해석하면서 사기꾼이라고 몰아붙이고 같은 부류들끼리 낄낄거리면서 인격 모독하면서 즐거움을 느끼는 사회, 후유증 환자가 우리나라에서도 다른 나라처럼 치유받을 수 있기를 바란다는 이야기를 자신의 페이지에서 하는 것마저도 정부 흠집내기라면서 정치적으로 해석하면서 사기꾼이라고 몰아붙이고 같은 부류들끼리 낄낄거리면서 인격 모독하면서 즐거움을 느끼는 사회. 우리 사회는 코로나19 보다 더 심각한 질병에 걸린 사람들이 있는 것 같다.

코로나19와 같은 코로나바이러스 계열인 메르스 후유증에 대한 한국 국립중앙의료원 발표에 따르면 메르스 생존자의 54%가 회복 1년 후에도 한 가지 이상의 정신 건강 문제를 겪고 있었고, 특히 27% 우울증, 22.2% 중등도 이상의 자살 사고를 보고했다. 후유증 환자를 위해서뿐 아니라 본인의 악의적 행위로 인해 살인자가 되지 않기 위해서라도 잘못된 행위를 고치기를 바란다.

아마 그들은 자신이나 자신의 가족이 코로나19에 감염되고 후
유증으로 직접 고통을 겪어보기 전까지는 이해하지 못할지도
모른다. 하지만, 난 코로나19의 고통을 알기에 그렇다고 그들
이 나를 이해하기 위해서 코로나19에 걸리기는 절대 바라지 않
는다. 후유증 환자의 상황을 이해하지 못하더라도, 난 그들이
진정으로 건강하게 지내기를 바란다. 하지만, 최소한 본인은
건강하더라도 감염병은 누구나 걸릴 수 있기에, 후유증 또한
본인의 문제가 될 수도 있다는 것은 알고, 후유증 환자를 괴롭
히는 일은 중단하기를 바란다. 다행히도 나는 후유증을 겪고
있지만, 27%의 우울증이나 22.2%의 중등도 이상의 자살 사고
에 해당되지는 않는다. 하지만, 이러한 괴롭힘이 이미 정신적
으로 위험한 상황에 있는 환자를 자살로 이끄는 살인까지 가
능하다는 것을 반드시 알고, 자신의 잘못된 행동을 제발 그만
하기를 바란다.

나보다도 훨씬 건강한 신체를 가지고 있고, 여유롭게 즐길 수
있는 환경에 있는 그들이 한 걸음만 뒤로 물러나서 마음을 열
어, 진정한 행복을 찾을 수 있기를 바란다. 대동단결해서 후유
증 환자를 사기꾼이라고 몰아붙이는 것보다는 대동단결해서
환자는 적절한 치료가 필요하다는 상식을 이해하고 누가 먼저

더 좋은 치유방법을 도입하는 데 앞장서는 지를 경쟁하면 더 큰 행복을 찾을 수 있을 것이다.

우리나라 국회 보건복지위원회에는 여당인 민주당 15명, 야당인 국민의힘 7명, 국민의당 1명, 무소속 1명의 총 24명이나 되는 국회의원들이 있다. 자신의 정치적 신념에 방해된다고 후유증을 앓고 있는 환자를 공격하는 파괴적인 행위를 할 것이 아니라, 자신의 정치적 신념으로 지지하는 정당의 국회 보건복지위원회 소속 의원이 그 누구보다 먼저 후유증 관리를 위한 일을 제대로 먼저 이끌도록 하는 건설적인 행위를 하는 것이 본인의 행복, 자신이 지지하는 정당의 위상, 국가와 사회의 발전에 기여하는 것이 아닐까?

정부, 여당, 야당을 위해서 국민이 존재하지 않고, 정부, 여당, 야당은 국민을 이끌기 위해서 존재하지 않는다. 국민의 행복을 위해서 존재하고, 국민의 요구에 따라 국민을 위해서 일해야 하는 것이 정부, 여당, 야당이다. 정부, 여당은 국민을 위해 제대로 일 해야 하고, 야당은 정부, 여당이 국민을 위해 제대로 일하도록 견제를 해야 한다.

우리가 먼저 생각해야 하는 것은 정부, 여, 야 국회의원의 권력과 행복이 아니라, 본인 자신과 우리 국민들의 행복이다. 이제는 그만 정부, 여, 야 국회의원들의 권력과 행복을 위해서 후유증 환자마저도 공격하고 비난하면서 즐기는 행위는 그만하고, 본인 자신을 위해서라도 생각을 바꿔보기를 권유한다. 한 번 살다 가는 인생, 정치인의 권력을 위해 아등바등 남까지 모독하면서 살아가지 말고, 자신을 위해서 살아가길 바란다.

남의 행복을 뺏어서 느끼는 행복보다 남에게 나누어 주어서 얻는 행복이 더 크다는 걸 알게 되는 순간, 본인들의 인생은 너무나도 행복해질 것이다. 인생은 수많은 아름답고, 소중하고, 좋은 것들만을 즐기기에도 너무 짧고, 행복은 아무리 나눠줘도 인생에는 남은 행복이 엄청 많다. 시기, 질투, 분노, 절망도 한계가 없듯이, 행복과 희망도 한계가 없다. 본인이 시기, 질투, 분노, 절망을 나누는 사람이 될 것인지, 아니면 행복과 희망을 나누는 사람이 될 것인지는 결국 본인의 결정이다. 난 나의 행복을 위해 행복과 희망을 선택했고, 다른 이들도 본인의 행복을 위해 행복과 희망을 선택하기를 권유한다. 난 내 인생에 행복을 선택한 이들만을 초대한다.

나는 오늘 하와이에 있다

올해 우리나라는 유독 비가 많이 오는 것 같다. 여름 너무나도 긴 장마 후에 끊임없이 오던 태풍들이 가고 나서, 훌쩍 하늘은 맑고 맑은 살찌는 가을이 와 버렸다. 밤에는 귀뚜라미가 울기 시작하면, 구름 한 점 없는 화창한 가을날이 시작되고, 아름다운 단풍이 지고, 분위기 있는 낙엽이 깔리는 멋진 계절인 가을.

요즘 건강 관리를 위한 산책길에 즐기는 맑은 하늘의 가을이 너무나도 좋다. 그런데, 오늘은 아침부터 온통 하늘이 우중충했고 일기예보를 보니 비가 온다고 되어 있어서, 아침에 산책을 일찍 다녀오는 중에 집에 거의 다다르니 비가 조금씩 내리기 시작했다.

그래서, 난 오늘은 나 자신을 우리나라의 맑은 가을 하늘 아래가 아닌 하와이의 햇살 가득한 해변에 있다고 생각하기로 했다. 내 집의 천장은 파라솔이고, 내가 앉아있는 흔들의자는 썬베드이고, 나의 침대는 하와이 해변의 모래이고, 내가 마시는 물은 코코넛 음료이다.

난 코로나19로 입원했을 때도 하와이에 자주 갔었다. 그 뒤, 하와이에 간 적이 없었는데, 겨울이 오면 하와이에 자주 갈 것 같고, 오늘도 이미 한번 왔다. 일기예보에 내일도 비고, 모레도 비란다. 내일은 세이셸에서 보내고, 아직 몰디브를 한 번도 가본 적은 없지만 모히또는 마셔본 적이 있으니 모레에는 모히또에 가서 몰디브나 한잔한 뒤에, 높은 가을 하늘이 돌아오는 토요일에 우리나라로 다시 와야겠다.

오늘 하와이, 내일은 세이셸, 모레는 모히또에서 몰디브 한 잔, 난 매일 행복이라는 보물이 가득한 보물섬을 찾아내는 행운아다. 그 보물섬은 항상 내 마음속에 있다. 난 매일 행복이란 보물을 아무리 사용해도 끊임없이 나오는 보물섬을 가진 행운아다.

미국, 유럽, 중국 등에서 이미 5월부터 시작된 코로나19 후유증의 체계적 치료

이미 미국, 유럽, 중국 등은 코로나19 후유증 관리에 대한 체계적인 치료가 시작되었다고 한다. 코로나19의 후유증 관리가 국가 주도로 이루어지고 있는 유럽 국가들 및 중국과 달리, 미국은 대학병원들과 민간 의료 기관들 위주로 후유증 센터가 설립되고 있다고 한다. 서유럽의 대부분의 국가들과 캐나다 등은 의료 시스템이 공공의료 기관 위주로 운영되고, 국가 의료 시스템으로 공공의료 기관을 통한 암 등 각종 질병의 수술을 포함한 다양한 치료 등 거의 모든 의료가 자국민 및 합법적 거주자들에게는 무료로 이루어지니 당연히 코로나19 검사, 치료 및 후유증 관리 모두 무료라고 한다.

참고로, 서유럽이나 캐나다 등도 민간병원 이용 시에는 의료 비용을 개인이 부담해야 하지만, 국가 의료 시스템 자체가 공공의료 위주라서 민간 병원의 비중이 낮은 반면, 우리나라와 미국은 민간의료 기관의 비중이 상당히 높아서, 구조 자체가 다른 차이가 있다. 우리나라는 서유럽 대부분 국가들처럼 국가적인 의료보험 체계는 있지만, 의료 시스템은 공공의료 기관 중심이 아닌 미국과 비슷한 민간의료 기관 중심이라서, 유럽처럼 공공의료 기관을 통해 모든 의료가 무료로 제공되지는 못하고, 민간의료 기관의 의료비중 일부를 국가의료보험이 커버를 하고, 나머지는 환자 본인 또는 환자가 개인적으로 가입한 민간 의료보험으로 해결을 해야 하는 구조이다.

다른 대부분의 서유럽 국가들처럼 대부분의 의료가 공공의료 기관을 통해 전 국민과 합법적 거주자들에게 전액 무료로 이루어지는 영국은 코로나19 후유증 관리도 정부(보건복지부) 주도로 공공의료 기관을 통해서 코로나19 후유증 전문치료 프로그램을 운영하며 이루어지고 있다. 아직 영국 전역의 모든 공공의료 기관에서 후유증 전문치료 프로그램이 설치되지는 못했고, 영국 언론 조사에 따르면 잉글랜드 지역 내 12% 의료 기관에서만 코로나19 후유증 전문치료 프로그램이 실시되고 있다고 한다. 다른 곳들에서는 후유증 관리가 일반 치료로 진행되고 있지만, 영국 정부는 급속도로 잉글랜드 전역에 코로나19 후유증 전문치료 프로그램을 설치하고 있다고 영국 언론들은 밝히고 있다.

영국 보건복지부는 공공의료 기관을 통해서 후유증 관리를 할 뿐 아니라, 의료 기관들의 후유증 정보 관리시스템으로 정보를 공유하고 있고, 일반인들이 후유증 관리에 대한 정보를 받을 수 있다. 또한, 증상에 따라 개개인에 적합한 온라인을 통한 주문형 맞춤 지원이 제공되는 웹 사이트와 앱을 7월부터 운영하고 있고, 이들 자료를 이용해서 영국 의료 기관들은 후유증에 대한 분석 자료를 발표해 오고 있다.

보건복지부가 운영하고 있는 후유증 온라인 서비스는 간호사 및 물리 치료사를 포함한 현지 임상팀이 원격으로 환자의 모든 문의에 온라인 또는 전화로 응답하고 있고, 생존자(영국 질본 표현 "생존자", 한국 질본 표현 "완치자")를 위한 온라인 동료 지원 커뮤니티를 통해 다른 회복자들과 소통을 할 수 있게 하여, 특히 집에서 혼자 회복 중인 사람들에게 도움을 제공한다. 근력과 폐 기능을 회복하도록 돕기 위해 집에서 할 수 있는 운동 튜토리얼을 알려 주고, 정신 건강을 위해 온라인 허브 내의 심리학자의 상담을 제공하거나, 보건복지부 정신 건강 서비스를 지원한다고 한다. 더불어 코로나19 회복 후 예상되는 사항에 대한 정보를 제공한다고 밝히고 있다. 또한, 온라인 접속을 할 수 없는 환자를 위해 모든 서비스를 누릴 수 있도록 인쇄물로도 제공된다고 밝히고 있다.

미국은 의료 시스템이 민영 의료 기관 위주로 운영되고, 메디케어(Medicare)[1]/오바마케어(Obamacare)가 있기는 하지만 유럽, 캐나다나 한국 등 여러 아시아 국가들처럼 광범위한 국가적 의료보험체계는 아니라서, 그 방식은 다른 것 같다.

물론, 미국도 메디케어/오바마케어 등 국가 의료보험 가입 또는 직장을 통한 의료보험 등 개인 의료보험 가입자들은 개인이 부담해야 하는 코로나19 검사 및 치료 비용은 거의 무료이거나 현저하게 저렴하다. 한국 언론에서 이전에 미국 환자가 코로나 치료로 13억이나 내야 한다면서 무료로 치료를 하는 한국의 우수성을 강조했던 기사가 있었지만 미국 현지 실상은 그와 달랐다. 기사의 주인공인 마이클 플로르(Michael Flor)는 비용이 13억 원 정도 청구되었지만, 메디케어/오바마케어 가입자라서 거의 모든 금액이 정부 의료보험에서 지불되기 때문에 본인은 비용으로 인한 경제적 걱정은 없지만 세금이 많이 사용된 것에 대한 도덕적 미안함을 밝히고 있다.

미국도 국가의료보험인 메디케어/오바마케어 가입자나 직장 등을 통한 민간 의료보험 가입자들의 의료비 부담은 낮은 편이지만, 비의료 보험자들의 비용은 상당히 높기에 문제가 있다. 서유럽 대부분 국가들처럼 코로나19 뿐 아니라 거의 모든 질

---

1) 미국의 65세 이상 노인과 장애자를 대상으로 하는 공공 의료 보험 제도.

병의 공공의료 기관에서 치료가 무료라서 코로나19 후유증 치료비도 국민이 걱정할 필요가 전혀 없는 경우와 달리, 비보험자들의 의료비가 천문학적인 미국에서는 코로나19 후유증 관리를 저렴하게 받을 수 있도록 '저렴한 치료 법령(Affordable Care Act)' 국회 법률화의 필요성이 언론에 의해 지속적으로 제기되고 있다.

반면, 우리나라는 아직도 보건복지부, 여, 야 16명이나 되는 국회 보건복지위원회 소속 의원들, 질본에서 코로나19에 대한 후유증에 대한 제대로 된 언급조차 없다. 우리나라가 코로나19의 후유증 없이 전 세계에서 유일하게 "완치(完治, 병을 "완전히" 치료함, fully cured)"라는 세계 최초의 업적을 이뤄서 "완치자"들만 있는 나라이기 때문일까? 다른 나라들은 후유증을 겪는 사람을 환자라고 지칭하면서 후유증 관리까지 체계적으로 시작했는데, 왜 우리나라는 아직도 관리는커녕 제대로 된 후유증 정보마저도 제공 안 하고 있는 걸까? 우리나라는 후유증 환자가 정말 없고 전 세계 질본들 중 특이하게 한국 질본만이 공식적으로 사용하는 표현인 "완치자"만 있어서일까?

언젠가 우리나라의 보건복지부, 여, 야 24명이나 되는 국회 보건복지위훤회 소속 의원들, 질병관리본부(질본)도 우리나라에도 완치가 안 된 후유증 환자들이 많다는 것을 인식하고, 이미 다른 나라들은 6개월 전부터 시작했던 후유증 정보 관리 및 치료 관련 업무도 시작해서 제대로 된 감염병 관리를 시작하는 날이 조만간 오기를 바란다.

완치 판정 후 후유증 198일째

2020년 9월 18일 금요일

더 나은 질병관리를 위한 나의 작은 바람

저의 작은 바람이 보건복지부 및 관련 기관에 전달되기를 바라며, 보건복지위원회 소속의원 24명 전원 및 제가 사는 부산과 인근 경남 지역의 의원 등 우리나라 정치계 좌우 균형을 맞춰 32명 및 중도를 표명하는 1명 총 33명에게 이 글을 보냈습니다.

요즘 브레인 포그와 머리 통증은 좀 나아진 것 같지만, 가슴 통증과 피로는 많이 심해졌다. 요 며칠 하루 종일 지속되는 가슴 통증과 피로로 인해서 매일 아침 1시간 정도, 그리고 오후 3~4시간 정도는 아무것도 못 하고 쉬기만 해야 할 정도로 피로감이 심하고, 가슴 통증으로 잠을 자기도 그리 편하지는 않다. 함께 나타나는 여러 증상 중 어떤 증상이 좋아지면 다른 증상이 악화되면서 번갈아 가면서 좋았다 나빴다 하는 건 여전하다.

감염병인 코로나19의 질병 관리는 1. 바이러스를 막는 방역, 2. 바이러스 감염 환자 치유, 3. 바이러스로 인해 생긴 후유증 환자 치유가 모두 종합적으로 이루어져야 하고, 다른 나라들의 보건복지부, 질병관리본부(질본)과 의료 기관들은 1, 2, 3을 모두 체계적으로 진행하고 있다.

그런데, 우리나라는 왠지 1. 바이러스를 막는 방역, 그중에서도 확진 중심 방역에만 관심이 집중되어 있는 것 같다. 언론 또한 우리나라는 유독 다른 나라에 비해 감염 환자(확진자)가 누구이고, 감염(확진)이 어디서 이루어졌는가의 정보만을 1월부터 지난 9개월간 중점적으로 전해 온 것 같다. 심지어, 우리나라 언론의 코로나19 관련 해외 기사도 외국의 감염자 숫자나 사망자 숫자에 중점적으로 전해 온 것 같다.

우리나라의 언론을 보면 코로나19를 겪으면서 내가 지금 살고 있는 우리나라라는 우물안에서는 이 우물이 완벽한 세상인 것 같고, 이 우물 안의 언론들을 보면 이 우물 밖은 코로나19 감염자와 사망자가 넘치는 지옥인 것 같지만, 내가 접하는 이 우물 밖의 언론들은 다른 나라를 비극적으로 묘사하거나 다른 나라의 나쁜 소식만 전하는 곳은 전혀 없다.

오늘 아침도 우리나라 우물 안의 포털의 경제/생활 부문 1위 기사는 "(속보) WHO 유럽 코로나 심각. 지난주에만 30만 명 증가"였다. 세계 부문도 아닌, 경제/생활 부문 1위의 기사가 해외 코로나 상황을 비극적으로 묘사한 기사였다. 포털 1위를 차지한 기사의 내용은 단 네 문장만 있었고, 그 네 문장은 1. 상황이 심상치 않다, 2. 매우 심각한 상황이 걱정스럽다, 3. 사례가 더 많다, 4. 증가했다 같이 하나의 정보를 각각 다른 말로 비극적으로 묘사한 것들이었다. 유럽의 수많은 나라 중 어디서 환자가 급증했는지 등의 구체적인 내용도 전혀 없었고, 증가 원인에 대한 이야기도 전혀 없었다. 그리고 그렇게 많은 환자가 발생해도 의료 시스템 붕괴 없이 어떻게 잘 관리를 하고 있는지에 현재 대응에 대한 이야기도 없었고, 차후 대책은 어떻게 수립되어 있는지에 대한 이야기도 없는 단순히 '유럽은 심상치 않은 나쁜 상황이다'라는 내용이었다.

그렇게 우리나라 언론은 미국, 영국, 이탈리아, 스페인, 프랑스 등이 감염 환자와 사망자가 많고, 의료 시스템이 붕괴 위기에 가깝다고 3월부터 줄곧 6개월 넘게 외치고 있지만, 중국의 우한, 후베이성, 한국의 대구, 경북, 이탈리아의 롬바르디아, 베네토 지역 외에 의료 시스템이 심각하게 붕괴까지 간 곳은 없는 것 같다.

스페인 마드리드가 의료 시스템 붕괴 직전까지 가기 이미 전부터 우리나라는 스페인 국가 전체의 의료 시스템이 붕괴한 것처럼 언론에서 부풀렸었고, 난 스페인이 국가 의료 시스템 붕괴에 관한 기사는 해외에서 전혀 찾아보지 못했다. 스페인의 당시 다른 지역은 코로나19로 의료 시스템 위기에 봉착하지도 않았고 스페인은 마드리드만 심각한 위기 상황에 직면하고 있었다. 미국 뉴욕시의 의료 시스템이 붕괴 직전까지 갔을 때도, 우리나라 언론들은 미국 전체가 코로나19로 의료 시스템이 붕괴된 것처럼 기사를 쏟아냈다.

오늘 기사도 유럽은 수많은 나라의 연합인데도 불구하고 모든 나라들 전체가 심각한 위기에 봉착해 있는 것처럼 뉘앙스를 만드는 악의적 기사였다. 제목만 WHO 발표를 따왔을 뿐, 나머지 세부 내용은 설명이 아닌 비극적 묘사의 반복이었다. 그런데, 유럽은 엄청난 환자가 쏟아져 나오고 있지만, 의료 시스템이 붕괴되고 있는 나라는 없다. 오히려, 우리나라는 2주 전 수도권에서 환자가 급증했을 때, 중환자 병실 부족과 렘데시비르 부족의 위기 상황에 직면했었다. 독일, 영국, 프랑스, 이탈리아를 제외하면 우리나라보다 인구도 적은 유럽 국가들은 하루에 수천 명씩 환자가 나와도 의료 시스템 문제에 직면 안 하는데, 우리나라는 환자가 300명만 나와도 수도권 중환자실 부족에 가까워지고 렘데시비르 부족사태가 생기는 게 현실이었다. 왜 우리는 남의 현실을 비극으로 포장하면서, 우리의 현실은 꽃단장하고만 있을까?

우리나라 우물 안에서는 우리나라는 K-방역이 완벽하다고 한다. 물론, 우리나라는 2월 말~3월 초 당시 회복세에 있던 중국보다도 더 안좋은 세계 최악의 위기 상황이었고, 대구, 경북의 의료 시스템이 붕괴되면서 심각한 위기를 겪었지만 확진중심 검사라는 K-방역을 통해서 위기를 벗어난 업적을 3월에 이루었었다.

하지만, 그때의 미국, 유럽 언론들을 보면 우리나라의 비극을 자극적으로 매일 전달하면서 남의 나라 비극만을 보도하던 언론은 없었다. 그리고, 우리가 위기를 벗어났을 때 그들은 우리를 칭찬해줬고, 마찬가지로 우리나라 다음으로 위기를 겪었던 이탈리아가 그들의 위기를 벗어났을 때도 세계 언론들은 이탈리아를 칭찬했다.

다른 나라의 위기를 즐기면서 나는 잘하고 있다고 잘난 척하는 건 잘못돼도 아주 잘못된, 악마적인 짓거리이고, 위기를 겪은 이를 칭찬해 주는 것은 인간으로서 당연한 도리이다.

우리의 언론은 과연 지난 6개월간 어땠을까? 우리는 다른 나라의 코로나19 기사에서 다른 나라의 감염자, 사망자 증가 수치의 비극적인 기사 외에 다른 내용의 기사를 얼마나 볼 수 있었고, 비극에서 벗어난 나라와 지역에 대한 칭찬을 얼마나 볼 수 있었나? 내가 6개월간 지켜보니 우리나라 기사에서는 특정 국가가 의료붕괴에 직면했다고 할 때, 같은 기간에 미국, 영국, 스페인, 독일, 프랑스의 언론을 찾아보면 그런 내용은 전혀 찾을 수가 없는 경우가 대부분이었다.

우리는 우리가 위기를 벗어났을 때 다른 나라의 위로와 칭찬을 즐기기에만 바빴지, 이탈리아가 위기를 벗어나, 세계 언론들이 이탈리아를 칭찬할 때 우리는 이탈리아를 칭찬하지 않고, 여전히 우리나라만 잘났다고 외치고 있었다.

우리는 우리를 높이기 위해서, 다른 이들 모두를 너무 비하하는 것은 아닐까? 우리는 다른 이의 성공을 시기하고, 그 사실을 알려 주기도 싫어하는 것은 아닐까? 우리나라는 2월 말~3월 초 세계 최악의 위기 상황을 벗어났고, 그래서 전 세계로부터 칭찬을 받았다. 그런데, 왜 우리는 다른 나라의 비극을 다른 어느 나라보다도 더 자주, 더 자극적으로 전달을 하면서, 다른 나라의 위기 극복을 칭찬하지는 않을까?

우리나라는 비교도 할 수 없을 정도로 그렇게 많은 코로나 감염 환자 파악을 위한 확진자중심 PCR 검사를 실시하면서도 동시에 주요 도시들마다 지역 감염 파악을 위한 대대적인 무작위 검사를 하고, 심지어 거기에 더해서 무증상 감염자 파악을 위해 대대적인 항체 검사까지 실시할 수 있는 대단한 검사 능력을 가진 수많은 다른 나라들의 정보에 우리나라 언론들은 왜 관심이 전혀 없을까?

우리나라는 비교도 할 수 없을 정도로 많은 환자들을 치유해내는 능력과 그럼에도 불구하고 체계적인 후유증 환자 치유를 해내는 의료 시스템의 대단한 능력에 대한 수많은 다른 나라들의 정보에 우리나라 언론들은 왜 관심이 전혀 없을까?

코로나19는 신종 바이러스로 꾸준히 새로운 정보가 알려져 왔고, 그 새로운 정보에 각국의 보건복지부, 질병관리본부(질본)은 대응 체계를 지속적으로 변화시켜왔다. 하지만, 왜 우리나라의 포털 사이트 상위 순위 내의 코로나19 관련 상위 노출되는 기사들은 새로운 정보는 없이 아직도 널리 공유되는 우리나라 정보는 누가, 어디서 감염되었다는 확진자와 확진 장소 정보와 다른 나라의 비극을 다룰 뿐일까?

우리나라가 세계 최악의 상황이었던 2월 말~3월 초 우리나라의 K-방역이라고 우리가 부르는 확진중심 검사가 효과를 보이며, 당시 세계 각국이 확진중심 검사를 도입했었다.

하지만, 우리가 여전히 위기에 있던 3월 초 아이슬란드가 지역 감염 파악을 위해서 전 세계 인구 대비 검사율 최고의 무작위 일반인 검사를 실시했고, 그 결과가 50%의 감염자가 무증상 이라는 것이 밝혀지면서, 코로나19 바이러스의 특성이 무증상 비율이 너무 높아서 확진중심만으로는 지역 감염을 완벽히 차단할 수 없다는 것을 알게 되면서 세계 주요국들은 이미 3월부터 확진자 중심 검사와 지역 감염 파악을 위한 자기 나라들의 주요 도시들에서 대대적인 무작위 검사를 동시에 실시하는 투 트랙 검사로 전환했다.

그리고, 무증상 감염자가 많아서 자신이 걸린 줄도 모르고 자연 치유된 사람들이 많을 수밖에 없는 코로나19의 특성 때문에 무증상 감염자 파악을 위해 대대적인 항체 검사를 실시해왔고, 스페인 25,600명 항체 검사에서 감염자의 55%가 무증상으로 자연 치유된 것이 파악되기도 했다.

하지만, 우리는 다른 나라의 비극적 확진자 수만을 줄곧 발표했지, 그들이 확진자뿐 아니라 지역 감염 파악을 위한 대대적인 무작위 검사 및 무증상 후 회복자 파악을 위한 항체 검사를 실시함으로서 확진자가 많이 파악될 수밖에 없는 사실 또한 널리 밝히지는 않았다. 그러면서, 우리는 일본은 검사를 안 해서 환자(확진자)가 적을 뿐이라면서 6개월간 일본 욕만 지속적으로 해왔다.

물론, 우리나라는 인구 대비 검사율 115위 (9월17일 기준, 출처 Worldometer)이고, 일본은 우리보다 더 낮은 152위라서 우리나라보다 인구 대비 검사를 훨씬 적게 한 것은 맞다. 하지만, 일본은 동경, 오사카 등 주요도시 지역 감염 파악을 위한 무작위 검사를 우리나라보다 더 먼저 실시했었다. 물론, 일본도 우리나라와 마찬가지로 지역 감염 파악을 위한 무작위 검사는 아주 늦게 시작했고, 검사의 규모는 우리나라처럼 상당히 작았다.

우리나라도 최근에 지역 감염 파악을 위한 무작위 검사를 했고, 무증상 파악을 위한 항체 검사 결과도 이번 주에 발표했다. 하지만, 통계학적으로 의미를 두기에는 너무 열악한 조사로서 그 조사의 가치가 너무 낮다. 심지어, 질본의 정은경 본부장마저도 검사 결과 발표 때 "실제 잠복 감염 또는 무증상 감염률을 찾기에는 검사의 숫자가 적어서 일반화하기는 한계가 있다."라고 밝혔고, 나백주 서울시립대 도시보건대학원 교수는 "통계적 의미를 갖는다고도 보기 어렵다."라고 밝혔다. 또한 최원석 고대안산병원 감염외과 교수는 "샘플 수가 너무 적고,

조사 기간도 길어 1명의 환자를 일반화하거나 대표성을 갖는다고 판단하기 힘들다"라고 말하고 있다.

항체 검사의 예를 봐도 6월에서 8월 초까지 진행한 1,440건의 혈청 샘플 조사는 정은경 본부장 말처럼 숫자가 적어서 일반화할 수가 없고, 조사 기간이 너무 길어서 통계적 의미를 가지거나 지역의 무증상 파악을 하기에는 방법 자체에 문제가 많았다. 정확한 기간을 모르지만, 발표처럼 6~8월 초 8주간이라고 가정하면, 1주에 겨우 180건밖에 안 된다. 우리나라 광역시만 해도 7개이고, 인구 1백만 이상인 도시가 9개인데, 그럼 광역시별로 매주 25~26명만을 검사를 했다는 것인데, 이 정도 수치는 우리 사회의 감염 상황을 제대로 파악하기 위한 의미가 통계적으로 전혀 없다는 건, 통계학 기초만 알아도 이 조사가 의미 없는 검사라는 걸 쉽게 알 수 있다.

만약 서울시만 했다고 하더라도, 서울의 각 지역의 지역 감염 파악을 위해 25개 구가 있는 서울시의 25개 각 구별로 매주 7명을 조사하고 지역 감염을 파악했다고 결과를 보고하는 것이 과연 지역 감염 파악을 위한 통계적 의미가 있다고, 이걸 계획한 담당자는 생각하는 건가? 물론, 대도시의 특정 한 개 지역의 지역 감염을 파악하기 위해서 한 시기에 1,440명을 조사했다면, 다른 지역 파악은 안 되더라도 그 한 개의 지역에 대한 통계적 가치는 있을 수 있다. 하지만, 한 개 지역이라도 6~8월의 긴 기간동안 나누어서 매주 조그만 숫자의 검사만 진행되었다면 유동인구가 별로 없는 시골이 아니고서는 통계적 의미를 가진다고 보기 힘들다. 너무나도 적은 샘플을 수개월에 걸친 긴 기간에 나눠서 하는 과학적으로 비상식적인 조사를, 설마 담당자가 우리나라는 긴 기간동안 검사를 해오고 있다고 눈 가리고 아웅 식 홍보용으로 하지는 않았기를 바란다. 우리나라도 이런 검사를 하기는 했다는 핑곗거리와 홍보용 외에는 전혀 의미 없는 이런 검사가 아닌 제대로 된 통계적 의미를 가질 수 있는 검사를 해야 하지 않을까?

나의 작은 바람 1.

우리나라는 확진자 중심의 K-방역이라는 3월 초 코로나19 정보가 아직 초기 단계였던 당시의 성공에서 벗어나서, 이제는 "상식적으로 제대로 된 통계적 의미가 있는 규모"의 지역 감염 파악을 위한 무작위 검사와 무증상 후 회복자들 규모 파악을 위한 항체 검사를 전국 여러 지역에서 실시해야 하지 않을까?

난 수도권에서 확진이 급증할 때, 환자 치료는 걱정할 필요가 없다고 생각했었다. 그래서 중환자를 위한 병실과 렘데시비르가 부족하다는 소식을 언론에서 듣게 되었을 때 엄청 놀랐다.

그 사실을 듣고 놀란 건 나뿐일까? 이미 2~3월에 대구, 경북 의료 시스템 붕괴를 겪었던 우리나라였기에, 환자 치료에 대해서는 완벽하게 준비되어 있을 거라고 생각(지금 생각하면 '착각')했다. 그나마, 서양처럼 급증하지 않아서 망정이지, 서양 국가들처럼 급증했다면 우리는 또다시 의료 시스템이 붕괴했을 수 있다. 그리고, 우리는 더 위험한 시기일 가능성이 높다는 겨울을 향해 가고 있다. 왜 우리나라는 의료계가 계획 단계에서 말하는 조언들은 참고하지 않고, 체계적인 계획이 의료계와 함께 계획되고 준비되지도 못하고, 위기 상황이 되면 의료계에게 더 많은 병상과 의료진을 내놓으라는 명령만 군대처럼 하달하고, 의료계는 그런 어려움을 계속 말하고 있을까?

나의 작은 바람 2.

이제는 의료계와 함께 상식적으로 제대로 계획된 환자 치료를 위한 병상 확보 및 의료 시스템과 위기대응 의료 계획에 대한 투명한 정보 공개가 필요하지 않을까?

다른 나라의 보건복지부, 질본, 의료 기관들은 이미 3월부터 코로나19 후유증에 대한 정보를 제공해왔고, 이미 5월부터 체계적인 치유가 들어간 나라도 여럿이지만, 우리나라는 8월 나의 후유증 이야기에 충격을 받을 정도로 후유증에 대해 알려진 것이 전혀 없었고, 언론에 의해 알려진 3주 후에 질본이 처음 공식적으로 후유증에 대한 언급은 '다른 나라에는 그런 사례도 있다는 걸 안다'라고 한 것이 전부였다. 후유증의 치료는 바이러스에서 회복되자마자 빨리 시작하고, 지속적이고 체계적일수록 좋은 상태로 회복이 된다고 다른 나라들은 밝히고 있다. 그런데 왜 우리나라는 다른 나라에는 그런 사례가 있다는 걸 아는데도, 우리나라에는 완치자만 있고, 공식적으로 후유증은 왜 다른 나라에나 있는 이야기일까?

나의 작은 바람 3.

우리나라도 다른 나라들처럼 코로나19는 후유증이 치유되어야 완치라는 기본 상식에 입각해서 후유증에 대한 체계적인 정보관리와 치료 시스템 도입이 필요하지 않을까?

우리나라 보건복지부, 15명이나 되는 국회 보건복지위원회 소속 여당 의원들, 질병관리본부는 3월에 이룬 확진중심검사의 K-방역의 칭찬과 홍보는 6개월이 지난 이제는 이제 그만하고, 우리를 칭찬해줬던 다른 나라들의 잘하고 있는 방법들을 배워서 우리도 더 나아가야 하지 않을까? 9명이나 되는 국회 보건복지위원회 야당 의원들은 왜 우리는 못하냐는 소비성 비난은 하지 않고, 우리나라도 이런 걸 체계적으로 하자는 건설적 제안을 통한 견제를 해야 하지 않을까?

어쩌면 우리는 너무 빨리 K-방역의 성공이라는 샴페인을 터뜨렸을지도 모른다. 하지만, 난 2월 말~3월 초 전 세계 최악의 위기 상황이었고 이전에는 한 번도 겪어보지 못했던 대구, 경북의 의료 시스템 붕괴와 국가적 위기에서 의료진의 헌신과 확진 중심 검사라는 K-방역을 통해서 위기를 벗어났던 성공을 우리는 샴페인을 터트리며 축복할 만한 가치가 충분히 있었고, 서로를 위로하고 격려하기 위해서라도 필요했을 거라고 생각한다. 하지만, 아직까지 K-방역이라는 샴페인을 터트리고 있는 건, 위기 상황에서 너무 오랫동안 즐기고 있는 건 아닐까?

질본, 언론은 9월인 지금까지도 확진중심 검사 결과만을 중점적으로 이야기하고 있는 확진중심 검사의 K-방역 1.0에서 벗어나지 못 하고 있는 건 아닐까? 다른 나라들처럼 통계적 가치가 있는 대대적인 규모의 주요 도시들에서 지역 감염 파악을 위한 무작위 검사의 방역 2.0, 통계적 가치가 있는 대대적인 규모의 주요도시들에서 무증상 후 회복자 파악을 위한 항체 검사의 방역 3.0으로 나아가야 하지 않을까?

우리는 계획 단계에서는 의료 기관들과 협회의 조언에는 귀를 막고 의료 기관들을 들러리 세우다가 감염자 증가 때마다 일

방적으로 의료 기관에 중환자실과 의료진 증가를 요구하는 것이 아니라, 계획 단계부터 의료 기관들과 함께 논의하고 선제적으로 준비된 바이러스 치유의 치료 1.0과 다른 나라들처럼 체계적인 후유증 정보 관리와 체계적이고 지속적인 후유증 치유의 치료 2.0을 모두 이루어 내야 하지 않을까?

우리는 질병관리=1. 바이러스를 막는 방역, 2. 바이러스 감염 환자 치유, 3. 바이러스로 인한 후유증 치유라는 기본 상식을 지키는 K-질병관리를 향해서 이제는 나가야 하지 않을까? 우리는 계속 K-방역 1.0에서 제자리걸음만 하고 있는 상황에서, 이제는 앞으로 나아가야 하지 않을까? 우리가 K-질병관리를 이루어 냈을 때는 더 큰 샴페인을 터트리기 위해서, 이제는 K-방역 1.0의 샴페인은 창고에 넣어두는 게 좋지 않을까? 그리고, K-질병관리는 이루어 내더라도 일찍 터트리지 말고 코로나19 위기가 완전히 끝날 때까지 기다렸다가 터트리고 축하하는 게 좋지 않을까?

아마 이 글은 누군가에 의해 다른 누구를 비난하기 위해 악용될 수도 있고, 또 다른 쪽의 누군가는 또 나에게 K-방역에 흠집을 낸다고 욕을 하기도 할 거다. 난 그들이 내가 이 글을 적는 이유를 이해하기 위해 나 같은 처지가 되어보라고 하고 싶지 않다.

내가 비난을 받더라도, 또 다른 누군가가 이 지독한 코로나바이러스 녀석에게 감염되는 것을 막을 수 있다면 나는 괜찮다. 난 또 다른 누군가가 2월 말의 나처럼 호흡 곤란으로 힘들어하면서도 병실 부족으로 자가격리하면서 병실을 기다리며 나의 생명과 가족의 감염을 걱정하는 고통을 겪지 않기를 너무나도 간절히 바란다. 난 또 다른 누군가가 나처럼 바이러스 회복 후 6개월이 지나도 지독한 후유증을 겪으며 미래를 알 수 없는 상황에 처하지 않기를 너무나도 간절히 바란다.

그래서, 난 더 나은 방역 활동으로 다른 이가 감염되지 않게 하기 위해서, 더 나은 바이러스 치료와 후유증 치료를 위해서 나의 글을 읽어 주는 이들에게만이라도 공유하고 싶다. 나의 글을 읽어 주시는 소중한 분들이 계시지만, 여전히 작은 수의 분들만 읽는 나의 작은 바람이 변화를 이끌지는 못할 거다. 하지만, 그래도 나의 커다란 간절함으로 난 나의 자그마한 바람을 멈출 수 없다.

47 - 죽음, 걱정, 희망

내일이면 내가 두 번의 코로나19 바이러스 검사 음성 결과를 받은 후 완치로 퇴원한 지 200일째 되는 날이며, 오늘은 항상 너무나도 고마우신 나의 아버님의 기일이기도 하다. 올해는 아버님 기일, 추석, 그리고 늦가을에 있는 할아버지 기일 모두 친척들이 참석하지 않고, 조촐하게 지내기로 했다. 항상 너무나도 고마운 부모님께, 베풀어 주신 은혜에 눈곱만큼도 보답을 못 해 드려서 죄송하고, 어머님께 자식이 코로나19에 감염되어 걱정 끼치고, 퇴원한 지 200일이 다 되어서도 계속 후유증으로 걱정 끼치고 있으면서 아픈 자식 보살피면서 제사 준비까지 하시는 어머님을 못 도와드려서 너무나도 죄송하고, 가족들에게 너무 고맙다.

난 퇴원 후, 내가 부산 47번 환자라는 걸 알게 되었다. 입원 때는 안정을 위해서, 국내 언론은 보지 않았고, 휴대전화도 꺼놓고 있었다. 퇴원 후 지인들로부터, 내가 부산 47번 확진자라고 언론에 나왔다는 걸 알게 되었고, 어떻게 넌 환자 번호도 의미

심장하냐는 지인들도 꽤 있었다.

나에겐 47이라는 숫자가 두 가지의 의미로 다가왔다. 지금은 생일이 지나서 나의 나이는 만 48세이지만, 당시의 나의 나이는 만 47세였다. 그리고, 내가 부산 47번 환자라는 말을 처음 들었을 때, 난 죽을(4) 뻔한 후에 행운(7)이 찾아 올 거라는 의미처럼 느껴졌다.

죽음

인간은 누구나 살아가면서 죽음에 대한 막연한 생각을 하곤 한다. 어떤 때는 그 철학적 의미를 생각하기도 하고 어떤 때는 막연한 두려움을 느끼기도 한다. 코로나19에 감염된 환자들은 그 증상의 경중과 상관없이 죽음에 대한 어떤 생각을 해 봤을 것이다. 그리고, 그 증상이 심할수록 죽음에 대한 생각을 더 많이 했을지도 모른다. 나 또한 죽음에 대한 생각을 했었고, 죽음 앞에서 두려움일 수도 있지만, 그보다는 가족에 대한 걱정이 더 컸고, 아이러니하게도 죽음을 더 가깝게 느끼는 순간에 삶의 아름다움을 더 알 수 있게 되기도 했다.

완치 판정을 받아 퇴원한 후에도 6개월 넘게 계속 후유증을 겪으면서, 죽음에 대한 생각에서 자유로울 수는 없고, 체계적인 치료를 받지 못함에서 오는 불확실성에 대한 불안에서 자유로

울 수도 없지만, 두려움과 불안보다는 삶의 아름다움과 행복을 더 찾으려고 노력한다. 하지만, 가끔씩 두려움과 불안까지는 아니라도 고민과 걱정이 생기는 것은 어쩔 수 없는 것 같다.

걱정

난 어릴 때부터 주변 사람들로부터 참 걱정 없이 편하게 사는 것 같다는 소리를 많이 들었다. 친구들은 넌 항상 걱정이 너무 없다는 소리를 많이 했다. 친구들은 어떤 때는 항상 낙천적으로 편하게 살아서 좋겠다고 하기도 했고, 어떤 때는 그렇게 인생의 굴곡이 전혀 없이 살면 너무 인생이 심심하지 않냐는 소리도 많이 했다. 지금 되돌아보면 난 정말 별걱정과 고민 없이 편안하게 살아온 것 같다.

나의 성격 때문인지 지금도 나의 지인들이 나에 대해 걱정하는 것보다, 어쩌면 내가 나 자신에 대해 덜 걱정하는 것 같다. 노후 대책이 필요하다는 건 알았지만, 아직 나 스스로는 젊다고 느껴왔기에 노후 대책을 그렇게 절실하게 생각한 적도 없고, 경제적인 준비의 필요성을 절실하게 느낀 적도 없었다. 완치 판정 후 퇴원할 때도 곧 기력이 회복되어 일상으로 돌아갈 거라고 믿었고, 후유증이 있을 거라는 사실은 전혀 몰랐다. 재택근무를 하면서 나아질 거라고 생각했고, 아무런 걱정도 없었다.

하지만, 후유증을 겪으면서, 나의 건강으로는 재택근무도 불가능한 상황이라는 걸 알게 되었다. 그래서, 내년 8월까지 1년간 일단 집에서 쉬면서 건강 회복에만 집중하기로 했다. 그러나, 1년 후 어떻게 될지 나는 모른다. 이런 불확실성에 고민과 걱정이 없을 수는 없다. 경제적으로 생산적인 활동을 못 하게 되는 것도 문제가 되지만, 더 큰 문제는 이런 상황에서 의료비는 계속 늘어날 수 있는 상황이 될 수도 있다는 것이다. 지인분들 중에 나를 걱정하는 마음에 나에게 이것과 관련된 질문을 하는 분들도 꽤 계신다.

하지만, 난 걱정을 하지 않는다. 어차피, 지금 걱정한다고 해결책이 바로 나오는 것도 아니고, 스트레스로 인해 나의 건강만 더 나빠질 뿐이다. 난 지나가 버려서 바꿀 수 없는 일은 후회하지 않고, 아직 일어나지도 않은 일을 미리 당겨서 걱정하지 않는 어쩌면 낙천적이고, 어쩌면 지극히 단순한 성격을 가졌다.

그래서, 난 1년간 걱정하지 않고 건강 회복에만 집중하기로 했다. 1년 뒤 건강히 회복되면 좋고, 그렇지 않다면 어떻게 할지는 그때 가서 걱정할 거다.

물론, 나는 1년간 쉬면서 건강 회복에만 집중을 할 수 있는 행운아다. 코로나19 후유증 환자분들 중에는 본인과 가족의 생계를 위해 아픈 몸에도 일을 해야만 하는 분들도 계시고, 의료비 부담 때문에 병원에 전혀 가지 못하는 분들도 계실 거다. 서유럽의 대부분의 나라와 캐나다 등은 뛰어난 치유가 무료로 진행되기 때문에 의료비 부담은 없고, 오바마케어로 불리는 메디케어가 있기는 하지만 유럽, 아시아, 캐나다처럼 국가적으로 전반적인 의료보험제도가 없는 미국도 코로나19 후유증 환자들이 저렴한 비용으로 치료를 받을 수 있는 '저렴한 치료 법령 (Affordable Care Act)' 법안의 필요성을 언론들이 이야기하고 있다. 아픈 국민은 치료를 받아서 치유가 되어야 하는 기본적인 상식이 통할 수 있도록, 우리나라도 적절한 해결책을 찾아내기를 바란다.

희망

행운이라는 건 좋은 것이다. 하지만, 그냥 주어지는 행운보다는 내가 노력해서 이루는 행복이 더 좋다. 그래서, 난 행복을 이루기 위해서 노력할 수 있도록 힘이 되어 주는 희망이 좋다.

1901년 미국 중서부 시카고에서 태어난 남자아이가 있었다. 그 아이가 16세가 되던 해에 세계 1차 대전이 터졌고, 그 아이는 독일군에 대항하는 연합군으로 참전하기 위해 지원했다. 하지만,

그가 미성년자였기 때문에 참전병 지원이 거부되었고, 그 뒤 나이를 속여서 적십자 소속으로 프랑스로 파병을 가서 부상병 수송을 위한 앰뷸런스 운전병이 되었다. 그는 앰뷸런스를 좀 더 유쾌하게 보이게 하기 위해, 앰뷸런스에 만화를 그려 넣었다. 전쟁이 끝난 후 그는 중서부 미주리주의 캔자스시티로 돌아와 출판사에서 삽화를 그리는 일을 하다가, 이상한 나라의 앨리스를 만화로 제작했지만, 스튜디오는 문을 닫게 되었다.

당시 미국 만화 산업의 중심이었던 동부 뉴욕시로 옮기는 대신, 그는 동생이 살고 있던 서부 로스엔젤레스(LA)로 옮겨가서 만화 작업을 계속했다. 가족애, 희망, 행복을 전달하는 만화를 그렸던 그는 세계적으로 그 유명한 디즈니사의 창립자인 월트 디즈니(Walt Disney)이다. 디즈니의 이야기는 항상 단순하게 옳고 그름이다. 선한 자는 결국에는 행복해지고, 악한 자는 결국 불행해진다. 바르게 노력하는 자는 결국 성공하고, 잘못된 방법으로 힘과 부를 축적하는 이는 결국에는 불행해진다. 힘든 자는 도움을 받고, 아픈 자는 치유를 받고, 배고픈 자는 음식을 받고, 죄를 지은 자도 뉘우치면 용서를 받고, 모두가 행복해진다. 너무나도 단순한 상식이지만 현실에서는 잊고 살기도 하는 진정으로 행복을 누릴 수 있는 삶의 단순한 방법을 이야기한다. 그래서, 디즈니의 미키, 미니, 구피, 도널드 덕, 백설공

주, 엘사, 올라프는 모두 행복하다.

월트 디즈니가 한 말 중에는 참 좋은 말이 많다. 그중에, "행복은 마음의 상태입니다. 행복은 그냥 당신이 무언가를 어떻게 보느냐에 따른 것일 뿐입니다."라는 말이 있다. 정말 "행복은 마음먹기 나름"인 것 같다. 나는 우리나라도 언제 다른 나라들처럼 코로나19 후유증의 체계적인 치유가 시작될 지 모르는 불확실성과 얼마나 오랫동안 후유증이 지속될 지, 나의 미래가 어찌될 지 모르는 불확실성에 대한 두려움이 없다고는 할 수 없다. 하지만, 난 가만히 기다리기만 할 수 없다. 그래서, 내가 할 수 있는 노력인 해외 정보를 공유하고, 그를 통해 언젠가는 우리나라도 체계적인 치유가 시작될 수 있도록 최선을 다하고자 한다. 나의 노력과 희망으로 언젠가는 나뿐만 아니라 우리나라의 모든 코로나19 후유증 환자들이 다른 나라들처럼 체계적인 치유를 받을 수 있기를 바라고, 불확실성에 대한 불안감보다는 마음속에 행복을 가득 채우기를 바란다.

도움 요청: 온라인/앱 후유증 관리 서비스 재능기부자 모집

언제까지 우리나라 정부가 다른 나라들처럼 코로나19 후유증 치유를 체계적으로 시작하기를 기다릴 수는 없어서, 영국 보건복지부가 하고 있는 코로나19 후유증 관리 앱만큼 전문적이지는 못해도 간단한 앱이라도 만들어서 우리나라 코로나19 후유증 환자들에게 도움이 되어야겠다고 생각했다. 그래서 나의 부산47 페이스북에 아래와 같은 도움 요청을 올렸다.

* * *

다른 나라들은 코로나19 후유증에 대한 정보 공유를 이미 3월부터 하고 있고, 이런 후유증을 겪고 있는 이들을 환자라고 하면서 이미 5월부터 후유증 관리까지 체계적으로 시작했는데, 9월인 지금도 우리나라는 아직도 보건복지부, 여, 야 16명이나 되는 국회 보건복지위원회 소속 의원들, 질병관리본부(질본)에서 전 세계에서 특이하게 "완치(完治, 병을 "완전히" 치료함, fully cured)"라는 표현을 사용하고 코로나19에 대한 후유증에 대한 제대로 된 언급조차 없는 실정입니다.

언제까지 우리나라가 다른 나라 보건복지부, 질본처럼 후유증 관리를 시작하기를 기다리고만 있을 수 없어서, 우리나라의 후유증 환자들을 위한 기본적인 온라인/앱 서비스를 개발하고자 합니다. 다른 나라들처럼 온라인/앱으로 정보 제공뿐 아니라 지역 병원과 의료 제공까지 하고 있는 높은 수준의 관리는 불가능하더라도, 작은 움직임이나마 시도해보려고 합니다.

저와 함께 후유증 환자들을 위한 기본적인 온라인/앱 서비스 개발에 재능과 시간을 기부해 주실 분들을 찾습니다. 풀스택 개발, iOS/Android앱 개발, AI/딥러닝 개발, UX/UI디자인, 정보관리를 위해 재능과 시간을 기부해 주실 고마우신 분들은 메신저로 연락 부탁드립니다. 대단히 감사합니다.

2020년 9월 21일 월요일

코로나19 후유증 전문 치료 센터가 생존자(한국 질본 표현 '완치자')의 회복을 돕습니다(미국, 영국)

코로나19 감염 전에는 한번 잠이 들면 중간에 깨지 않고 아침까지 정말 잘 잤지만, 코로나19에 걸린 이후에는 밤에 여러 번 깬다. 오늘 새벽에도 여러번 깼다. 요즘은 가슴 통증이 가장 심하고, 여기저기 근육통도 약간씩 생기고 있다.

영국 보건복지부는 국가적 코로나19 후유증 관리를 위해 이미 5월부터 1. 입원이 필요한 중증 후유증 환자 전문 병원 설립, 2. 전국적 의료 기관 통한 후유증 치료 프로그램 시작, 3. 온라인/앱 후유증 치료 서비스 시작을 해오고 있다고 한다.

코로나19 후유증 관리를 위한 재활센터운영에 관한 정부 조사에서, 영국 정부와 잉글랜드 보건 복지부는 영국 전역에 새롭고 강화된 재활 센터와 지역 사회 서비스가 있을 것이라고 말했다. 참고로, 영국은 잉글랜드, 스코틀랜드, 웨일즈, 북아일랜드의 4개 지역으로 구성되어있다.

스코틀랜드는 "다양한 환경에서 고품질의 사람 중심 재활"을 제공할 계획이라고 밝혔고, 웨일즈에서는 지역 사회 및 전문 재활 프로그램이 코로나19 후유증 치료를 제공하는 포럼이 될 거라고 밝혔고, 북아일랜드 보건부는 코로나19 회복자들의 후유증 관리에 대한 요구를 현재 평가중에 있다고 밝혔다.

또한, 영국 보건부는 7월 발표에서 기존 의료 기관을 통한 코로나19 후유증 관리 전문 프로그램 제공뿐 아니라, 후유증이 심각한 환자들을 돕기 위해 새로운 시콜(Seacole) 재활센터를 짓고, 유사한 시설이 전국에 개설될 것이라고 밝혔다.

미국 의학대학 연합회에 따르면, 미국은 5월 뉴욕의 마운트 시나이(Mount Sinai) 병원, 샌프란시스코 켈리포니아대학(UCSF) 대학 병원 등이 코로나19 후유증 환자 치유를 위한 전문 클리닉을 설치한 후, 미국 전역에 수십 개의 후유증 관리센터가 바로 생겨났고, 최근에는 정확한 숫자 파악이 힘들 정도로 미국 전역에 급속하게 후유증 관리 전문 센터들이 설립되고 있다고 한다.

5월에 코로나19 후유증 전문관리 시스템이 시작된 영국과 미국은 현재 전국적으로 빠르게 그것을 확장하고 있다고 한다. 하지만, 우리나라는 아직 체계적인 치료는커녕, 제대로 된 보고서 하나 안 나오고 있는 암울한 현실이다.

코로나19 후유증 치료는
가능한 한 빨리 시작되어야 하며,
지속적인 치유가 되어야 한다는 것이 분명하다
(프랑스, 오스트리아, 유럽호흡기학회,
미국 마운트 시나이 병원 코로나19 후유증 치료 전문 센터)

5월부터 운영되고 있는 미국 뉴욕의 마운트 시나이(Mount Sinai)병원의 코로나19 후유증 전문 치료 센터장 첸(Chen)박사, 유럽호흡기학회, 최근 발표된 프랑스와 오스트리아의 코로나19 후유증 논문 등은 모두 공통적으로 코로나19 후유증 치료는 가능한 빨리 시작되어야 하며, 지속적인 치유가 되어야 한다는 것이 분명하다고 밝히고 있다.

유럽호흡기학회(ERS, European Respiratory Society)가 온라인으로 개최한 2020년 국제학술회에서 발표된 프랑스 그르노블 대학(Grenoble Alps)과 디율르피 상테(Dieulefit Santé) 폐 재활병원에서 실시된 코로나19 후유증 환자의 폐 질환에 대한 연구와 오스트리아 인스부르크(Innsbruck) 대학의 코로나

19 후유증 환자의 폐증상에 대한 연구에 따르면, 코로나19 환자가 바이러스 회복으로 퇴원 후에도 2/3가 지속적인 폐증상을 경험하지만, 시기 적절하고 지속적인 폐 재활 시작으로 개선할 수 있다고 보고하고 있다.

프랑스 그르노블 대학과 디율르피 상테 폐 재활병원에서 진행한 연구는 바이러스 회복 후 폐 후유증 환자의 재활을 통한 회복을 평가하는 것이 목적이었다.

재활 효과의 결과 파악을 위해서 매주 6분 걷기 테스트를 실시하면서 환자가 걸어간 거리(6MWD), 산소포화도(SpO2) 및 호흡 곤란을 측정했다. 평균 21 ± 8 일의 재활 기간 동안 6MW는 참가자들 사이에서 이론 값의 16 %에서 43 %로 증가했다고 보고하고 있다. 조사자들은 재활 시작 전 개별 참가자의 바이러스 회복 후 재활을 시작하기까지의 일수와 6MWD 증가 사이에 유의미한 음의 상관 관계를 관찰했고, 이는 그들이 회복 계획을 빨리 시작할수록 더 좋다는 것을 나타낸다고 밝히고 있다.

오스트리아 인스브루크(Innsbruck) 대학의 연구는 코로나19 바이러스 회복 생존자들의 폐 관련 휴유증에 대한 임상자료 구축을 위한 것이었다.

또다른 코로나바이러스 계열인 2002~2003년 발병했던 사스 바이러스 생존자의 30 %는 감염 후 몇 달 동안 지속적으로 구조적 폐 이상을 보였다. 이를 고려하여 오스트리아에서는 코로나19 생존자들의 심폐손상에 대한 체계적 평가가 필요하다고 생각했다. 그래서 퇴원 후 6, 12, 24주 차에 임상 검사, 실험실 검사, 혈액 가스 분석, 폐 기능 검사, 흉부 HR-CT 및 심초음파 검사를 모두 실시하고 있으며 그 결과에 따른 치료가 진행되었다.

이 연구의 연구 저자인 오스트리아 인스부르크 대학 병원의 사비나 사하닉(Sabina Sahanic) 연구원은 "중요한 것은 코로나19 후유증 환자에게서 폐 기능 검사로 확인되지 않은 폐 손상을 발견했다는 것입니다. 코로나바이러스에 의해 환자가 장기간에 걸쳐 어떻게 영향을 받았는지 알면, 증상과 폐 손상을 훨씬 일찍 치료할 수 있으며 추가 의료 권고 및 조언에 상당한 영향을 미칠 수 있습니다."라고 성명서에서 밝히고 있다.

현재 6주와 12주차의 분석 결과는 발표되었지만, 아직 24주차에 대한 자료는 수집, 분석되지 못해서 발표되지는 않았다.

6주차에 조사에서는 65.9 %의 환자가 지속적인 코로나19 바이러스로 인한 폐 관련 후유증 증상을 보였지만, 재활 치료가 이루어진 후 12주차에는 환자의 증상이 개선되었으며 폐 손상 환자는 56 %로 감소했다고 보고하고 있다.

6주차 증상에서 가장 두드러진 것은 호흡 곤란(36.6 %), 기침 (19.5 %) 순이었고, 또 다른 24.4 %는 지속적인 폐 손상으로 고통받고 있었다고 보고한다. 심장 증상에서 연구자들은 회복된 환자의 대다수가 좌심실 이완기 기능 장애(58.5 %)를 앓고 있다고 한다.[1]

유럽 호흡기 학회의 회장인 티에리 트루스터스(Thierry Troosters) 박사는 발표된 두 연구 결과의 코로나19 후유증 환자에 대한 치유에 대한 결론으로 "환자에게 신체적, 심리적 구성 요소를 포함한 재활이 가능한 한 빨리 제공되어야 하며 환자에게 최상의 기회를 제공하기 위해 퇴원 후 빨리 치료가 시작되고 계속되어야 한다는 것이 분명합니다. 그것이 좋은 회복입니다. 정부, 국가 보건 서비스 및 고용주는 이러한 결과를 인

---

1) 6주차 증상에서 가장 두드러진 것은 호흡 곤란(36.6 %), 기침(19.5 %) 순이었고, 또 다른 24.4 %는 강제 활력 (FVC) 〈80 % 및 / 또는 1 초에 강제 호기량 (FEV1) 〈80 %에 따라 지속적인 폐 손상으로 고통 받고 있었다고 보고한다. RV〉 120 %에 따른 초 인플레이션은 환자의 37.8 %에서 만연했고, 감소 된 확산 능력 (DLCO)은 환자의 28 %에서 발생했다고 보고하고 있다. 심장 증상에서 연구자들은 회복 된 환자의 대다수가 좌심실 이완기 기능 장애 (58.5 %)를 앓고 있다는 것을 관찰했으며 이는 혈청 NT-proBNP, D-dimer 및 페리틴 수치가 유의하게 상승했음을 의미한다고 보고하고 있다.

식하고 그에 따라 계획해야 합니다."라고 말하고 있다.

뿐만 아니라, 퇴원 후 빨리 코로나19 후유증 치료가 필요한 이유로 미국 마운트 시나이병원의 코로나19 후유증 치료센터의 의료책임자인 첸 박사는 후유증이 만성 질환으로 진행되지 않도록 하기 위해서 중요하다고 밝히고 있다.

 우리나라도 코로나19 환자들의 체계적인 후유증 치료를 미루어서 만성 질환 환자가 되게 하는 실수를 저지르지 말고, 다른 나라들처럼 코로나19 후유증의 효과적인 회복과 만성 질환자 양산을 막기 위해 체계적으로 지속적인 후유증 관리 시스템을 빨리 도입하기를 간절히 바란다.

요즘 2월 말 코로나19로 중환자실 음압병실에 입원했을 때를 많이 생각한다. 어쩌면 그때가 지금보다 훨씬 마음에 평온을 느꼈던 것 같다. 여전히 알지 못하는 신종 바이러스와 치료 약이 없는 상태에 불안하기도 했지만, 의료진에게 관리받고 있다는 것에서 오는 안정감이 있었다.

이미 5월부터 코로나19 후유증 관리에 체계적으로 들어간 나라에서 후유증 치료를 받는 환자들의 경험담 또한 완치까지 얼마나 걸릴지는 모르지만 체계적이고 지속적인 관리를 받고 있다는 것에서 엄청난 안정감을 느낀다고 말하고 있다.

어제 언론에서 우리나라 의사 중 한 분이 코로나19는 후유증이 없으며 퇴원한 환자들은 모두 완치되었고, 후유증이 아닌 기저 질환이라고 하는 걸 보았다. 또 다른 의사도 언론에 나와 코로나19 중증 환자들만이 후유증이 있다고 말하기도 했다. 두 명 다 아무런 의학적 논문 등의 출처는 언급 없이 자신의 의견을 전문가의 소견이라고 밝히고 있었는데, 다른 나라 보건복지부, 질본, 의료 기관들이 발표한 보고서나 해외 논문은 한 편이라도 보고 이런 말을 하는지 물어보고 싶다.

코로나19 후유증 논문들도 표준적인 의학 논문들처럼 조사 대상이 기저 질환이 있는지, 없는지, 기저 질환자가 포함되었는지, 제외되었는지 자세히 밝히고 있다. 기저 질환이 없던 건강한 사람들이 후유증을 보인 것은 너무나도 쉽게 해외 자료들에서 찾을 수 있다. 코로나19 후유증 환자들은 모두 기저 질환자라는 세계 의료계를 놀라게 할 주장의 근거가 무엇인가? 전 세계 유력 기관들의 모든 논문들을 한 번에 가치 없게 만드는 그 엄청난 주장을 근거도 없이 말하는 의사자격증 가진 의사라는 전문가, 그리고 팩트 체크도 하지 않는 언론. 7월 미국 질본 보고서와 완전히 정반대로 대치되는 중증 환자만 후유증이 있다는 그 엄청난 주장 또한 근거가 무엇이고, 언론의 팩트 체크는 어디에 있는 건가? 9월 우리나라의 질본이 최초로 언론에서 공식 언급한 코로나19 후유증에 대한 말은 해외에 후유증 환자가 있다는 말은 들었지만 우리나라는 사례를 모른다였다.

아무리 수개월간 내가 이 페이지에 다른 나라의 후유증 정보와 치유에 대한 소식을 알려봤자, 겨우 100명 내외로 읽는 나의 글은 이런 기관과 언론 발표 앞에서는 아무런 힘이 없다. 기관과 언론에 의해 대중들은 후유증은 해외 일부에게나 있는 우리나라에는 없거나 아주 희귀한 경우일 뿐이다라고, 후유증은 기저 질환일 뿐이라고, 중증 후 회복자만 겪는다고 생각하게 된다. 우리나라에서는 내가 아무리 수개월간 세계적인 해외 유수한 기관들의 정보를 공유해도, 우리나라 기관이나 전문가가 아무런 근거 없는 한 개의 주장에 대한 언론 발표에 내 수개월간의 노력은 바로 물거품이 된다.

다른 기사에 4월 초에 재확진이 있었다는 질본 발표와 기사가 났고, 나에게 재확진에 대한 두려움이 없는지를 문의하는 언론들이 있다. 재확진을 어떻게 생각하냐도 아니고, 두려움이 없는지라고 답을 정해서 묻는다.

왜 우리나라 언론은 환자에게 치유가 필요하다는 것에 대해서는 전혀 관심 없고, 항상 환자를 두려움, 공포를 대중에게 전달하는 매체로만 사용하려고 답을 미리 정해서 질문을 할까?

난 두렵다기보다는 3, 4월에 재확진에 대한 기사가 많이 났었고, 당시 100명이 넘는 재확진은 모두 재감염이 아니고 죽은 바이러스가 검출된 것이라고 당시 질본이 발표했었는데, 5개월이 훌쩍 지난 9월 말인 4월 초에 재확진이 있었다는 발표가 왜 지금에야 다시 나오는지부터가 상식적으로 이해가 안 된다. 솔직히 난 두려움보다는 차별과 불신을 더 걱정한다. 3, 4월 재확진 기사가 계속 나면서, 사람들이 이미 음성 판정 받고 퇴원한 환자를 기피하는 차별이 있었고, 4월에는 절대 재확진 없고 모두가 죽은 바이러스 감염사례일 뿐이라고 발표했던 그 기관에서 5개월 넘게 지난 9월 말에 재감염이 있었다고 발표하는 걸 보면서 내가 후유증 관리를 다른 나라처럼 체계적으로 받을 수 있을까 하는 신뢰에 대한 커다란 의심이 재확진의 두려움보다 더 크다.

과학적 근거 있는 정보는 공유되지 않고, 기관이나 전문가라는 이름 하에 근거도 밝히지 않은 주장을 언론이 팩트 체크도 없이 내보내고, 환자에 대한 치료에는 관심이 전혀 없고, 환자는 대중에게 두려움이나 공포를 조성하기 위한 매개체로 사용하려고만 하는 현실에 나는 갈수록 희망을 가지기 힘들어진다. 다른 나라의 후유증 정보와 체계적인 관리를 처음 알기 시작했을 때는 우리나라도 조만간 시작을 할 거라는 희망이 있었다. 시간이 지날수록 그 희망은 줄어들고, 이제는 헛된 희망은 일찍 버리고, 나 혼자서 스스로 알아서 길을 찾아야 한다는 생각이 더 크게 든다.

나뿐만 아니라 우리나라의 다른 코로나19 후유증 환자들 모두가 다른 나라처럼 체계적인 후유증 치유를 받을 수 있기를 바라며 이 페이지를 만들었지만, 어쩌면 내가 헛된 희망을 다른 사람들에게 심어 주고 있는 건 아닌지 생각이 되기도 한다.

완치 판정후 후유증 204일째

2020년 9월 24일 목요일

최근에는 산책할 때도 가슴 통증이 심해져서, 마스크를 KF80 에서 일회용 마스크로 바꾸었다. 일회용 마스크로 바꾸고 나니 숨쉬기가 정말 편해졌다. 그런데, 오늘은 날씨가 쌀쌀해지고 바람도 심하게 불면서, 찬바람이 들어와 가슴 통증이 더 안좋아진 것 같다. 요즘은 말을 할 때도 가슴 통증이 느껴져 말하는 게 불편하다. 가슴 통증이 아주 심했던 병원에 입원했을 때와 5~6월달에도 말하기 힘들 정도는 아니었는데, 요즘 겪는 통증은 그때와는 다른 통증이면서 말할 때 좀 불편해진다. 날씨가 차갑고 건조하게 변하고 있고 환절기라서, 몸을 따뜻하게 유지하려고 하고 있다.

난 잠을 잘 때 꿈을 잘 안 꾼다. 그런데, 어젯밤 올해 들어 처음 꿈을 꿨다. 꿈에서 난 세계적으로 유명한 기업 본사에 취업을 했다. 하지만, 취업 후 몸이 아파서 출근을 전혀 못 했다. 그 후, 또 다른 세계적인 기업의 본사에 취업했고, 난 계속 아파서 내 침대에 누워 있고, 나의 사무실에는 내 이름만 달려있고 사무실 안은 텅 비어 있는 꿈이었다.

321

나는 지금 내가 처한 현실에 미래에 무엇을 할 수 있을까 걱정하지 않고 1년간은 회복에만 집중할 거라고 생각하면서 마음 편하게 지내고 있다고 생각했는데, 그래도 나의 무의식중에는 어쩌면 여전히 미래에 대한 불안이 남아 있었나 보다.

재미있는 건, 두 회사 모두 우리나라에도 지사가 있고 꽤 많은 직원이 있을 정도로 세계적인 기업들이지만 내가 한 번도 좋아한 적 없고, 취업하고 싶은 생각이 전혀 없는 곳들이었다는 것이다. ㅎㅎㅎ

코로나19로 입원해 있을 때는 퇴원하면 하고 싶은 것들이 정말 많았다. 내가 입원하던 2월 말은 중국과 한국 외에 다른 나라들은 코로나19가 확산되지 않았던 상황이었고, 지금처럼 전 세계적인 문제가 되기 전이었다. 난 퇴원하면 완치되어 예전과 같은 생활을 할 수 있을 거라고 생각했고, 진행 중이던 일들을 어느 정도 마무리한 후에, 1년 쉬면서 하고 싶은 것들을 할 계획이었다.

지금은 그때와 달리 상황이 달라져서, 코로나19로 인해 나뿐만 아니라 전 세계 모든 사람들의 삶이 바뀌어 버렸다. 그리고, 나는 생각지도 못했던 후유증으로 인해 나의 삶도 많이 달라졌다. 그리고 난 지금 1년을 쉬기로 결정을 했다. 물론 그때 생각과는 달리 후유증으로부터 건강 회복을 위해 1년을 쉬기로 했지만, 내가 할 수 있는 한 내가 하고 싶은 것들을 하면서 그 시간을 보내고자 한다.

지금 내가 가장 하고 싶은 것은 건강 회복과 나와 같은 처지에 있는 우리나라의 수많은 코로나19 후유증 환자들이 다른 나라들처럼 체계적인 치료를 받을 수 있게 되는 것이다.

얼마 전 내가 존경하던 사회의 많은 차별을 없애는 데 앞장섰던 미국의 긴즈버그(Ginsburg) 대법관이 사망했다. 작년 미국 시카고 대학의 단과대학 중 하나인 해리스(Harris) 정책대학에서 매년 세상을 이롭게 하는 정책을 위해서 평생 업적을 이룬 이에게 수여 하는 해리스 학장상의 수상자로 긴즈버그 대법관이 선정되었을 때, 시카고대에서 열린 수상식 연설에서 그는 "혼자 무엇을 하는 건 매우 어렵지만, 같은 생각을 가진 사람들이 함께하면 세상을 변화시킬 수 있습니다."라고 말했다.

* * *

이 글을 읽으시는 분들에게 간절히 부탁드립니다. 5월부터 4개월간 저 혼자 글을 올리고 있고, 지금은 고맙게도 제 글을 100여 분이 읽어 주시고 있지만, 저 혼자만으로는 우리나라에도 다른 나라처럼 후유증 환자의 치유가 필요하다는 사실을 알리

323

는 것에 한계가 많습니다. 코로나19 후유증의 치료에 대한 필요성을 더 널리 알리기 위해서, 나의 페이스북을 방문하는 분들에게, 나의 글의 공유를 부탁드립니다.

완치 판정후 후유증 205일째
2020년 9월 25일 금요일

완치 판정후 재양성 705명?

가슴 통증이 하루에도 여러 번 심해졌다 좀 나아졌다를 반복한다. 가끔 숨 쉬는 게 약간 불편한데, 긴 호흡을 하고 나면 좀 나아진다. 밤에 자다가도 불편해서 깨는데, 가슴을 좀 주무르고 나면 나아진다. 최근 좋아졌던 두통도 다시 좋았다 나빴다를 반복한다. 습하고 더운 여름 날씨에서 건조하고 추운 가을 날씨로 변하는 환절기 때문인지 아니면 후유증이 치료를 못 받고 있어서 심해지고 있기 때문인지는 모른다.

며칠 전인 9월 22일 언론 보도에 따르면 우리나라의 완치 판정후 퇴원했다가 재양성 된 경우가 705명이나 된다고 한다.

난 3월 말~4월 거의 매일 재양성 기사가 나왔었을 때, 재확진에 대해서 많은 걱정을 했다. 3월 초 퇴원하고 두 번 학교를 다녀온 후 여전히 기력이 약해서 회복을 위해 사회생활을 하지 않고 거의 집에만 있던 나는, 나 자신보다 재확진으로 내가 가족들을 감염시키지 않을까 하는 걱정이 많았다. 4월 말 정부가 292명의 모든 재양성 사례는 재확진이 아닌 죽은 바이러스 검출이라고 발표했을 때, 나는 안심은 되었지만, 왜 죽은 바이러스가 검출되었는데 완치로 퇴원했던 완치자들이 다시 심한 통증을 느꼈을까 궁금했다.

내가 감염이 되었던 2월 말은 우리나라에서 검사받기가 어려웠다. 확진자와 밀접 접촉자가 아니면, 엑스레이 검사 후에 폐에 코로나19 바이러스 감염 증세가 있다는 의사 소견이 있을 때만 검사가 가능했었다. 호흡 곤란을 겪고 있던 나는 3번의 통화 후에 겨우 검사를 받으러 병원에 가보라는 말을 들었다. 그 전의 2번의 통화에서는 확진자와 접촉한 적이 없으니 코로나19 감염은 아닐 것이고 그냥 집에서 쉬라는 말뿐이었다. 내가 사는 집 근처의 온천 교회 감염자 발생이 계속 나오는 중이고, 내가 호흡 곤란이 왔다고 말했는데도 말이다.

나는 입원하자마자 엑스레이 검사와 MRI 검사를 했고, 다음 날 아침 담당 의사 선생님은 내가 어떻게 입원 전에 검사를 받을 수 있었는지 물어봤다. 호흡 곤란으로 병원에서 기다리다가 의식을 잃고 쓰러졌다고 하니, 만약 쓰러지지 않았다면 검사를 못 받았을 거라고 했다. 엑스레이상에서는 깨끗하고, MRI에서 초기 증상이 발견되었기 때문에, 아마 쓰러지지 않고 엑스레이 검사만 했으면 검사를 못 받았을 거라고, 쓰러지는 덕에 코로나19 검사를 받고 입원을 할 수 있게 되어 오히려 다행이라고 했다. 당시는 중국 외 우리나라가 대규모 감염 확산이 처음 일어난 국가라서 중국 외에는 정보가 없었고, 그래서 우리나라도 엑스레이로 확진을 알 수 있을 거라고 잘못 알고 있었다. 차후, 엑스레이로 감염 여부를 정확히 파악할 수 없다는 정보는 알려졌지만, 그때의 방역정책은 당시에 정보가 부족한 상황에서 일어난 것이기에 누구를 비난해서는 안 된다.

지금 다른 지역은 모르겠지만, 서울은 원하면 누구나 코로나19 검사를 받을 수 있다고 한다. 하지만 내가 퇴원한 후에도 3월 서울에 있는 나의 지인의 직장 동료가 증세가 나의 코로나19와 비슷한지 물어왔을 때 너무나도 나와 비슷해서 검사를 받으라고 했지만, 내과를 2번이나 방문하고도 엑스레이 소견이 없어서 못 받았다. 그 후에도, 엑스레이로는 확진을 할 수 없다는 것이 알려진 후인 5월 말에도 부산에서 등교 후 첫 학생 확진자가 발생했을 때도 그 학생은 방문했던 내과에서 코로나 소견이 없다고 해서 검사를 못 받다가, 다음 날 학교에서 증세가 안 좋아서 교사가 보건소에 연락해서 검사를 받을 수 있었다는 기사도 있을 정도로 여전히 우리나라는 검사받기가 쉽지 않았다.

그리고, 퇴원한 완치자들에 대한 체계적인 재확진 검사는 전혀 없고, 완치 판정 후 다시 이전과 비슷한 심한 증상이 나타나도 검사받기는 쉽지 않았다. 나의 페이지가 공유된 후 나에게 연락을 준 다른 완치자분들 중에서도 퇴원 후 증상이 악화되어 재검사를 받으려고 했지만, 감기니까 집에서 그냥 쉬라고 하면서 여러번 요청해도 재검사를 전혀 받을 수 없었다는 분들이 여럿 계셨고, 오히려 재검사를 받을 수 있었다는 분은 나와 다른 한 분밖에 없었다. 나 또한 5월에 너무 몸이 안 좋아지고, 감염되었을 때와 같은 호흡 곤란이 와서 검사를 받으려고 전화를 한 적이 있다. 그때, 전화에서 감기이니 그냥 집에서 쉬라는 소리를 나도 들었고, 그다음 날 몸이 계속 안 좋아서 보건소에 전화를 걸었을 때, 담당자가 내 이름을 듣고 내가 퇴원 후에 보건소에 감사 편지를 보냈던 사람인 것을 기억하시고 나에게 검사를 받으러 오라고 하셨다.

완치 판정 후 퇴원한 완치자가 뚜렷한 증세가 있어도 검사를 받기 힘들었음에도 재양성이 705명이라는 건, 그들이 완치 판정 후에도 심한 통증을 다시 느꼈다는 것이고, 우리나라도 완치가 아닌 후유증 환자가 적어도 705명이 있다는 것 아닌가? 그러면, 이미 4월 말에 292명의 완치 판정 후 재양성자들이 사실은 완치된 것이 아니라 후유증을 겪고 있다는 걸 파악할 수 있었다는 것 아닌가? 그 당시에 전부 죽은 바이러스만 검출되었다고 해놓고, 5개월이 지난 9월에 그중 한 명은 재감염이었다는 발표를 하고, 죽은 바이러스였는데도 완치 판정 후 다시 심한 통증을 느낀 사람이 4월 말에 이미 수백 명이었다는 걸 알면서도 왜 완치라고 하며, 후유증에 대한 언급은 수개월간 하지 않고 있었을까?

완치 판정 후에도 심한 통증을 다시 느껴서 검사를 받은 후
1. 재양성 나온 이가 705명,
2. 나처럼 완치 판정 후 수주~수개월 뒤 심한 통증으로 검사를 받은 후 음성이 나온 사람들,
3. 완치 판정 후 심한 통증의 재발이 있었음에도 재검사를 받을 수 없었던 사람들까지
우리나라에도 완치자가 아닌 후유증 환자들이 많을 수 있다는 추론이 가능하다.

그리고, 지난 7월 미국 질본의 무증상 또는 미미한 증상으로 자연 치유 후 수주~수개월 뒤 코로나19 바이러스로 인한 질병

적 후유증 증상이 발현한 사례가 35%라는 보고처럼,

4. 코로나19 증상이 있었음에도 밀접 접촉자가 아니고 엑스레이 소견이 없어서 검사를 못 받았다가 자연 치유된 사람들 중 후유증 겪고 있는 사람들,

5. 무증상이거나 미미한 증상으로 자신이 걸린 줄도 모르고 자연 치유된 사람들 중 후유증을 겪고 있는 사람들.

이 모든 경우를 다 합치면 우리나라에도 코로나19로 인한 후유증 환자의 수가 우리가 생각하는 것보다 훨씬 많을 수 있고, 자신이 코로나19 후유증인 줄도 모르고 제대로 된 치료도 못 받고 병원 여기저기만 돌아다니면서 검사만 받고, 잘못된 치료만 받고 있는 이들이 상당히 많을 수도 있다.

다양한 증상이 함께 일어나고, 여러 증상이 번갈아 가면서 좋았다 나빴다 하는 코로나19 특성상 여러 전문가가 함께 치료를 해야 하는데, 우리나라의 환자들은 여러 증상으로 어느 병원에 가야 할지도 알기 힘들고, 증상별로 이 병원, 저 병원 다니면서 여러 검사만 할 뿐, 국내 의료진들마저도 코로나19에 후유증에 대해 아예 모르는 이들도 많고, 들어는 보았어도 체계적인 정보는 접하지 못한 이들이 대부분이기 때문에 제대로 된 치료를 받을 수도 없는 상황이다.

체계적인 코로나19 후유증 정보가 제공되지 못하고 있는 우리

나라는 의료진이 바쁜 일정 중에 전 세계 각종 논문 사이트를 직접 찾아가면서 코로나19 후유증에 대한 논문들을 찾아서 보지 않는 이상 최소한의 정보조차도 접하기도 어려운 상황이라서, 체계적인 치유를 제공하기에는 의료진의 후유증에 대한 정보 및 지식이 너무 낮다.

우리나라의 코로나19 후유증 관리를 못 하는 것은 후유증 치료를 위한 약이 없어서가 아니라, 후유증 치료를 가능하게 하는 국가 차원의 정보 공유와 신체의 다양한 기관에 영향을 미치는 코로나19 후유증 특성상 한 분야의 전문가 한 명이 아니라 다양한 분야의 전문가들이 같이 치유를 해야 하는데, 그러한 치료 시스템이 구축되어있지 않기 때문이다.

난 보건 정보 공유 시스템과 치료 시스템의 전문가는 아니다. 하지만, 우리나라 보건복지부나 한국의학협회 등과 국내 의료기관들 간의 통합 정보/지식 공유 시스템은 존재할 것이다. 영국 보건복지부가 이미 시작한 코로나19 중증 후유증 환자들을 위한 전문 병원 설립, 전국적으로 의료원에 후유증 전문관리 센터/프로그램 설치, 온라인/앱으로 코로나19 후유증 환자와 지역병원을 연결한 원격 관리 및 전국의 의료 기관들이 공유할 수 있는 코로나19 후유증 관련 정보관리시스템까지 이미 시작한 높은 차원의 코로나19 후유증 관리 및 치료 시스템을 우리나라 보건복지부가 만들기는 힘들지도 모른다. 그리고, 대부분의 병원들이 공공병원이고 거의 모든 의료는 국민의료보험으로 전액 무료인 서유럽과 달리 우리나라는 공공의료 기관의 비율이 낮고 민간 의료 기관 위주로 운영이 되고 있고, 국민건강보험이 모든 의료비용을 감당하는 것이 아니고, 개인이 부담해야 하는 의료 비용의 비중도 크고, 미국과 비슷한 민간의료보험 시장도 크게 존재하는 복잡한 구조의 시스템에서 영국 등 서유럽 국가들처럼 코로나19 후유증 치유를 무료이면서도 고차원적으로 당장 시작하는 것이 힘들 수도 있다.

하지만, 우리나라 보건복지부는 기존에 존재하는 시스템에 코로나19 후유증에 대한 해외 자료들을 공유하고, 전국의 코로나19 후유증 관리 병원을 지정해서 이들 병원의 의료진이 정보를 습득하고 치료를 제공할 수 있는 환경을 만들어 주는 것이, 이미 있는 시스템을 활용하면 어렵지 않게 단기간에 시작할 수 있고, 최소한 필요한 것 아닐까? 설마 우리나라 보건, 의료 시스템이 이 정도 기본도 단기간에 추가할 수 있는 정도도 안 되어 있지는 않을 것 같다. 물론 나는 보건 전문가도 아니고, 나의 의견이 틀렸을 수도 있고, 우리나라의 보건 전문가들은 비전문가인 내가 생각하는 것보다 훨씬 뛰어난 시스템을 조만간 시작하기 위해 준비 중일 수도 있다. 하지만, 코로나19 후유증 관리에 대한 준비를 하고 있다면, 불확실성으로 인한 두려움이 큰 후유증 환자들을 위해 그 계획을 투명하게 밝히고 알리면 더 좋지 않을까? 단지 코로나19 확진자가 오늘은 몇 명이고, 어디서 나왔는지만 알리는 게 아니라, 후유증 관리에 대해서는 어떤 것을 언제 시작하기 위해서 지금 어디까지 진행이 되었다는 것을 알리는 것이 보건복지부와 질병관리본부의 일이 아닐까?

해외 수많은 전문가들과 의학 보고서에서 코로나19 후유증 치유는 바이러스 회복 후 되도록 빨리 시작되어야 한다고 밝히고 있다.

우리나라 보건복지부와 질병관리청이 코로나19 후유증의 체계적인 관리를 이제라도 가능한 한 빠르게 실시하는 것은 후유증 환자의 치유뿐 아니라 우리나라 의료계를 위해서도 필수적인 요인이다. 사스, 메르스, 그리고 코로나19, 지속되는 감염병의 상황에서 체계적인 후유증 관리 시스템의 구축은 미래를 위해 필요하고, 한국이 K-의료를 이루기 위해서가 아니라 의료분야에서는 이미 우리나라보다 훨씬 앞선 미국, 서유럽들과 더 큰 격차가 벌어지기 않게 하기 위해서라도 해야 하는 필수적인 요인이다. 또한 우리나라 구성원들인 후유증 환자들의 삶을 위해서뿐만 아니라 수많은 코로나19 후유증 환자들의 질병이 만성 질환이 되어, 우리나라 의료계에 대한 부담을 가중시키는 요인을 선제적으로 막기 위해서도 체계적인 후유증 치료는 조만간 시작되어야 한다.

또한, 바이오산업의 경쟁력이 약한 우리나라의 바이러스 예방을 위한 백신 개발, 바이러스 치유를 위한 치료제 개발은 미국, 유럽보다 그 속도가 늦는 것은 당연할 수밖에 없다. 하지만, 바이러스로 인해 생긴 후유증의 치유마저도 우리나라가 이미 5월부터 시작한 미국, 유럽보다 뒤쳐지면서 아직도 계획마저 없다면 바이오 한국이라는 국가적 전략마저도 잘못 진행되고 있는 게 아닐까? 어쩌면, 제약 산업의 경쟁력이 떨어지는 우리나라가 미국, 유럽보다 경쟁력을 가질 수 있는 분야는 바이러스 백신이나 바이러스 치료제가 아니라 바이러스로 인한 후유증 관리가 아닐까?

환자는 치유가 필요하다는 인간에 대한 기본적인 상식뿐 아니라, 우리나라의 사회적 요인과 국가 산업 경쟁력을 위해서도 코로나19 후유증에 대한 체계적 관리는 우리나라의 보건복지부와 질병관리청이 필수적으로 해야만 하는 일이 아닐까?

이미 수개월 전부터 우리나라보다 먼저 코로나19 후유증의 체계적인 치유가 들어간 나라들보다 늦었다는 비난이 필요하지는 않다. 우리가 필요한 것은 코로나19 후유증의 체계적인 치유의 시작이다.

완치 판정후 후유증 206일째
2020년 9월 26일 토요일

편견과 차별이 없는 세상
루스 베이더 긴즈버그(Ruth Bader Ginsburg) 미국 대법관

항상 웃으셨던 어머님의 얼굴에 이번 주 계속 웃음이 사라졌다. 지난 6개월 넘게 내가 조그마한 스트레스에도 참을 수 없을 정도로 민감해져서 감정 조절을 못 하던 5, 6월에도 항상 웃는 얼굴로 나에게 힘이 되어 주셨던 어머님의 얼굴에 웃음이 사라지시고 걱정이 가득이시다. 나의 가슴 통증이 심한 탓에 말을 하면 불편해져서 말을 하지 않고, 목소리를 들으면 아프다는 걸 알 수 있고, 예전보다 더 많이 지쳐 보이는 아들 때문에 걱정이 심해지셨나 보다. 아들이 걱정할까 봐, 걱정 안 하시는 척, 괜찮은 척, 항상 웃으시던 어머님인데, 6개월 넘게 계속 아픈 아들이 시간이 지나도 더 나아지지 않고 안 좋아지는

334

것 같아서 걱정이신가 보다. 너무나도 고마우신 아버님의 은혜에 보답 한번 제대로 못 했는데, 이렇게 또 너무나도 고마우신 어머님의 은혜에 보답도 못 하고 걱정만 끼치고 있다. 어머님이 오래오래 건강하게 사시면서, 언젠가는 내가 그 은혜에 조금이나마 보답할 수 있는 시간이 오기를 바란다.

작고하신 루스 베이더 긴즈버그 미국 대법관은 여성 평등을 비롯한 사회적 약자들을 위한 편견과 차별이 없는 평등하고 공정한 세상을 만들고자 노력을 했다. 50년대 중반 긴즈버그는 하버드대학 법학 대학원에 입학했다. 당시 하버드대 법학 대학원 입학생 500명 중에 여학생은 9명뿐이었다. 하버드 법대 학장은 9명의 여학생들을 본인의 자택에 저녁 식사를 초대해서 "왜 하버드대 법학대학원에 입학해서 남자가 있어야 하는 자리를 차지하느냐?"는 긴즈버그를 포함한 9명의 여학생들에게 질문을 했다. 그녀는 그 뒤 남편이 직장을 위해 뉴욕시로 옮길 때, 컬럼비아(Columbia) 대학 법학 대학원으로 편입을 해서 졸업 후, 뉴저지주의 주립대인 럿거스(Rutgers) 대학 법학 대학원에서 교수를 역임했다. 그곳에서 "여성과 법"이라는 새로운 과목을 개설했고, 여성 평등을 위한 소송에 변호를 하다가 사회적 약자들의 편에 선 법조인이 되었다.

난 90년대 미국의 대학에서 페미니즘에 대한 강의를 여러 번들은 적이 있다. 당시 나의 룸메이트였던 앨런(Alan)의 여자친구가 나와 앨런에게 페미니즘 강의를 꼭 들어야 한다고 끌고 갔었고, 그 강의가 내가 처음 들은 페미니즘에 대한 강의였다. 그 강의는 진정한 페미니즘과 여성 평등은 무엇인가에 대한 강의였는데, 그 내용을 요약하자면 진정한 페미니즘은 남성을 경멸하는 급진주의적 페미니즘이 아닌 남자와 여자가 동등하면서 성별에 의해서가 아니라 인간으로서 가진 능력과 자질로 기회의 평등이 주어지고, 상호 존중하는 것이 페미니즘이고 여성 평등이라는 이야기였다. 그 뒤에도 나는 페미니즘 강의를 몇 번 더 갔었다.

물론 나는 남자라서 여자들이 겪는 성차별을 겪은 적은 없었지만, 동양인으로서 인종차별을 겪고 있어서 나에게 차별, 편견, 평등에 대한 이야기는 크게 다가왔다. 부산에서 태어나서 자라고 교육받고, 군대도 다녀왔지만, 미국 대학과 영국 대학을 졸업하고, 첫 직장 생활을 핀란드에서 하고, 스페인 등에서 살기도 한 나는 내 인생의 거의 반을 해외에서 보냈고, 엄밀히 말하자면 한국보다는 조금 더 많은 시간을 해외에서 보냈다. 서양에 사는 동양인으로서 차별과 편견은 나에게는 인간은 모두 평등하고 행복을 누릴 자유가 있으며, 어떠한 형태로도 편견과 차별은 잘못된 것이다라는 신념을 심어 주었다. 내가 게 을러서 공부를 하지 않아 무식하다는 소리를 듣는 건 차별이 아니다. 내가 시간이 많은데도 운동을 하지 않아 배가 나오고 게으르다는 소리를 듣는 건 차별이 아니다.

하지만, 내가 지적장애가 있어서 공부를 남들처럼 할 수 없는 한계가 있는데 무식하다 하는 것은 차별이고, 내가 질병적 문제가 있어서 운동을 할 수가 없어서 배가 나온 걸 게으르다고 하는 건 차별이다. 내가 충분히 할 수 있음에도 내가 하지 않아서 생긴 결과에 대한 평가는 차별이 아니다. 하지만, 내가 어찌할 수 없는 것에 대한 편견과 비난은 차별이다. 내가 동양인인 것은 바뀔 수 없는 나의 존재이고, 그래서 여자라서 불평등한 처우를 하는 것은 차별이고, 동양인이라서 불평등한 처우를 하는 것은 차별이고, 누구나 걸릴 수 있는 감염병에 걸린 환자를 비난하는 것은 차별이다. 난 이런 차별에 저항해서 세상을 바꾸고자 노력한 이들을 존경한다. 하지만, 난 차별을 바꾸는 행동은 평등과 상호존중이지, 상대방에 대한 경멸과 비난의 분열적 극단주의는 아니라고 생각한다.

긴즈버그는 시카고에 있는 노스웨스턴(Northwestern)대학의 1998년 졸업식 연설에서 "나는 진정한 페미니즘의 의미를 존중하는 사람들로부터 지속적인 용기를 얻는다. 진정한 페미니즘은 경멸이 아니다. 진정한 페미니즘은 남자와 여자, 사람들을 자유롭게 하는 것이고, 너와 내가 본인이 되는 것이고, 사람들이 인위적인 제약 없이 자신들이 가진 능력과 재능을 펼칠 수 있게 되는 것이다."라고 했다. 미국의 대표적인 진보 성향의 대법관이면서 여성인 긴즈버그와 미국의 대표적인 보수 성향의 대법관이면서 남성인 스칼리아(Scalia) 대법관은 미국 정치적 성향의 정반대 편에 서 있으며 절대 어울릴 수 없을 것 같은 사람들이지만, 그들의 우정은 널리 알려져 있다. 그들은 대법관으로 지내면서, 같이 오페라를 보러 가고, 두 부부가 해외여행을 같이 가고, 두 가족의 자녀와 손자들 모두 모여서 연말 파티를 즐기는 우정을 나눈 것으로 유명하다.

긴즈버그와 스칼리아는 오페라를 좋아하고, 긴즈버그는 럿거스(Rutgers)대학 법학대학원 교수였고, 스칼리아는 시카고대학 법학대학원 교수였으며 강의하는 것을 즐긴다는 공통점이 있었지만, 정반대의 정치 성향에도 우정을 나눌 수 있었던 것은 상대방의 생각에 동의는 하지 않지만, 상대방의 생각 또한 논리적으로 뛰어나며 그 주장이 맞을 수도 있다는 논리적으로 다른 관점을 이해하고 존중하며, 무엇보다도 생각이 다른 뿐 사회를 어떻게 하면 더 좋게 할지를 고민한다는 기본적인 신념이 같으며, 친구로서 훌륭한 사람이라는 걸 서로가 알기 때문이었다고 한다.

난 여성이 아니라서 여성이 받는 차별을 받아 본 적은 없다. 그래서, 난 여성들의 입장에서 이야기하는 차별과 편견을 모두 이해하지는 못할 것이다. 나는 많은 점에서 사회적 소수자이기보다는 사회적 기득권자이다. 하지만, 난 여성, 사회적 소수자들이 겪는 차별도 내가 동양인, 외국인으로서 겪은 차별처럼 잘못된 것이고, 인간은 모두 평등하고 행복을 누릴 자유가 있다는 신념으로 여성과 사회적 약자들의 입장을 이해하고자 해왔고, 편견과 차별에 반대하고, 평등을 지지해왔다.

우리나라의 코로나19 감염병 환자들은 확진자라고 불리며 편견과 차별에 고통받고, 완치자라 불리며 편견과 차별에 고통을 받고 있다. 다른 나라에서는 환자라고 부르는 코로나19 감염병 환자를 확진자라고 차별적으로 부르며, 2, 3월에 감염자들은 신천지교도이거나 가족 중에 신천지교도가 있을 거라고 편견과 차별을 받았고, 그 후에는 이태원 동성애자 클럽에 간 동성애자이거나 가족 중에 동성애자가 있을 거라는 편견과 차별을 받았다. 그리고 광화문 집회 참여자 또는 가족이 광화문 집회 참여자라는 특정 프레임에 우리 사회는 감염병 환자를 집어넣어 마녀사냥식 편견과 차별을 받게 했다. 그리고, 다른 나라에서는 이전에는 회복자, 환자라고 부르고 요즘에는 환자, 장기적 환자라고 더 많이 표현하는 후유증 환자들을 완치자라는 잘못된 표현으로 명명함으로써 편견을 만들어, 우리나라 정치의 한쪽 끝으로부터는 후유증 환자는 반정부집회를 막을려는 사기꾼이라는 음모론으로 공격받고, 다른 한쪽 끝으로부터는 K-방역을 흠집 내기 위한 사기꾼이라는 음모론으로 공격받는 존재가 되게 만들었다.

나는 믿는다. 우리 사회도 언젠가는 환자는 치료를 받아야 한다는 가장 기본적인 상식이 지켜지는 사회가 될 거라는 것을. 환자는 평등한 인간으로서 차별과 편견이 아닌 존중을 받고 행복을 누리는 건강한 사회인으로 돌아갈 수 있도록 치료받아야 하는 존재라는 것은 아주 기본적이고 상식적인 생각이다. 이 생각이 지켜지는 다른 나라들처럼 우리나라도 더이상 코로나19 환자들이 완치자라고 차별적으로 불리어지며 차별과 편견을 당하는 것이 아닌, 다른 질병과 마찬가지로 감염 환자, 후유증 환자 모두 환자로서 체계적인 치료가 시작되는 날이 오기를 바란다.

K-방역과 질본의 후유증 발표

최근 K-방역에 대한 기사와 질본의 후유증 발표에 대한 기사가 있었다. 물론, K-방역에 대한 기사는 포털에 1위까지 오를 정도로 인기가 있었지만, 후유증에 대한 기사는 별로 많은 이가 보지는 않은 것 같다.

며칠 전 K-방역에 대한 기사로 "WSJ[1], 한국, 전 세계에서 가장 잘 막았다"라는 제목의 기사가 포털 1위에 올랐다. 3, 4월 나에게 연락이 왔던 서울에 거주하는 한국인 기자들이 한국 정부의 코로나19 방역에 대한 우월성을 이야기해 달라던 경험이 생각나서, 혹시나 하고 WSJ 기사를 찾아보았다. 역시나 그 기사도 윤씨 성을 가진 한국 이름의 기자가 서양 이름의 한국 특파원과 공동으로 올린 서울발 기사였고, 그 기사에는 전 세계에서 가장 잘 막았다는 내용은 없었고, 서양 국가들과 비교해서 한국이 잘하고 있다는 내용의 기사였다. 그리고, 오늘도 역시 우리나라의 다른 언론이 WSJ의 기사를 인용한 똑같은 내용의

1) 월 스트리트 저널(The Wall Street Journal)

341

기사를 다른 제목으로 포털 사이트 순위 내에 올렸다.

추석 지나고 바로 국회 국정 감사가 시작되고, 첫 순서가 보건 복지부라고 한다. 아무래도 총선 선거철에 했던 것과 같은 방식으로 국정 감사 전에 언론을 통해서 K-방역을 해외에서 칭찬한다는 국내 여론 조성을 하려는 것 같다.

내가 3, 4월에 알게 된 현실은 나에게 이런 식으로 정치적인 기사를 위한 인터뷰를 요청해 온 기자들은 한국인 이름을 가진 서울에 있는 사람들이고, 이들은 해외 언론사의 공식 기자도 아닌 사람들이 대부분이었다는 것이다. 이들은 나에게 해외 언론사 한국 특파원이라면서 지메일, 네이버, 한메일, 다음 등의 이메일 주소로 연락을 해왔고, 내가 그들에게 정식 회사 이메일로 연락을 달라고 했을 때, 그들은 나에게 이메일을 보내지 않았고 대신 외국인 정식 기자가 나에게 이메일을 보내면서 그들은 해외 언론사의 정식 기자는 아니고 프리랜서로 해당 언론에 기사를 기고하기도 하기 때문에, 이들의 취재를 도와주면 고맙겠다고 알려 왔었다.

난 정치적으로 한쪽에 치우친 질문들은 답변하지 않았기에, 나는 이들 기사에 언급이 되지 않았지만, 이후 우리나라 언론에서 해외 언론이 우리나라 방역을 칭찬한다는 기사들을 보게 되었고, 서울에 있는 한국인 기자가 올린 기사라는 걸 알게 되었었다. 그리고, 이번에도 역시 마찬가지였고, 우리나라 언론 중에서 포털 순위 1위에 오른 기사는 본 기사에는 있지도 않은 내용을 자극적으로 바꾸어 우리나라가 세계 최고라고 표현한 기사였다.

얼마 전 미국 CNN에서 "대만이 코로나19 방역을 위한 차단 정책을 이끌었고, 이제는 개방된 사회로 다시 돌아가는 것을 선도하고 있다(Taiwan led the world in closing down for Covid-19, now it wants to do the same with opening back up)"라는 대만의 코로나19 정책에 대한 기사를 냈다. 우리나라 못지않게 대만의 방역 성공에 대한 기사는 해외 언론에서 꾸준히 다루었다. 하지만, 우리나라 언론 어디에서도 대만 방역 정책을 분석하거나 해외 언론의 대만 방역 성공에 대한 기사를 소개하는 기사를 나는 본 적이 없다. 우리나라 언론은 해외에서 칭찬하는 다른 나라의 방역은 절대 언급하지 않는다. 우리가 발전을 하려면, 자화자찬만 하고 있지 말고 다른 나라의 잘하는 것들을 알리고 배워야 하지 않을까?

우리나라 질본도 드디어 우리나라의 코로나19 후유증에 대한 공식 조사 발표를 했다. 여러 언론을 종합해 보면 환자가 많았던 경북대 병원이 완치자들에게 전화로 설문 조사를 한 결과를 질본이 발표한 것 같다. 처음에는 이 발표가 이제 우리나라 보건복지부와 질본이 코로나19 후유증 치료를 다른 나라처럼 시작하기 위해서일 것이라고 착각하면서 기뻐했다. 하지만, 기사들을 종합해보면, 단순한 전화 설문 조사였고, 질본의 발표는 내년 언젠가 완치자들 중 일부를 병원에서 검사를 통해 조사를 하겠다는 것이 공식 발표 내용이었다.

역시 추석 후 바로 시작될 보건복지부 국정 감사 때 왜 우리나라는 후유증에 대한 아무런 조치가 아직도 없었냐는 야당의 공격에 대비하기 위한 급작스런 조사가 아닌 진정한 치료를 위한 준비라고는 생각할 수가 없을 것 같다. 내년 1월, 2월 등 정확한 시기도 밝히지 않고, 국내 의료 기관에 체계적인 정보 공유와 치료를 시작하겠다는 것도 아니고, 완치자 중 일부 설문 조사는 지금 했으니 내년 언젠가 완치자 중 일부를 병원에서 검사해 보고 파악하겠다는 건 정치적 홍보용 의미 외에는 머리가 제대로 된 사람이라면 얼마나 파렴치하고 더러운 의미 없는 짓거리를 보건복지부와 질본이 하고 있는지 알 것이다.

다른 곳도 아닌 보건복지부, 질본, 보건복지위원회 소속 국회의원에게 지금 코로나19 보다 더 중요한 것이 있을 수 있을까? 왜 그들은 다른 나라들은 이미 수개월 전부터 하고 있는 것을 언제부터 제대로 시작하겠다는 말조차도 못 하고 있으면서, 너무나도 미숙한 정치놀음이나 하고 있을까?

정말, 난 더이상 우리나라의 보건복지부와 질본에 대한 분노를 참을 수가 없다. 난 그들이 인간쓰레기로 보이고, 정치 쓰레기로 보일 뿐, 더이상 그들은 나에게 존중받을 인권을 가진 존재들로 보이지 않는 건 나의 잘못일까? 그리고, 나에게는 무능한 여, 야 24명의 보건복지위원회 소속 국회의원들 모두 권력욕에 찬 정치 쓰레기일 뿐 더이상 인간으로 존중해야 할 이들로 여겨지지 않는다. 그들은 자신의 권력에만 관심이 있지, 더 좋은 세상, 더 공평한 세상, 상식이 통하는 세상을 위해 국민이 잘살 수 있는 나라를 만들려고 노력하는 이들은 절대 아니다라는 걸 절실하게 알게 되었다.

그래서, 난 오늘부터 그들을 버리기로 했다. 더이상 난 그들이 우리나라도 다른 나라들처럼 코로나19 후유증을 체계적으로 치료하게 해줄 거라는 헛된 믿음은 버린다. 난 더이상 내 인생을 그들에 대한 헛된 희망으로 낭비하지 않겠다. 어차피 내 인생은 나의 것이다. 그리고, 더 나은 세상은 정부와 정치인이 만드는 것이 아니라, 국민이 만드는 것이다. 정부와 정치인은 국민 위에 군림하는 권력이 아니고, 국민이 요구하는 일을 해야 하는 국민의 일꾼일 뿐이다. 하지만, 그들이 권력에만 관심 있고, 국민을 위해 일하지 않는다면, 그들을 버리면 된다. 난 그들을 버린다. 그리고, 난 나를 택한다. 잠시 멈추었던, 코로나 19 환자들을 위한 온라인/앱 서비스를 프로젝트를 진지하게 다시 추진해 봐야겠다.

난 방금 깨달았다. 그동안 언젠가는 우리나라의 보건복지부, 질본, 국회 여, 야 24명의 보건복지위원회가 우리나라도 다른 나라처럼 코로나19 후유증 환자들이 체계적인 치료를 받을 수 있는 시스템을 만들 거라고 그들에게 희망을 가지고 있었다. 그리고, 시간이 지날수록 나의 희망은 절망으로 바뀌었고, 걱정과 고통으로 바뀌었다. 지금 난 그들에 대한 희망을 버렸다. 하지만, 그들에 대한 희망을 버리는 순간 나의 절망과 걱정은 오히려 없어지고, 새로운 희망을 가지게 되었다. 난 그들보다 나를 믿는다. 난 나와 함께 우리나라의 코로나19 후유증 환자들을 위한 서비스를 같이 만들기 위해 자신의 능력과 시간을 공유해 줄 이들을 믿는다. 나는 헛된 희망을 버리고, 더 나은 새로운 희망을 가진다.

우리는 매일 행복이라는 선물을 받습니다

말을 하면 목뿐 아니라 가슴마저도 불편해져서 1주일 넘게 말을 안 하고 있다. 그래도, 말을 하지 않으면 상태가 괜찮아진다는 것만으로도 고맙다. 강당에서 강의할 때도 마이크를 사용하지 않아도 될 정도로 크게 목소리를 낼 수 있었고, 하루 8시간씩 3일 연속 강의도 자주 했었고, 코로나19 감염 후 입원했을 때나 퇴원 후에도 첫 두 달 정도는 아무런 이상이 없었지만, 그 후 갈수록 목소리를 크게 낼 수 없게 되었고, 요즘은 말하는 것 자체가 불편하다. 그래도, 두통은 많이 좋아졌고, 이렇게 글을 쓸 수 있는 것만으로도 고맙다.

솔직히 지난 1주일간 좋은 생각보다 안 좋은 생각이 더 많이 들었다. 말을 하기 힘든 상황뿐 아니라 가슴 통증, 혈전/혈관 종 관련 문제 등 걱정이 많았다.

200일 넘게 난 눈을 뜨면 바로 시작되는 통증, 잠을 제대로 자지도 못하고 잠들기 위해 뒤척거리면서도 계속 느껴지는 통증, 자다가도 중간에 여러 번 일어나게 하는 통증과 하루 종일 함께하고 있다. 지난 일주일간 난 내 인생이 고통으로 가득 찬 것 같은 생각이 더 심하게 들었다. 건강 관리를 위해서 산책을 갈 때도 계속되는 통증으로 머릿속에는 통증과 그에 대한 원인, 치료 방법에 대한 생각만 가득 차 있었다.

물론, 내가 통증, 고통, 걱정을 완전히 없애버릴 수는 없다. 하지만, 난 아침에 일어나서 잠자리에 들기까지 나에게 주어지는 건 통증만이 아니라는 걸 알게 되었다. 아침에 햇살을 보고, 나를 사랑하고 돌봐주는 가족들과 다시 함께 시간을 보낼 수 있고, 가을 산책을 갈 수 있고, 밤하늘의 달을 볼 수 있다. 통증, 고통, 걱정에 사로잡혀서 햇살, 가을, 달 등 내 주변의 아름다움과 행복을 내가 잠시 보지 못하고 있었다.

나에게 통증이 있다고 매일 하루 종일 고통과 걱정만으로 지낼 수는 없다. 내가 통증, 고통, 걱정에만 빠져 있으면, 나에게 주어진 행복과 희망을 보지 못하게 된다. 하지만, 내가 행복과 희망을 보려 한다면, 나에게 주어진 통증, 고통, 걱정을 덜 하게 된다.

매일 나에게 주어지는 통증을 어떻게 할 수는 없다. 하지만, 난 매일 나에게 주어지는 행복과 희망을 더 자주 보고, 더 자주 느낄 수 있도록 할 수 있다. 지금은 매일 통증과 행복을 같이 받고 있지만, 언젠가는 통증이 없는 날도 올 것이다. 그때는 매일 행복만을 선물 받을 것이다.

행복은 얼마나 가지고 있는 것이 아니라, 얼마나 즐거운 것을 하고 있는가이다

여전히 말을 하면 가슴 통증이 심해져서 말을 못 하고 있다. 어젯밤 잠을 설쳐서인지 두통도 심해졌다. 기관지가 불편해서 일기예보를 보니, 오늘 습도가 29%로 급격히 떨어졌다. 최근 습도가 다시 높아져서 가습기를 어젯밤 안 틀고 잠을 잤는데, 아마 습도가 떨어져서 더 힘든 것 같다.

걱정을 안 하려고 하지만, 특히 잠을 자기 위해 불을 끄고 침대에 누워 있을 때는 통증으로 2~3시간 동안 침대에서 잠을 청하면서 뒤척이다 보면 걱정을 안 할 수가 없다. 이런저런 걱정을 하다가 다시 안 하려고 노력하고, 그러다가 다시 걱정이 생기고, 매일 밤 고통, 걱정과 그것을 잊으려고 다른 생각들을 번갈아 하다가 잠이 든다.

통증의 원인에 대한 걱정, 언제 우리나라는 다른 나라들처럼 코로나19 후유증의 체계적인 치료가 가능해질까에 대한 걱정, 과연 내가 무엇을 하면서 살아갈 수 있을까에 대한 걱정 등 여러 걱정들을 하지 않으려고 노력하지만, 어느 순간 다시 내 머릿속에 들어온다.

하지만, 어쩌면 나의 생각의 관점이 잘못된 것일 수도 있다. 난 비록 몸은 아프지만 가족들과 이야기를 나눌 수 있었던 때의 행복을 말하기 힘든 지금에서야 더 절실히 알게 되었다. 지금 내가 무엇을 할 수 있는가를 걱정할 게 아니라, 내가 지금 즐겁게 할 수 있는 것을 생각하고 그것을 즐기면서 행복을 느끼는 것이 나에게 도움이 되는 것 아닐까?

예전부터 나의 지인들은 나에게 책을 쓰거나 유튜브를 해보라고 했다. 난 글 적는 걸 좋아해서, 책을 쓰는 것도 괜찮을 거라는 생각을 예전에도 했었다. 8월 중순 나의 페이지의 글 한 개가 널리 공유된 후, 8개의 출판사에서 연락이 왔다. 그중에는 작년 판매액 기준 국내 5위 내에 있는 출판사와 10위 내에 있는 출판사 등 대형 출판사 두 곳도 있었고, 이들보다는 작지만

30년 넘는 전통의 좋은 출판사들도 있었다. 일반적인 계약 조건보다 훨씬 좋은 조건을 제시하는 곳들도 있었고, 일간지 광고를 하겠다, 온라인 메인 배너 광고를 하겠다는 곳도 있었고, 1판 1쇄 출판 부수를 많게 하겠다는 곳들도 있었다.

너무나도 좋은 출판사들이 나에게 연락을 해 왔고, 너무나도 좋은 조건으로 나의 글을 출판하고 싶다고 해 주셨다. 난 분명 행운아이고, 행복한 사람이다. 그리고, 난 글 쓰는 걸 좋아하는 사람이다. 하지만, 난 여전히 내가 글 쓰는 걸 즐긴다는 걸 잊고, 내가 할 수 있는 것만 생각하고 있었다. 그래, 나의 상황에서 집에서 내가 시간에 구애받지 않고 할 수 있는 일은 지인들 말처럼 글 쓰는 것과 유튜브인 것 같다는 생각만 하고 있었다. 내가 무엇을 하면서 살아야 할까 하는 고민에 너무 빠져서, 난 그것이 내가 즐기면서 할 수 있는 일이라는 것조차도 잊어버리고 있었다.

내가 항상 좋아하던 말 중에 19세기 영국의 목사 겸 작가였던 찰스 스펄전(Charles Spurgeon)의 "행복은 얼마나 가지고 있는 것이 아니라, 우리가 얼마나 즐거운 것을 하고 있는가이다." 라는 말이 있다. 나는 지금의 나의 상황에서 '내가 할 수 있는 게 무엇인가'라는 걱정에 무언가를 즐겁게 하면서 행복을 느낄 수 있다는 걸 잊고 있었다.

뒤돌아보면 난 참 운이 좋은 사람이다. 첫 직장 생활을 핀란드의 IT 기업의 본사에서 시작했다. 그 당시 내가 일하고 싶었던 기업을 첫 직장으로 운 좋게도 어렵지 않게 취업을 했다. 너무나도 좋은 동료들과 즐겁게 일을 했고, 전략, 신사업개발, 제품관리, 마케팅, 사업관리 등 다양한 부서를 거치면서 다양한 경험을 했고, 전 세계를 돌아다니면서 많은 경험을 했다.

우리 회사는 승승장구했고, 정보통신 산업에서 세계 1위 기업으로 올랐다. 2000년대 중반부터 산업계, 언론, 학계에서 전 세계의 혁신, 마케팅, 브랜드, 전략, 사업관리의 대표적 성공 사례 꼽히며, 그에 관련해서 분석한 글들에서 우리 회사를 어렵지 않게 볼 수 있게 되었다. 전 세계 많은 대학, 경영대, 공대들이 우리 회사의 사례를 수업 시간에 케이스 스터디(case study)[1]로 사용하고, 우리 회사 임원들에게 초청 강연을 부탁해왔고, 우리 회사의 임원들은 사회 환원적 재능기부 활동으로 1년에 10일 정도 대학 특강을 나가도록 회사로부터 지원받았다.

나의 20대와 30대 초반의 직장 생활을 뒤돌아보면 정말 바쁘기도 했지만, 그 나이대 다른 이들은 얻기 힘든 많은 경험을

---

1) 구체적인 사례를 중심으로 하여 집중적으로 연구하는 일.

쌓기도 했다. 작년 여름 핀란드에 가서 동료들을 만났을 때, 철부지였던 그때는 몰랐지만 지금 생각하면 갓 입사한 20대였던 우리가 상사의 별 간섭없이 백만 유로 비용의 프로젝트들을 자유롭게 할 수 있었던 당시의 우리 회사의 기업 문화가 정말 대단했었다고 회상했다. 세계적으로 빠르게 성장하는 기업에 취업한 덕에, 나는 내가 원하는 아이디어를 맘껏 실현해 볼 수도 있었고, 프로젝트의 성공과 실패를 통해 너무나도 많은 경험을 얻을 수 있었다.

젊은 나이에 세계의 수많은 유수 기업들과 협상도 했고, 전 세계를 누비고 다녔다. 한번은 고작 매니저인 나와 우리 회사 변호사 단 둘이서 켈리포니아의 세계적인 대기업과 마지막 계약서 사인을 하러 출장을 간 적이 있었다. 그때, 미국 기업 본사 측에서는 부사장을 비롯 10명 정도가 있던 것에 반해, 고작 매니저급인 내가 거액의 프로젝트 책임자이고, 계약서에 사인을 한다는 것에 아주 놀라워했다.

핀란드는 유럽의 북동쪽 한구석에 있는 조그마한 나라라서 당시에는 직항도 별로 없었기에 출장 갈 때 경유를 많이 해야 했다. 새벽에 일어나서 공항에 가서 비행기 타고, 런던, 뒤셀도르프, 파리, 밀라노, 마드리드, 프라하 등 유럽 도시의 공항에 내려 미팅 장소로 가서 미팅 후에 밤 비행기로 다시 돌아오는 날들도 부지기수였다. 또 뉴욕, 달라스, 시애틀, 상파울로, 두바이, 싱가포르, 북경 등으로 출장을 갔다가 밤에 헬싱키에 도착해서 다음 날 아침 회사로 출근한 후에 사무실에서 바로 공항으로 가서 저녁 비행기로 다른 곳으로 출장을 가야 해서, 한꺼번에 세 개의 가방을 집에 준비해놓고, 출장 후 돌아와서 자고 그다음 날 아침 한 개씩 들고 나간 적도 꽤 많았다.

한번은 유럽의 북동쪽 헬싱키에서 직항이 없어서 여러 번 경유해서 대서양을 완전히 횡단해 남미의 가장 끝쪽의 칠레를 갔다가, 미팅 후에 다시 여러 번 경유해서 태평양을 건너 북경에서 미팅을 한 후 헬싱키로 돌아온 적도 있었다. 그때는 너무나도 힘들어서, 제발 출장 거의 없는 부서로 옮겨 달라고 한 적도 있었다. 하지만, 뒤돌아보면 난 정말 행운아였고, 남들이 얻기 힘든 좋고 다양한 경험을 얻을 수 있었다.

나도 2007년부터 대학에서 특강을 시작했다. 당시 나는 우리 회사에서 혁신에 관련된 분야를 맡고 있었기에, 우리 회사의 혁신 사례에 대해 알고 싶어 하는 전 세계 대학의 경영대와 공대에서 특강을 했다. 그렇게 친해진 경영대학장님들 중에 내가 우리 회사의 전략, 마케팅 부서에 예전에 있었다는 걸 알게 되면서, 나에게 사업전략이나 마케팅에 대한 특강을 부탁하시는 분들도 계셨다. 그렇게, 나는 나의 첫 직장을 다니면서 나의 직장이 나에게 주는 많은 기회들을 즐긴 행운아였다.

하지만, 2010년부터 우리 회사는 여전히 정보통신산업에서 전 세계 1위이기는 했지만, 하락하고 있었다. 나의 동료들도 하나둘씩 다른 회사로 이직을 하기 시작을 했고, 나 또한 이직을 할까 계속 남아 있을까 생각을 하기도 했었다. 그러면서, 난 계속 우리 회사 사례에 대한 특강도 계속하고 있었다. 2007년부터 5년간 우리 회사의 혁신, 사업 전략, 마케팅, 리더쉽에 대한 성공 사례를 특강하면서, 미국의 듀크(Duke), 노스웨스턴(Northwestern), 버클리 켈리포니아(UC Berkeley), 노스케롤라이나 채플 힐(UNC Chapel Hill), 영국의 케임브리지(Cambridge), 중국의 청화대, 북경대, 복단대, 싱가포르의 싱가포르국립대, 난양공대, 이탈리아의 보코니(Bocconi), 스페인의 IE 경영대학원, 프랑스의 인시아드(Insead) 경영대학원 등 유명 대학 및 유명 경영대학원과 우리나라의 부산대, 서울대, 연세대에서 특강을 하면서 젊은이들과 생각을 나눌 수 있는 좋은 경험을 했다.

나의 20대 후반과 30대는 유럽 북동쪽 끝자락에 있는 핀란드라는 나라에서 첫 직장을 다니면서 그렇게 지나갔고, 나는 40대를 바라보고 있다. 마흔을 바라보면서 난 뭔가 새로운 시도를 하고 싶었다. 그리고, 5년간 특강을 하면서 젊은 대학생들과 생각을 나누는 것이 즐거웠던 나는 기업 생활을 떠나서 교수를 해보는 게 어떨까 생각을 했다. 당시 나의 생각은 교수를 2년 정도 시범 삼아 해보다가 좋으면 계속하고, 아니면 다시 기업으로 돌아오자는 것이었다. 나의 많은 동료들이 여러 세계 유명 기업들로 이직을 했고, 난 이전과 같은 직책, 연봉으로 돌아오지는 못 할지라도 내 동료들을 통해 재취업은 힘들지 않을 거라고 생각했다. 당시 내가 직장을 떠나서 대학으로 옮길 때, 나의 동료들과 지인들은 잘했다는 지지와 미친 짓이다라는 반대로 극단적으로 나뉘었다. 지지자들은 '그래, 인생 짧은데 하고 싶은 것하고 사는 게 맞다.'라고 했고, 반대자들은 '왜 나이가 아직 마흔도 안 되었는데, 고액 연봉을 버리고 교수로 옮기냐, 나중에 다시 기업 취업은 가능하겠지만 지금의 직책과 연봉으로는 절대 못 돌아온다. 좀 더 직장 생활 하다가 나중에 나이 들면 교수로 옮겨라.'라는 조언을 했다.

당시 나는 기업 생활이 싫어서 다른 것을 하고 싶었던 것은 아니었다. 나는 너무나도 기업 생활을 좋아했다. 하지만, 나이 마흔을 바로 앞에 두고, 너무나도 만족스러운 첫 직장 생활이었지만, 더 나이가 들기 전에 젊을 때 해보지 못한 뭔가 새로운 시도를 해 보고 싶었다. 그래서, 난 아직은 젊기에 내가 관심이 있는 새로운 것을 시도해 보고, 그것이 내가 생각한 것과 달리

만족스럽지 못하면 다시 내가 좋아하는 직장 생활로 돌아갈 계획이었다.

나는 새로운 시도를 했고, 젊은 대학생들과 기업연수 과정을 듣는 직장인들과 전략, 리더쉽, 마케팅, 혁신, 창업에 대한 의견을 교환하면서 강의를 즐기는 행복을 누려 왔다. 하지만, 코로나19에 감염되고 회복 후 더이상 온라인으로마저도 강의를 할 수 없는 건강 상태를 경험하면서, 다른 길을 찾아야 할지도 모른다는 걱정을 하게 되었고 내가 즐길 수 있는 새로운 시도보다는 내가 할 수 있는 시도만을 너무 깊이 생각했었나 보다. 그러다 보니, 내가 즐기는 것임에도 그것을 잊고 있었다.

그렇다. 내가 글을 쓰고 책을 내는 것은 내가 건강 상태 때문에 강의를 못 하게 되어서가 아니라, 글 쓰는 것을 즐기고, 책을 내는 것이 내가 해보고 싶은 시도이기 때문이다. 이 시도가 어떻게 될지는 모른다. 하지만, 난 또다시 즐기면서 새로운 시도를 해 보려고 한다. 그리고, 고맙게도 이미 8개나 되는 출판사에서 좋은 연락을 해 주었다. 그래서, 나는 그중 1개의 출판사를 선택했다. 모두 좋은 출판사들이었지만, 특히 4개의 출판사는 정말 모두가 너무 좋았다. 하지만, 난 그중에 다른 출판사들에 비해서, 계약 조건도 뛰어나지 못하고, 크지도 않고, 오랜 경험도 없고, 아직은 상대적으로 작고 경험이 많지 않은 출판사이지만 열정이 좋고, 기분이 좋은 출판사를 최종적으로 선택했다. 다른 출판사들이 제안한 일간지 광고나 메인 배너 광고도 못 하고, 판매량도 적어서 내 책을 더 많은 사람들이 볼 수 있게 못 할지도 모르지만, 왠지 새로운 길을 가려는 지금의 나와 가장 잘 맞는 것 같다.

어차피 난 기업 생활을 버리고 학계로 옮기는 새로운 시도를 할 때, 새로운 행복을 찾기 위해, 이전의 행복과 함께 연봉과 직책도 버렸다. 그리고, 그 시도는 또 다른 행복을 나에게 가져다 주었다. 편집과 홍보 능력이 뛰어난 큰 출판사들이 나의 책을 더 널리 알릴지도 모르지만, 나의 새로운 도전의 목표는 내가 좋아하는 글을 쓰는 행복이다. 왠지, 새로운 길을 가려는 나와 비슷한 입장의 아직은 크지 않지만 열정을 가지고 노력하면서 성공하려는 기분 좋은 출판사가 나에게는 더 맞는 것 같다.

더이상 난 내가 지금처럼 건강이 회복되지 못해서 강의를 못 하게 되면 무엇을 해야 하는가에 대한 걱정을 하지 않으려고 한다. 이제부터는 내가 평소 즐기던 것들을 새롭게 시작해보고자 한다.

찰스 스펄전(Charles Spurgeon)이 맞았다. "행복은 얼마나 가지고 있느냐가 아니라, 우리가 얼마나 즐거운 것을 하고 있는가이다."

퇴원 216일 차

2020년 10월 6일 화요일

나의 생활관리 방법 - 식사, 운동

코로나19 후유증 증상은 사람마다 다르고, 또한 시기마다 달라진다. 여러 증상이 함께 나타나는 경우도 많고, 증상들이 좋았다 나빴다를 반복하고, 어떤 증상은 좋아질 때 다른 증상은 나빠지기도 한다. 그래서, 이미 체계적인 치유를 시작한 다른 나라들을 보면 치유도 사람마다 다르고, 증상마다 다르게 진행되고 있고, 여러 복합적인 증상이 일어나서 전문의 한 명이 아니라 여러 분야의 전문의들이 함께 팀을 이루어 체계적인 관리를 하는 것은 미국, 영국, 이탈리아 등 이미 코로나19 후유증 관리가 체계적으로 일어나고 있는 나라들의 공통된 상황이다.

하지만, 나의 페이지가 알려진 후, 나의 이전 글에서 일부 증상만 편집해서 자신의 블로그로 옮긴 후, 그 증상들만 코로나19 후유증 증상인 것처럼 이야기하고, 어떤 약이나 음식을 먹으면 코로나19 후유증이 치유된다는 식의 블로그들이 존재하고, 심지어 나를 인터뷰하거나 직접 검진한 것으로 읽는 이가 오해할 수 있도록 만들어진 블로그도 있는 걸 보았다. 이 글을 올

359

리게 되면, 또 이 글을 이용해서 이런 식의 건강보조식품이나 약을 선전하기 위해 사용하는 사람들이 있을 것이다.

한 가지의 증세라도 그 증세가 일어나는 근본적인 요인은 여러 가지일 수 있다. 복합적인 여러 증세가 일어나는 상황이고, 특히 코로나19 후유증의 경우 엑스레이나 CT로도 정상으로 나옴에도 숨쉬기 힘들거나 가슴 통증이 심하다는 건 이미 널리 알려진 사실인 상황에서, 코로나19 후유증에 대한 복합적이고 종합적인 지식이 전혀 없이, 기존의 의학 상식만으로 특정 증상만을 설명하는 것은 어쩌면 잘못된 처방일 수도 있을 것이다.

아직도 우리나라는 의료계조차도 체계적으로 코로나19 후유증에 대한 정보를 얻을 수 없는 상황이고, 제대로 된 치유가 이루어지지 않고 있다. 영국 등 다른 나라처럼 보건복지부가 나서서 전국의 의료 기관이 공동으로 후유증 환자와 치유 정보를 공유하고, 분석할 수 있는 정보 공유가 우리나라는 이루어지지 않고 있는 상황에서, 바쁜 의료진이 해외 학술 사이트를 찾아가면서 코로나19 후유증 정보를 취득하고 습득하는 건 현실적으로 불가능하다. 이로 인해, 우리나라 의료계의 코로나19 후유증에 대한 정보와 지식은 아주 낮을 수밖에 없고, 그래서 제대로 된 진단이나 치료는 불가능한 상황이다.

이로 인해, 많은 후유증 환자들이 병원에 가도 검사만 주구장창 받고 있다. 코로나19 후유증에 대한 지식이 없는 기존 지식상으로 유추한 근본 원인을 검증하기 위한 검사에는 이상이 없다고 나오게 되어, 또 다른 원인에 대한 검사를 하는 식으로 끊임없는 검사를 받고, 증가만 하는 검사비만 내지만, 제대로 된 치료는 받지 못하는 악순환을 거듭하게 되는 현실이다.

그나마 난 다행히도 미국 대학 동창 중 3명이 의사이고, 그중 뉴욕에 있는 미국인 의사 친구에게 가끔씩 조언을 받으면서, 생활 관리라도 하고 있다. 그래서, 나의 생활 관리 방법을 공유할까 여러 번 생각했지만, 내 글을 보고 내 방법이 정답이라고 오해하는 사람들이 있을 테고, 내 방법 중 일부를 발췌해서 자신의 약, 식품을 판매하기 위해 블로그에 악용하는 사람들이 또 생길 거라는 걱정을 버릴 수 없었다.

내가 이야기하고 싶은 것은 내가 먹는 음식이나 내가 하는 운동이 모든 코로나19 후유증 환자들에게 도움이 된다는 것이 절대 아니라는 것이다. 내가 이야기하고 싶은 것은 어떻게 나의 증상 변화에 따라서 그때그때 나에게 도움이 되는 음식과 운동을 계속 변화시키면서 찾아가는가에 대한 방법이다. 모든 코로나19 환자들은 각각 다른 증세를 보이기 때문에 각자의 상황에 맞는 방법을 찾는 것이 중요하지, 다른 사람의 방법이라고 해서 자신에게 맞는 방법은 아닐 수 있음을 미리 알리고자 한다.

1. 코로나19 이전의 나의 생활 관리

난 예전부터도 담배를 피우지 않았고, 술은 한 달에 한두 번 정도 모임 때 맥주 1병 또는 와인 2잔 정도만 마시는 정도였고, 커피는 안 마신 지 20년이 넘었다. 기름진 음식과 단 음식을 원래 싫어해서 먹지 않았고, 소식과 저염식을 했다. 탄산수는 즐겼지만 그 외 탄산음료는 안 좋아했고, 과일 주스도 좋아하지 않았으며 물을 마시는 걸 좋아했다. 물을 남들보다 많이 마시는 편이라서, 대학 동창들 중에 내가 매일 물을 엄청 마시던 걸 기억하는 친구들도 있다.

일주일에 4~5번씩 헬스클럽에 가서 1시간 정도 운동을 했지만, 산책을 하거나 등산을 하는 것은 좋아하지 않았다. 건강 관리를 잘하는 편이라서, 지인들로부터도 '넌 너의 몸을 부처님 모시는 절처럼 신성하게, 너무 지나치게 관리하는 것 아니냐'는 소리를 듣곤 했지만, 젊을 때 혼자 해외에서 생활했기 때문에 스스로 건강 관리 하는 게 생활 습관이 되어 있는 편이었다.

예전의 나는 남들보다 집중을 장시간 아주 잘하고, 소화를 엄청 잘 시키는 편이었다. 두통도 없는 편이었고, 비염도 전혀 없었고, 몸은 따뜻해서 1월 영하 35도까지 떨어지는 핀란드에 살면서 내복도 안 입었다. 겨울 추위는 많이 안 느꼈지만, 여름 더위는 많이 타고, 피곤하거나 건조하면 목이 쉽게 아팠다.

2. 나의 식사 관리 방법

3월 초 코로나19 완치 판정 후 처음에는 나는 무조건 기력 회복에 주력했었지만, 4월에 후유증이 있다는 걸 알게 된 후로는 식단을 바꾸었다.

3월에서 4월 초까지 기력 회복만 하면 된다고 생각했던 때는 무조건 많이 먹고, 몸에 좋다는 것은 안 가리고 먹었다. 보약, 공진단, 면역 강화제 등의 약, 전복, 낙지, 바다장어, 갈치, 고등어, 한우, 그리고 각종 야채 등 나의 식단은 기력 회복이 중점이었다.

4월 해외 언론을 보면서, 기력 회복 문제가 아니라 후유증이 문제라는 걸 알게 되고, 3월보다 몸이 안 좋아지고, 감염 때나 3월에는 없던 후유증 증상들이 나타나면서, 나의 식사 관리는 바뀌었다. 전에는 겪어보지 못한 위장 장애를 심하게 겪으면서, 나의 식단은 우선 소화가 잘되는 음식 위주였다. 그리고, 해외 코로나19 환자들 중에 혈액/혈관 문제로 인해 혈전/혈관 종 치료 약을 먹는 사람들도 있고, 나의 피부 증세가 혈액/혈관 문제로 기인된 것 같다는 소견에 혈액 순환에 좋은 음식 위주로 먹었다. 나의 미국 의사 친구는 1. 소화 잘되는 음식, 2. 혈액 순환에 좋은 음식, 3. 자율 신경계 문제를 위한 음식을 권유했지만, 이들 중 3. 자율 신경계 문제를 위한 음식은 우리나라에서는 구하기 힘들어서, 나는 1. 소화 잘되는 음식과 2. 혈액 순환에 좋은 음식을 섭취하고, 소화나 혈액 순환에 방해가 되는 음식들은 피하는 방향으로 식단을 짰다.

아침에는 양배추, 마, 비트를 갈아 마신다. 양배추, 마는 소화에 도움이 되고, 비트는 혈액 순환에 도움이 된다. 소고기를 살코기 부분만 점심에 먹기도 했는데, 지금은 소고기는 먹지 않고 생선과 해산물 위주로만 먹고 있다. 단백질 섭취가 중요해서, 단백질은 생선, 달걀, 두부로 섭취하고 있다. 매끼 양배추와 브로콜리를 올리브 오일과 소금만 약간 뿌려서 먹고 있다. 샐러드 소스가 필요하신 분들은 참깨 드레싱 소스랑 먹으면 양배추와 브로콜리를 쉽게 먹을 수 있을 거다.

기름기 있는 음식은 피하고 있어서, 계란은 찜으로 해서 먹는데, 속이 많이 안 좋았던 4, 5, 6월에는 흰자만으로 계란찜을 만들어 먹었지만, 지금은 노른자까지 포함해서 계란찜을 먹고 있다. 계란, 등 푸른 생선, 녹색 야채가 소화와 혈액 순환에 도움이 되어서, 이들 위주로 먹고 있다.

국은 많이는 안 먹는 편인데, 먹어본 다른 국들보다 미역국, 추어탕, 장어탕, 전복국이 편해서, 요즘은 이들 위주로 먹고 있다. 겨울이 되면 매생이굴국도 시도해 보려고 한다. 날씨가 추워지면서 요즘은 가물치를 고아서 마시고 있다. 해조류와 해산물이 나에게는 맞는 것 같다. 해조류가 혈액 순환에도 도움이 되지만, 갑상선 문제가 있을 때는 과도하게 섭취하면 좋지 않다고 한다. 하여튼, 어떤 음식이든지 과도한 섭취는 좋지 않으니, 한 가지가 아니라 여러 가지를 번갈아 가면서 먹는 방식으로 식단조절을 하고 있다.

생강이 좋다고 해서, 생강청을 먹었었는데 몸에 맞지 않은 것 같아서 지금은 먹지 않고 있다. 과일도 너무 단 과일은 먹은 뒤 안 좋아서, 바나나만 매일 먹고 있다. 아침에 양배추, 마, 비트를 갈아 마시는데 며칠간 다른 날보다 좀 더 단 듯했는데 몸이 계속 안 좋았다. 알고 보니 물 대신 유산균 음료를 넣고 갈았기 때문이었다. 그 뒤에 단 음식은 염증을 유발할 수도 있다는 사실을 알게 되었다. 아마도 과일의 단 성분과 생강청의 꿀 성분, 유산균 음료의 단 성분이 나에게는 안 맞았던 것일 수도 있을 것 같다. 바나나는 속도 편하게 해서, 계속 먹고 있고, 과일을 줄인 대신, 채소를 더 많이 섭취하고 있다.

차가운 물을 마시면 몸이 안 좋아서, 따뜻한 물을 마시다가 여름에는 상온에 그냥 물을 두고 마셨다. 가을이 시작되면서 상온의 물보다 따뜻한 물이 편해서 지금은 다시 보온 물통에 물을 두고 따뜻한 물을 마시고 있다. 최근에는 물을 그냥 마시지 않고, 입에 머금고 씹은 후에 넘기는 방식으로 마시고 있는데, 훨씬 좋다.

또한 저염식을 포기하고, 소금을 많이는 아니지만 충분히 섭취하고 있고, 식사 15분 전에 사과 식초를 물에 대략 1:9 비율로 희석해서 마시고 있다는 것이다.

그리고 아침, 점심, 저녁 식사는 매일 일정한 시간에 규칙적으로 하고 있다.

3. 나의 운동 관리 방법

해외 언론에 나온 코로나19 후유증 치료 전문의들의 견해들을 보면 코로나19 후유증 환자 중에는 운동으로 증상이 좋아진 사람들도 많지만, 오히려 운동 후 악화된 사람들도 있다. 코로나19 후유증으로 근육 감소가 심각한 경우도 있어 영국과 이탈리아에서는 치료 시 헬스클럽에서 체계적으로 운동 관리를 하기도 한다는 것을 해외 언론에서 소개된 내용을 바탕으로 이전 글에서 다루기도 했다. 코로나19 후유증 환자 중에는 운동 후 신체가 더 불편해지는 경우, 체계적인 간단한 유산소 운동이 도움이 되는 경우, 체계적인 근력 유지를 위한 근력 운동이 도움이 되는 경우, 강도 높은 운동이 도움이 되는 경우 등이 있어서, 운동 방법은 자신의 증상에 따라서 다르게 해야 한다는 것 같다.

우리나라도 영국이나 이탈리아처럼 정부가 의료 기관과 헬스클럽 등을 연결해서 코로나19 후유증 환자들의 재활을 체계적으로 돕는 프로그램을 만들면 좋을 것 같다. 영국처럼 코로나19 후유증 환자도 중증인가 경증인가에 따라 치료를 구분해서 하면 좋겠다. 중증 후유증 환자는 병원에 입원해서 재활 치료를 받고, 경증 후유증 환자는 병원에 방문해서 정기적 검사와 치료를 받으면서, 온라인과 오프라인을 병행해서 인근 병원과 헬스클럽에서 재활을 모니터링받는 방법이 우리나라에서도 진행되면 좋을 것 같다. 정부가 의료 기관에 의학 정보를 공유하고, 헬스클럽에 증상별 어떤 운동이 재활에 필요한지 온라인으로 교육을 실시하고, 병원에서 검사 후에 환자의 상황에 맞는 운동을 지역의 헬스클럽에서 온라인이나 오프라인으로 체계적으로 관리하는 방법을 우리나라도 실시하면 좋을 것 같다. 그러면, 코로나19로 어려움을 겪고 있는 자영업자인 헬스클럽 운영자들에게도 도움이 되고, 후유증 환자들에게도 도움이 될 것 같다.

나의 식사 관리는 1. 소화 잘되는 음식 2. 혈액 순환에 도움 되는 음식이듯이, 나의 운동 관리는 1. 혈액 순환을 위한 유산소 운동 2. 근육 관리를 위한 근육 운동을 목표로 하고 있지만, 현재 건강 상태로 인해 유산소 운동 위주로 진행하고 있다.

나의 경우는 3월 초 퇴원 후에는 가벼운 스트레칭만 하고, 외국의 의사 친구가 권유한 폐를 위한 깊은 숨쉬기 운동만 했었다. 숨을 깊이 들이쉬었다가 내뱉는 것이었는데, 처음에는 한두 번만 해도 기침이 나와서 이것마저도 하기 힘들었다. 그 후, 집안에서 조금씩 걷기와 스트레칭을 하는 방식으로 운동량을 늘려갔다. 그 후, 집 근처를 산책하는 방식에서 인근 생태 하천을 산책하는 방식으로 걷는 거리와 시간을 늘려갔다. 천천히 걷기에서 빨리 걷기로 바꾸면서 거리는 같지만, 운동 강도를 조금 늘렸다.

4월부터는 아침에 일어나면 자는 동안 쉬었던 근육을 천천히 깨우고, 혈액 순환도 돕기 위해서 유튜브에서 스트레칭 비디오를 보면서 따라 하기 시작했다. 하지만, 5월 역류성 식도염 증세가 생긴 후부터는 상체를 숙이는 동작은 스트레칭 시에 제외하고 있다.

운동 후 피로감이 심하게 있고, 피로 회복도 느리다. 천천히 걷기에서 빨리 걷기로 바꾸었을 때 처음 며칠간은 별로 힘들지 않았지만, 계속 피로가 누적되었는지 며칠 지나고 나서는 집에 이틀간 누워만 있어야 할 정도로 안 좋아졌다. 그래서 다시 천천히 걷기로 돌아갔다.

요즘은 빨리 걷는 날도 있고, 천천히 걷는 날도 있다. 혈액 순환에 강도 높은 운동이 좋다고 하고, 빨리 걷기보다 뛰는 게 좋다고 해서 달리기도 몇 번 시도는 해 보았지만 마스크를 쓰고 뛰면 10m 정도만 천천히 뛰어도 너무 심하게 숨이 차서, 아직까지는 달리기는 못 하고 있다. 운동량을 늘리기 위해서 9월 초에 하루에 한 번 산책 대신 아침 한 번, 저녁 한 번으로 하루 두 번 산책을 시도해 봤었는데, 천천히 걷기에서 빨리 걷기로 바꾸었을 때와 마찬가지로 처음 며칠간은 괜찮더니, 며칠 뒤 몸이 많이 안 좋아졌다. 그래서, 지금은 다시 하루에 한 번만 산책하고 있다.

아침, 오후, 저녁 돌아가면서 산책을 해 봤는데, 나에게는 저녁 산책이 가장 좋았다. 비타민 D를 생각하면 햇살이 있는 아침이나 오후가 더 좋겠지만, 운동 후 피로해서 하루 종일 다른 일을 전혀 할 수가 없고, 그렇다고 중간에 낮잠을 자게 되면 밤에 자기 더 힘들어져서, 저녁에 산책을 하는 게 나에게는 더 좋았다. 저녁에 산책을 하고, 목욕을 한 후에 조금 쉬다가 잠자리에 들면, 산책과 목욕 덕에 혈액 순환이 잘 되어서인지, 아니면 피곤해서인지 다른 날보다는 잠을 더 잘 잤다. 물론, 저녁에 산책하고 잠자리에 들어도 통증 때문에 여전히 1시간 넘게 뒤척이다 잠들고, 자는 도중에도 여러 번 깨기는 하지만, 아침, 오후 산책 때보다는 잠자기가 편해서 저녁 산책을 했다.

하지만, 9월 날씨가 건조하고 차가워지면서 산책 때 건조하고 찬 공기가 가슴 통증을 더 심하게 만들어서, 지금은 낮에 산책을 하고 있다. 날씨가 너무 추워지면, 실내 자전거를 구입해서 집에서 산책과 실내 자전거로 유산소 운동을 병행할 생각이다. 실내 자전거 중에도 아무래도 편하게 앉을 수 있는 좌식 실내 자전거를 구입할 예정이다.

해외 정보를 보면, 코로나19 후유증을 앓는 사람들 중에는 근육 손실이 심각하게 오는 사람들이 있다고 한다. 나 또한 근육이 심각하게 빠져 버렸다. 유산소 운동을 통해서 혈액 순환을 돕고, 소화도 돕는 효과를 얻었지만, 근력 운동을 하기에는 힘들었고, 팔, 다리, 가슴, 엉덩이 모든 근육이 심하게 빠졌다. 근육이 빠지면서, 무릎 관절에도 통증이 느껴졌고, 그래서 무게 없이 맨몸으로 하는 간단한 근력 운동으로 상체는 팔굽혀펴기, 하체는 런지를 시작했다. 건강을 위해서 근육량을 늘려야 하고, 단기간에 쉽게 늘리려면 아무래도 큰 근육인 가슴, 엉덩이, 허벅지 근육을 늘리는 게 더 효과적일 것 같아서, 그 두 가지 운동으로 정했다.

난 헬스클럽을 다닐 때도 스쿼트 동작보다는 런지 동작이 쉬워서 런지를 했지만, 스쿼트가 편하신 분은 스쿼트를 해도 될 것 같다. 꾸준히 런지를 하면서 하체 근육은 예전만큼은 아니지만 조금은 다시 돌아왔고, 그러면서 무릎 아픈 것도 지금은 나아졌다. 상체는 산책할 때 공원에 있는 철봉을 시도해봤지만, 너무 힘들어서 결국 팔굽혀 펴기를 하고 있다. 아직은 팔굽혀 펴기도 많이는 못 하고, 여전히 상체를 숙이면 가슴 통증이 심해져서, 팔 굽혀 펴기 동작 중 디클라인 푸쉬업[1] 같은 상체를 숙이는 동작들은 하지 못하고 있다.

운동이라고까지 할 수는 없지만, 계속 앉아있거나 누워 있으면 혈액 순환에 좋지 않아서, 자주 일어나서 조금씩 움직이고 간단한 팔 돌리기, 다리 뻗기 등의 동작을 자주하고 있다.

4. 기타 나의 생활 관리 방법

그 외 생활 관리는 1. 스트레스 관리, 2. 몸을 따뜻하게 유지하기, 3. 습도 유지하기, 4. 매일 식사, 취침을 일정한 시간에 하

---

1) 하체를 상체보다 높인 채 하는 팔 굽혀 펴기

기, 로 진행하고 있다.

나의 경우는 예전에 몸이 항상 따뜻했었는데, 6월부터 몸이 상당히 차가워졌다. 손, 발 등보다 특히 배와 가슴이 아주 차가워졌다. 운동을 해도 배와 가슴은 차갑고, 땀도 식은땀이 났다. 계속 이렇게 유지되다가 9월 날씨가 추워지기 시작하니, 몸속에서 차가운 피가 도는 것 같은 차가움을 생전 처음으로 느꼈다. 그 후, 배를 따뜻하게 하기 위해서 배 부위만 온열 찜질을 해 봤는데, 첫날은 상당히 좋았지만, 그 뒤로는 오히려 가슴 등 다른 부분들의 통증이 심해지기 시작하고, 찜질할 때만 찜질 부위에 한해서 좀 편하게 느껴지고 시간 지나면 그 부위도 차가워지면서 다시 불편해진다는 걸 느끼고는 찜질은 안 하고 있다. 대신 온몸을 따뜻하게 유지하기 위한 옷을 입고 있다. 예전처럼 몸이 따뜻해지지는 않았지만, 여름에 비해서는 요즘 몸이 덜 차갑다.

날씨가 건조해지면서 가슴 통증이 심해져서, 가습기로 습도 유지를 하고 있다. 또한, 충분한 물을 섭취하고 있다. 입원 때부터 계속 똑같은 상황이 물을 마시면 통증이 좀 나아지는 것이다. 잠을 자다가 깨어나서 가슴이나 배 통증을 느낄 때도 물을 조금 마시면 약간 편해진다. 지금도 마찬가지라서 항상 물을 옆에 두고 있다. 깨어있을 때는 물을 마시기 위해서는 일어나서 움직여야 하는 거리에 두어서 몸을 자주 움직이게 만들고, 잘 때는 침대 옆에 물을 충분히 두고 잔다. 물은 꾸준히 자주 마신다. 최근에는 물을 그냥 마시지 않고, 물을 충분히 입에 넣은 후에 음식을 씹는 것처럼 물을 씹은 후에 넘긴다. 입안이 건조해지는 걸 막고, 씹을 때 나오는 아밀라제 성분이 소화에도 좋다고 해서 시도해 본 방식인데, 플라시보 효과로 기분상 좋게 느끼는 것일 수도 있지만 하여튼 좀 더 좋은 것 같아서 계속 이렇게 마시고 있다.

아침에 일어나는 시간, 아침, 점심, 저녁 식사 시간 및 취침 시간을 규칙적으로 유지하려고 노력하고 있지만, 취침 시간과 기상 시간을 일정하게 유지하기는 실제적으로 힘들다. 아침, 점심, 저녁 식사 시간과, 밤에 침대에 드는 시간은 일정하게 유지하지만, 통증으로 인해 매일 2~3시간 뒤척이다가 자고, 자다가도 중간에 일어나는 횟수가 매일 달라서 결국 아침에 일어나는 시간도 1시간 정도 차이가 난다.

4, 5월에는 갑자기 눈물이 나는 등 감정 조절이 힘들었고, 5, 6, 7월에는 조그마한 스트레스에도 아주 민감해져서 참기 힘들었다. 지금도 스트레스와 감정 조절이 힘들기는 하지만, 그때보다는 나아진 편이다. 2월 말 병원에 입원했을 때는 걱정을 하지 않고 긍정적인 생각만 하기 위해서, 국내 언론은 절대 보

지 않았다. 병원에서 즐거운 노래를 들을 수 있도록 라디오를 가져다줄 수도 있다고 해서, 긍정적인 감정을 유지하기 위해서 내가 라디오보다 좋아했던 90년대 미국 코미디 드라마인 "프렌즈(Friends)"를 유튜브로 보았다.

한국 드라마는 잘 안 보았는데 퇴원 후, 친구의 권유로 한국 드라마인 "사랑의 불시착"과 "응답하라 1988"를 재미있게 보았다. 감정 기복이 심한 드라마는 보지 않았다. "사랑의 불시착"은 많이 웃을 수 있어서 좋았고, "응답하라 1988"은 당시 고등학생이었던 나의 기억들을 다시 돌아볼 수 있어서 좋았다. 되도록이면 국내 뉴스, 특히 정치 뉴스는 보지 않으려 하고 있고, 요즘은 모든 뉴스를 되도록이면 아주 짧게 보려고 한다. 난 예전에는 스트레스는 부딪쳐서 스트레스에 대한 극복 능력을 키워가면서 스트레스에 대한 저항력을 키워가야 한다고 했었다. 하지만, 지금 상황에서 나는 스트레스를 극복할 수 있는 능력을 기르는 것보다, 스트레스를 최소화해서 우선 건강을 먼저 회복하는 게 중요한 것 같다. 그래서, 요즘은 좋고 즐거운 것들 위주로 보면서, 하고 싶은 것을 하면서, 스트레스 유발하는 것들은 피하려고 하고 있다.

시간이 지나면서 또 어떤 새로운 증상이 나타나고, 나의 후유증이 어떻게 진행될지 모른다. 증상이 바뀌어가면서 나의 생활 관리 방식은 또 바뀌어야 할 것이고, 그때마다 새로운 시도를 해보면서 나에 맞는 방법을 계속 찾아가야 할 것이다. 새로운 시도는 처음부터 좋게 느껴지는 것, 처음부터 안 좋게 느껴지는 것, 지속적으로 하다 보니 안 좋다는 걸 알게 되는 것, 지속적으로 해보니 좋다는 것을 알게 되는 것 등 여러 경우가 있을 것이다.

아직 우리나라의 의료계로부터는 다른 나라들처럼 코로나19 후유증에 대한 체계적인 정보를 얻을 수는 없는 상황이라서 체계적인 치료를 받지 못하고 있다. 그래서, 내가 할 수 있는 방법은 외국 의사 친구의 조언과 해외 정보들을 참고하면서 생활 속에서 관리를 해가고 나에 맞는 생활 관리 방법을 찾아내는 것뿐이다.

시행착오와 고통은 나를 계속 힘들게 할 거다. 하지만, 난 내가 치유를 위해 가는 이 길이 혼자 외롭게 고통을 받으면서 힘들게만 가는 길이 아니라, 나의 가족과 많은 다른 이들의 도움을 받으면서 가는, 행복이 함께 하는 고마운 길이라는 걸 항상 기억하고 싶다.

행복은 장소가 아니라 방향입니다

코로나19 완치 판정을 받고 퇴원한 지 벌써 7개월도 훌쩍 더 넘었다. 그렇지만 여전히 난 나의 후유증이 완전히 치료가 되어 진정한 완치가 될지, 차츰 좋아지기라도 할지, 이 상태로 계속 유지될지, 아니면 갈수록 더 나빠질지 전혀 알지 못한다. 그리고, 난 우리나라가 언제 다른 여러 나라들처럼 코로나19 후유증을 체계적으로 치유를 시작할지도 전혀 모른다. 난 완치자라고 불리고 있지만, 여전히 아픈 환자이고 치료가 필요하지만, 완치라고 여기는 우리나라의 보건, 의료 현실에서 치료를 받지 못하며 그러한 불확실성 속에서 불안을 7개월간 계속 겪어야 했다. 하지만, 나는 7개월 넘게 지금까지 내가 처해오고 있는 현실인 불확실성에서 오는 불안으로 나의 삶을 계속 살아갈 수는 없다.

어디선가 질병이 6개월 이상 되면 만성 질환으로 고려한다는 글을 봤다. 어쩌면, 이제는 난 후유증과 함께 살아가는 삶에 익숙해지고, 시시각각 변하는 이 질환의 불확실성과 함께 살아가는 방법을 배워야 하는 걸지도 모른다.

나는 전 세계 여러 대학에서 꿈에 대한 강의 요청을 받은 적이 여러 번 있다. 난 솔직히 꿈이나 성공을 30대 중반까지는 생각해 본 적이 없었다. 내 나이 30대 중반에 나의 아버님이 갑자기 돌아가셨고, 그때서야 난 나의 꿈과 성공에 대해 처음으로 생각해 봤다. 당시 핀란드에서 직장 생활을 하던 나는, 아버님의 부고를 듣고, 장례식을 위해 급히 귀국을 했다. 그때서야 내 인생에 다시는 단 1초도 나의 아버님과 함께할 수 없다는 것을 알게 되었고, 과연 내가 인생을 제대로 살고 있는가에 대한 생각을 처음 하게 되었다.

나는 그때 남들이 부러워하는 세계적인 기업에서 남들보다 어린 나이에 차곡차곡 승진을 하는, 부러움을 받는 사람이었다. 하지만, 난 처음으로 내가 꿈이나 성공이 무엇인지를 생각해본 적이 없다는 것을 알게 되었다. 그냥 남들이 말하는 좋은 대학, 좋은 기업, 남들보다 빠른 승진, 이런 게 꿈이고 성공이라고 여기는 사회와 주변의 인식을 나의 무의식중에 그냥 묵묵히 따라가고 있었던 것뿐이었다. '인생은 성공을 향해서 다른 이보다 빨리 가는 게 아니라, 다른 게 아닐까?'라는 생각을 했다. 그리고, 그때 난 내가 꿈이 없다는 것을 알게 되었다.

그 뒤, 몇 년이 지나 난 기업 생활에서 학계로 옮기는 새로운 도전을 했다. 그때, 난 인생은 목표를 향해서 직진할 필요는 없이,

이렇게 저렇게 돌아가면서 목표를 향해서만 가면 된다고 생각했다. 방향만 목표를 향해서 있으면 조금씩 돌아가도 된다고 생각을 했다.

그리고, 나는 새로운 시도를 하기로 했다. 새로운 길을 가면서, 인생은 꼭 정해진 목표와 방향을 향해서 가야 하는 것이 아니라, 내가 언제든지 목표와 방향을 바꿀 수 있고, 새로운 방향으로 즐기면서 걸어가면 되는 거라고 생각이 바뀌게 되었다. 자신의 인생의 목표와 방향을 정할 수 있는 이는 자신이고, 언제든지 자신이 원하면 가고자 하는 목표와 방향은 바뀔 수 있다고 생각했다. 그리고, 가만히 한 곳에 서 있지만 않는다면, 어느 방향이든지 걸어가기만 하면 된다고 생각했다. 가다가 아니면 다른 방향으로 틀면 된다. 하지만, 움직이지 않고 가만히 있으면 가는 방향이 나에게 좋은지 아닌지를 알 수 없기 때문에 시간 낭비라고 생각했다.

하지만, 나는 지금은 또 다른 생각을 한다. 어쩌면 인생에서 가끔은 아무 방향으로도 가지 않고 가만히 앉아서 휴식을 취하는 것도 좋을 수도 있을 거라는 생각. 그렇지만, 또한 여전히 난 어느 방향이든지 중요한 것은 내가 꿈꾸는 목표를 향해서 직진인지 돌아서 가는지는 중요하지 않고, 즐기면서 가는 것이 중요하다고 생각한다.

지금의 나의 건강과 인생은 불확실하다. 그래서, 난 내 인생의 방향을 계속 바꾸어야 할지도 모른다. 하지만, 난 이 불확실성이 주는 불안과 걱정보다는 불확실성과 함께 걸어가는 길을 즐기려고 한다.

영국 런던에서 태어나서 5세 때 미국 시카고로 옮겨가 시카고 대학 졸업 후 그곳에서 저널리스트로 활동하며 11권의 저서를 냈고, 200개 이상의 신문에 매주 그의 칼럼이 소개되었던, 유명 언론가 시드니 J. 해리스(Sydney J. Harris)는 "행복은 장소가 아니라 방향입니다"라고 했다.

너무나도 불확실성이 높은 후유증으로 고통받고 있는 환자라는 나의 위치만을 생각하면 불안과 절망을 느끼고 있을 수밖에 없다. 하지만, 난 내가 지금 즐겁게 할 수 있는 것들을 목표로 그 방향으로 걸어가면서 행복을 즐기고자 한다. 나의 첫 번째 책을 쓰면서 행복을 즐기고 싶다. 그리고, 언제까지 우리나라 정부가 후유증 환자를 치료하기를 기대하는 헛된 희망은 이제 버리고, 가능하면 우리나라의 코로나19 후유증 환자들을 위한 온라인/앱 서비스도 만들어보고 싶다.

영국 보건복지부가 만든 온라인/앱 서비스처럼 후유증 환자의 인근 의료원과 연계된 고차원 서비스까지는 어렵겠지만, 기본적인 서비스라도 제공하기 위해, 나와 함께 온라인/앱을 만들어

갈 자원봉사자들을 찾으려고 했지만, 찾지를 못했다. 그리고, 지금은 나 자신도 말을 하면 가슴이 불편해져서 프로젝트를 이끌 수 있는 상황은 아니다. 하지만, 몸이 좀 좋아지면, 우리나라에서 자원 봉사자를 그때까지도 찾을 수 없으면, 외국의 친구들의 도움을 받고, 외국의 자원봉사자들과 함께라도 한번 만들어 보고 싶다.

내 몸이 지금과 같으면, 어쩌면 이 목표는 바뀔지도 모른다. 하지만, 내가 무언가를 할 수도 있을 거라는 목표를 세우는 것만으로도 기뻐진다 내가 여전히 즐겁게 할 수 있는 일이 있다는 게 생각만 해도 너무 기쁘다. 그리고, 내가 뭔가를 여전히 할 수 있을 거라고 꿈꾸고, 그것을 정말로 할 수 있다는 것이 나의 현재의 고통과 걱정을 잊을 수 있게 도움을 준다. 인생의 행복은 지금 처한 상황에서가 아니라 꿈을 향해 걸어가는 길에서 찾을 수 있는 것인 것 같다.

시드니 J. 해리스의 말이 맞았다.
"행복은 장소가 아니라 방향입니다."
그리고, 난 말하고 싶다.
"삶이 있는 한, 행복은 있다."

글을 마치며

후회 없는 삶이란 어떤 삶일까?

나는 거짓 뉴스와 편파적인 정보가 넘쳐나는 현실에서 옳은 정보를 투명하게 공유함을 통해서 더 나은 세상을 만들 수 있다고 믿어 왔다.

코로나19는 전 세계 모든 이들의 삶에 영향을 미치고 있다. 코로나19 바이러스에 감염된 후 후유증을 겪고 있는 지금까지 8개월간 나의 삶은 이전과는 너무나도 많이 달라졌다. 평범하게 해 오던 많은 것들을 더이상 할 수 없는 삶을 살면서, 나에게 주어진 삶에 대한 생각을 많이 하게 되었다. 그리고, 코로나19에 감염이 되지 않았으면 하는 돌아갈 수 없는 헛된 바람을 간혹 생각하기도 한다.

이전과 너무나도 달라진 나의 현재의 삶은 잃어버린 많은 것들과 이전의 삶에 대한 생각을 자주 하게 한다. 나처럼 코로나19

의 후유증을 겪고 있는 많은 이들은 자신들의 이전의 삶과 너무나도 많이 변화된 지금에 대한 많은 생각을 할 것이다. 아마도 건강을 잃으면서 많이 변화된 삶을 살게 되면서, '이럴 줄 알았으면 예전에는 다르게 살았을 텐데'라고 후회할 때도 많을 것이다. 너무나도 바쁘게 살아온 사람들은 이전에 왜 좀 더 즐기면서 살지 못했나 후회할 것이다. 삶을 게으르게 살아온 사람들은 이전에 왜 좀 더 열심히 살지 못했나 후회할 것이다. 만족스러운 삶을 살았어도, 삶에서 잃어버린 것들로 인해 이전 삶에 대한 후회가 없을 수가 있을까? 과연 후회 없는 삶이 있을까?

예전부터 우리나라에 있는 나의 지인들은 나의 삶에 대한 이야기를 책으로 내라는 이야기를 많이 했었다. 영국 대학과 미국 대학에서 공부하면서 얻은 경험, 핀란드라는 나라에서 13년간 글로벌 기업에서 일하면서 얻은 경험과 핀란드 기업에서 일하면서 동시에 전 세계 대학에서 강의를 했던 경험, 기업에서 대학으로 옮겨서 세계 여러 나라 대학에서 교수를 하면서 얻은 경험과 전 세계 여러 다국적 기업의 자문을 하면서 얻었던 경험, 아프리카와 인도의 중소기업과 세계 여러 나라 창업 기업 자문 봉사를 하면서 얻었던 경험 등 우리나라에서는 어쩌면 일반적이지는 않은 나의 삶에 대한 이야기를 나의 지인들은 책으로 적어보라는 권유를 많이 했었다. 내가 자문을 했던 기업들과 학생들은 내가 경험한 여러 나라 기업들의 사례들을 중심으로 창업, 기술혁신, 사업의 글로벌화, 디지털 마케팅 등에 대한 실무 중심의 전문적인 책을 내라고 권유하기도 했었다. 하지만, 나는 나의 경험이 그렇게 특이하지도 않고, 책을 낼 정도로 의미가 있는지도 확신이 없었다.

그리고, 코로나19에 감염되고 언론에 나의 경험을 공유한 후에, 코로나19의 경험에 대한 책을 내보라는 지인들의 권유가 많았고, 많은 좋은 출판사에서 연락이 오기도 했다. 외국에는 코로나19 환자들의 경험 공유가 많지만, 우리나라에는 별로 없는 현실이다. 나의 경험 공유가 어쩌면 우리 사회에 부족한 정보를 제공하고, 환자에 대한 편견과 차별을 없앨 수도 있을 거라고 생각했다. 그래서, 환자로서의 나의 경험을 담은 글을 책으로 내기로 했다.

내가 코로나19에 감염되던 2월 말은 중국, 한국 외에는 감염이 심각하게 퍼지지 않은 상황이었고, WHO도 팬데믹을 선포하지 않은 상황이었다. 신종 바이러스라서 정확한 정보가 없었고, 정부, 언론, 의학 전문가들이 부족한 정보로 인해서 상반되는 정보를 마구잡이로 내놓음으로써 혼란이 가중되는 상황이었다. 당시, 개인의 경험이 정보 제공에 도움이 될까 해서, 코로나19라는 감염병 환자로서의 나의 개인 경험을 3월 초 퇴원 후 언론에 공유를 했었다.

4월 몸이 더 안 좋아지면서, 해외 정보를 찾기 시작했고, 코로나19에 후유증이 있다는 것을 알게 되었다. 5월이 되면서 영국, 이탈리아, 스웨덴 등 유럽 여러 나라 및 미국, 중국 등은 후유증에 대한 정보 제공뿐 아니라 의료 기관에서 체계적인 치유가 시작되었다는 것을 알게 되었지만, 우리나라는 보건복지부, 질본, 의료 기관 그 어디에서도 코로나19에 대한 후유증 정보를 얻을 수 없고, 후유증이 있다는 것조차도 모르는 의료 기관들의 현실에, 우리나라에 있을 다른 후유증 환자들을 위해 페이스북에 부산 47(Busan 47)이라는 페이지를 만들어서 나의 개인적인 후유증 경험과 해외 정보 요약 글을 올리기 시작했다.

8월 중순 나의 글 중 당시의 5가지 후유증 증상에 대한 글이 갑자기 널리 공유되면서, 코로나19도 후유증이 있다는 것이 알려지고, 언론에 관심을 다시 받기 시작했다. 하지만, 정부와 언론의 관심은 후유증을 이용한 공포심 조성을 통한 감염 예방에 초점이 맞추어졌을 뿐, 후유증에 대한 체계적인 정보 제공이나 치유에는 관심이 11월 말인 지금까지도 여전히 없다.

코로나19는 전 세계적인 팬데믹으로 보건뿐 아니라 경제적 영향을 미치면서 사회 전반적인 어려움을 겪게 하고 있다. 보건뿐 아니라, 경제적, 사회적, 정치적 문제가 되었고, 전 세계 많은 정치인과 정부들이 보건보다는 자신의 권력 유지를 위한 정치적 이용을 하고 있기도 하다. 여전히 많은 나라에서 정치인들이 마스크 효율에 대한 논란을 일으키고 있고, 권력를 위해서 통계를 악용하는 정치인들도 있는 것이 현실이다. 보건이 과학이 아닌 권력 유지를 위한 정치가 되었을 때는 위험하다. 코로나19를 권력 유지를 위해 과학이 아닌 정치 도구로 사용한 많은 나라에서 정부에 대한 신뢰는 불신으로 바뀌게 되었고, 정부를 불신하는 이들과 정부를 맹목적으로 지지하는 이들로 사회가 더 분열하게 되었다.

인터넷, 이동 통신, SNS는 언제 어디서나 정보를 공유할 수 있고, 누구나 정보를 만들 수 있게 했지만, 또한 수많은 거짓 뉴스와 편파적인 정보를 제공하게 만들었다. 그리고, 인공지능(AI)은 자신이 선호하는 정보만을 볼 수 있도록 발전되면서, 자신이 믿는 정보만을 받아들이는 확증 편향(confirmation bias)을 더 강하게 만들고 있다. 그리고, 여러 나라의 정부, 정치권, 언론, 포털 등은 우위적 위치에서 기득권 유지를 위해서, 거짓 뉴스와 편파적인 정보를 생산하고, 시스템을 불투명하게 만들어서 부정부패를 통해 기득권 유지를 하고 있는 곳들도 있다.

사회를 더 나은 방향으로 발전시키는 방법은 시스템을 더 복잡하게 하고, 블라인드화하여 감추어, 어렵고 불평등하게 만드는 것이 아니라, 간단하게 하고, 투명하게 하는 것이다.

무증상이 50% 이상이라서 아무도 모르게 지역 감염이 퍼지기

쉬운 것이 코로나19의 특성이다. 그래서, 조용히 광범위한 지역 감염이 퍼지기 전에 일찍 효율적인 방역을 하는 것이 중요하다. 사스, 메르스의 경험이 있고, 다른 지역보다 먼저 발생해서 지역 감염이 모르는 사이에 광범위하게 번지기 전에 방역이 일찍 시작되어 피해가 다른 지역보다 적은 편인 동아시아 국가들 중의 하나인 우리나라는 서양의 대부분 국가들보다는 코로나19의 피해가 적다. 동아시아 국가 중에는 대만처럼 경제, 사회, 보건 모든 부분에서 우리보다 잘한 나라들도 있다. 하지만, 우리나라에서 이런 우리보다 잘한 이웃 국가들의 정보는 얻기 힘들고, 우리보다 잘한 나라에 대한 이야기에 불편해하는 이들도 많다. 우리보다 상황이 심각한 나라들에 대한 뉴스는 자극적으로 넘쳐나면서, 우리보다 잘한 나라에 대한 정보는 제공하지 않아서, 배움을 통한 발전을 이루지 못하게 하고 있다.

또한, 우리나라는 여전히 많은 문제의 해결이 필요하다. 감염병 환자를 확진자라고 다르게 부르면서 사회적 차별, 편견에 시달리게 하고 있다. 다른 나라들은 후유증이 있으므로 사용하지 않는 완치라는 표현을 쓰고, 생존자 또는 환자라고 부르는 회복자들을 잘못된 완치자라고 부르면서, 후유증에 대한 잘못된 인식을 만들고, 의료 기관에서조차도 후유증이 없다고 잘못 알게 만들었다. 다른 많은 나라들은 5월부터 보건복지부, 질본 등이 주도해서 후유증 정보의 체계적인 관리뿐 아니라 의료 기관을 통한 전문적인 치료까지 제공되고 있지만, 우리나라는 11월 말인 지금까지도 보건복지부, 질본이 제대로 된 정보조차 의료 기관에 제공 못 하고 있는 현실이다.

차별과 편견으로 환자들이 자신이 겪은 정보를 제공 못 하게 하는 환경을 만들었고, 제대로 된 의학 정보가 제공되지 못하는 현실이다. 또한, 사회적 거리두기 1, 2, 3단계를 아주 쉽게 나누었다가, 단계 승격이 필요하게 되자, 1.5, 2.5단계라는 기존에 없던 단계를 만들어서 복잡하고 헷갈리게 만들었고, 그걸 다시 5단계로 나눈 후에도 1.5, 2.5단계라는 복잡한 시스템을 다시 만드는 것은 더 나은 방향이라고 보기 힘들다.

물론, 초유의 위기 상황에서 모든 것에 완벽하지 못했다고 해서, 무조건 비난하는 것은 잘못된 것이다. 하지만, 발전이 필요한 방향에 대한 지적을 무조건 비난으로 받아들이면서 공격하고 의견 제시마저도 못 하게 하는 것은 사회를 발전시키지 못한다. 초유의 위기 상황이었기에, 위기 대응 능력에는 문제가 있을 수밖에 없다. 그래서, 더 많은 문제점 개선을 위한 지적이 필요하고, 더 발전된 방법을 빨리 찾아가야 한다.

하지만, 우리 사회는 다른 의견을 무조건 공격하는 잘못된 분열된 방향을 만들어서, 발전을 하지 못하도록 하지 않았을까? 우리보다 위기가 심한 나라의 이야기만 자극적으로 공유하고, 우리보다 잘한 나라의 이야기는 불편해하는 것은 잘못된 것이 아닐까? 우리 방역 시스템의 장점에 대한 이야기는 즐거워하면서, 감염병 환자에 대한 마녀사냥을 야기한 방법에 대한 프랑스, 독일 등의 언론 비판에는 그 기자들의 SNS에 집단적 비난을 퍼붓는 것은 잘못된 것이 아닐까? 위기가 끝나기도 전에 업적 홍보, 영웅 만들기, 성역시하기는 정치적 목적은 성공시킬지 모르지만, 질병 관리의 성공을 이루지는 못하고 발전을 오히려 저해하는 것은 아닐까? 개선에 대한 생각은 모두가 정부에 대한 공격으로 여기면서, 발전을 위한 다른 생각은 나오지도 못하도록 막는 것은 잘못된 것이 아닐까?

난 정보의 투명한 공유가 세상을 더 좋게 만든다고 믿는다. 그래서, 난 나의 환자로서의 경험과 우리나라에서는 아직도 얻을 수 없는 후유증과 그 치유에 관한 외국의 보건복지부, 질본, 의료 기관에서 제공하는 의학 정보를 공유해 왔다. 그런 정보의 공유마저도 각종 음모론 또는 정부의 완벽한 K-방역에 대한 흠집 내기라면서 비난을 받아야만 했다. 다 함께 살기 좋은 사회는 나와 다른 생각을 공격하는 것이 아니라, 상호 존중할 때 이루어진다. 누구나 편견, 차별에 두려워하지 않고 자기 의견을 투명하게 나눌 수 있고, 다른 의견을 동의는 하지 못하더라도, 다른 관점도 존중하고 이해는 할 수 있는 사회를 나는 꿈꾼다.

다행히도, 지난주 발표한 미국의 제약회사인 화이자(Pfizer)와 독일의 바이오앤텍(Biontech)이 공동 개발한 백신이 3차 임상 최종 결과에서 95% 효과를 보였고, 미국의 제약회사인 모더나(Moderna)의 백신도 3차 임상 중간 결과에서 94.5% 효과를 보였으며, 이번 주 발표한 영국 옥스퍼드(Oxford)대학과 아스트라제네카(AstraZeneca)의 백신의 중간 결과 발표도 2가지 투약 방법의 평균은 70%, 둘 중 효과가 더 높은 투약 방법은 90% 효과를 보였다고 밝혔다. 여러 백신에 대한 전 세계적 최종 3차 임상 결과가 좋게 나오면서, 백신을 통한 코로나19 예방의 성공과 현재의 위기의 극복 시기가 다가오는 것 같다.

코로나19 백신의 성공은 전 세계에 축복이다. 더 이상 인류가 코로나19로 어려움을 겪지 않고, 감염병으로 인한 죽음과 후유증을 겪지 않아도 될 수 있게 된다는 것은 너무나도 좋은 소식이다.

하지만, 시간이 지날수록 코로나19는 잊히면서, 코로나19 후유증 환자들을 위한 치료는 갈수록 어려워질 것이다. 특히, 미국, 유럽, 중국처럼 후유증의 체계적 치료가 이미 시작된 나라들과 달리 우리나라처럼 아직 정보 제공조차 제대로 못 되고 있는 나라에서는 아마도 코로나19 후유증에 대한 제대로 된 치유는 시작되지도 못하고 잊힐 수도 있을 것이다.

앞에서도 말했듯이, 나는 거짓 뉴스와 편파적인 정보가 넘쳐나는 현실에서 옳은 정보를 투명하게 공유함을 통해서 더 나은 세상을 만들 수 있다고 믿음으로 코로나19 환자의 경험을 나누기 시작했고, 우리나라도 다른 나라들처럼 코로나19 후유증에 대한 체계적인 정보 관리와 치유를 시작하기를 바라면서, 나의 개인적인 후유증 이야기와 해외 의학 정보를 나누었다.

난 환자는 제대로 된 치유를 받는 사회가 올바른 사회라고 믿는다. 하지만, 우리나라는 코로나19 후유증 환자에게 올바른 사회의 역할을 아직은 못하고 있다. 그러나, 나는 올바른 사회를 만드는 것은 정부가 아닌 국민이라고 믿는다. 그래서, 난 우리나라 정부가 언젠가는 다른 나라들처럼 코로나19 후유증 정보 관리와 치유를 제대로 하기를 바라던 기대를 이제는 버렸다. 대신, 난 영국 정부처럼 지역 의료계와 연결된 고차원의 관리 시스템을 만들지는 못하지만, 코로나19 후유증 환자를 위한 온라인/앱 서비스라도 나와 같은 마음을 가진 이들과 만들어 보고자 한다.

코로나19는 나의 삶에 많은 것들을 변화시켰고, 내가 예전에 누리던 많은 행복을 더 이상 누리지 못하게 했다. 하지만, 내가 고마운지도 모르고 즐기기만 하던 행복들을 잃은 후, 나는 잃음에 대한 절망보다는 남은 것들에 대한 고마움을 택했다.

나는 나의 건강이 어떻게 될지 알 수 없는 지금의 상황에서, 나의 삶이 어떻게 진행될지 알지 못한다. 그래서, 나는 나의 미래를 계획할 수도 없다. 하지만 현재 내가 하고 싶고, 또한 할 수 있는 것을 하고자 한다. 난 이전으로 돌아갈 수 있을지 알지 못한다. 그래서, 난 돌아갈 수 없는 이전 삶에 대한 후회를 하지는 않는다. 또한, 나는 지금 내가 보내고 있는 시간을 나중에 시간이 지난 후에 후회하지 않을 거다. 난 후회 없는 삶을 살아서 후회를 하지 않는 것이 아니다. 나에게 삶은 후회를 하면서 시간을 보내기에는 너무 소중하기에 내 삶에 후회의 순간은 없애기로 했다.

이전의 삶과 잃어버린 것에 대한 후회를 하면서 시간을 보내는 것보다는 환자로서의 나의 개인적인 삶에 대한 이야기를 공유하고, 우리나라에서는 얻을 수 없는 후유증과 치료에 대한 정보를 공유하면서, 치료를 받을 수 있을 거라는 희망을 가졌었다. 그리고, 매일 통증을 겪는 날을 보내면서도 글을 적을 때는 행복을 누릴 수 있었다. 그리고, 나의 글을 책으로 내는 첫 번째의 일은 이제 끝났다.

어쩌면, 우리나라는 코로나19 후유증에 대한 정부 차원의 정보 관리와 치료가 다른 나라들처럼 이루어지지 못 할 수도 있을 것 같다. 하지만, 나는 정부가 안 한다면, 나라도 할 수 있는 만큼 하기 위해 노력하면서 나의 삶과 치료의 희망을 이어가고자 한다. 나와 함께 코로나19 후유증 환자를 위한 간단한 정보 공유 및 건강 관리를 위한 온라인/앱 서비스 개발을 함께할 사람들을 찾아서, 만들어보는 것을 다음 일로 해 보고자 한다. 어쩌면, 이 일을 하지 못할 수도 있다. 하지만, 결과의 성패보다는 결과를 위해 나아가는 여정을 즐기고자 한다. 그리고, 만약 이것을 이루지 못한다면, 또 다른 뭔가를 하면서 다시 새로운 여정을 가고자 한다. 그리고, 그 길에서 행복을 느끼고자 한다. 나는 믿는다. 삶이 있는 한, 희망과 행복은 있다

Thanks to

_____

감사의 말

코로나19 후유증을 겪으면서 약 9개월간 집에만 머무르면서, 아픈 통증을 겪는 순간에도 나의 하루하루를 진정으로 아름답고 행복하게 해 준 고마우신 분들이 너무나도 많습니다. 코로나19는 나에게 많은 것을 가르쳐 주었고, 많은 고마움을 알 수 있게 해 주었습니다. 특히, 가족에 대한 고마움을 가장 많이 배울 수 있었습니다.

코로나19에 감염되었을 때, 덥고 불편한 보호복, 고글, 두꺼운 장갑을 착용하고 환자인 저를 힘들고 위험한 상황에서도 치료를 위해 보살펴 주신 고신대학교 복음병원 중환자실 음압병동 의료진 모두에게 깊은 감사를 드립니다. 하나하나 자세하게 설명해 주시고, 편안한 마음을 가질 수 있도록 보살펴 주신 이진영 교수님, 너무나도 힘든 상황에서 치료뿐 아니라 직접 식사, 청소까지 해 주시던 박아름, 김다솜, 김동현, 김경은, 천자연 간호사님, 입원 초반에 몸이 힘들어 미처 성함을 물어보진 못한 모든 의료진분들에게 깊은 감사를 드립니다. 또한, 코로나19 검사를 기다리다가 호흡 곤란으로 기절하면서 쓰러져서 머리에 피가 난 저를 치료해 주신 대동병원 선별검사소 의료진 모든 분과 병원 이송 시 앰뷸런스에서 저를 위로해 주신 동래보건소 직원분과 앰뷸런스 운전자분에게도 깊은 감사 드립니다. 전 세계 모든 의료진과 의료, 보건 기관 종사자분들, 그리고 사회적 거리두기 상황에서도 사회가 돌아갈 수 있도록 필수품 생산, 유통, 배달, 대중교통 등의 종사자분들과 소방관, 경찰, 군인 등 어려운 순간에도 사회 필수적 업무를 수행하시는 모든 분에게 감사드립니다.

첫 직장인 핀란드의 노키아에서 13년간 너무나도 즐거운 시간을 함께 보낼 수 있도록 해 준 모든 노키아 동료들에게 감사드립니다. 또한, 코로나19 이후 노키아 전 세계 전 현직 직원 온라인 모임에 저의 글을 올렸을 때, 직장 생활 때 알지도 못했던 많은 노키아 동료들 수백 명이 지속적으로 응원을 보내 주어서, 코로나19를 견딜 수 있는 많은 힘이 되었습니다. 핀란드 노키아 본사에 몇 안 되는 동양인이라서 서로 친해졌던 얀얀(Yanyan)과 가족 안티(Antti), 랜던(Landon), 네아(Nea), 나의 좋은 동료이면서 가족 같기도 한 친구들인 테무(Teemu), 샤론(Sharon), 모린(Maureen), 아멜리아(Amelia), 하넬레

(Hannele), 타카시(Takashi), 제레미(Jeremy), 올렉(Oleg), 툴라(Tuula), 미아(Mia), 마르코(Marko), 리카(Riikka), 레타(Reeta), 수비(Suuvi), 루크(Luke), 마야(Maya), 카렐(Karel), 토미(Tomi), 뻬카(Pekka), 그리고 모든 나의 노키아 동료들에게 감사드리고, 노키아 전 현직 직원 온라인 모임에서 용기를 준 모든 이들에게 감사드립니다.

나의 국민(초등)학교, 중학교, 고등학교, 대학, 그리고 군대 생활을 즐겁게 보낼 수 있도록 해준 친구들, 스승님들, 동기들, 선, 후임들, 선임하사님, 장교님들 모두에게 감사드립니다. 희근, 수한, 형우, 동열, 상민, 문선, 혜진, 지영, 귀정, 미정, 동준, 영삼이 형, 상훈이 형, 소연, 지은, 승철이 형, 영수 형, 성호, 대일, 명훈, 순익, 하림, 한별 그리고 나의 어린 시절을 함께 했었고, 코로나19로 언론에 나온 뒤 다시 연락 와서 용기를 전해준 친구들에게 감사드립니다. 저로 인해서 건물이 봉쇄되었을 때 피해 보신 분들, 밀접 접촉자로 자가격리 된 분들, 언론에 소개된 후 학과사무실로 많은 연락으로 힘들었던 부산대학교 기계공학부에 미안하면서도 감사드립니다. 특히, 끊임없이 용기와 지원을 보내 주신 전충환 학부장님, 안석영 교수님, 문준호, 김재영, 김문채 조교님들에게 깊은 감사드립니다.

멀리 해외에서 가족과 떨어져서 생활하던 나에게 가족 같은 친구가 되어준 나와 함께 공부했던 친구들과 내가 가르쳐 온

대학들의 동료들과 학생들, 내가 창업 자문을 해온 대학들의 동료들, 그리고 나에게 용기를 내라는 메세지를 보내준 이들 대학들의 재학생 및 졸업생분들, 교직원분들 모두에게도 감사 드립니다. 빅토르(Victor), 제니(Jenny), 하이메(Jaime), 미구엘 (Miguel), 이본(Yvonne), 투(Tu), 한누(Hannu), 미샬(Michal), 마틴(Martin), 로렌(Loren), 호타(Jota), 루이스(Luis), 올렉 (Oleg), 리(Lee), 프란시스(Francis), 죠르죠(Giorgio), 토니 (Toni), 마르코(Marco), 키릴(Kiril), 조르디(Jordi), 마르타 (Marta), 에릭(Eric), 마틴(Martin), 모이세스(Moises), 마 리아나(Mariana), 라몬(Ramon), 이반나(Ivana), 루드밀라 (Ludmila), 미카(Mika), 민나(Minna), 예따(Yetta)에게 깊이 감사드리고, 부산대학교, 미국 시카고대, 컬럼비아대, 노스웨스 턴대, 버클리 켈리포니아대(UC Berkeley), 로스엔젤리스 켈리 포니아대(UCLA), 메릴랜드대, 스탠포드대, 산타클라라대, 조 지워싱턴대, 뉴스쿨, 영국의 캠브리지대, 옥스퍼드대, 스페인의 이에세(IESE) 경영대학원, 라몬유이대(Ramon Llull), 카를로 스 3세 마드리드대, 스위스의 IMD 경영대학원, 체코의 프라하 경제대학, 핀란드의 알토대(Aalto), 헬싱키메트로폴리아대 재학 생 및 졸업생분들과 교직원분들에게 감사드립니다.

나와 같은 코로나19 후유증을 겪고 있는 우리나라의 환자들과 나의 경험과 해외 의학 정보를 공유하기 위해서 페이스북에 만든 페이지인 부산 47(Busan47)의 글을 읽어 주시고, 공유해 주시고, 격려해 주신 모든 분들에게 감사드리고, 이웃에 감염 환자가 발생했음에도 좋은 말씀을 해 주시고, 회복하라고 음식들도 보내 주신 많은 이웃분들에게 깊이 감사드립니다. 그리고, 글을 책으로 낼 수 있도록 꼼꼼히 편집해 주신 정영주 팀장님과 부크럼에게도 감사드립니다.

마지막으로 긴 기간 동안 보살피면서 힘든데도 항상 웃음으로 나를 행복하게 해 주는 가족들에게 감사드립니다. 항상 자식에게 베풀어 주시고, 자식을 위해서 고생하시면서 보살펴 주신 아버님과 어머님에게 진정으로 감사드립니다. 아버님에게 돌아가시기 전 사랑한다는 말 한 번 못 해본 것이 너무나도 죄송하고, 그래서 어머님에게는 좀 더 살뜰한 아들이 되고자 했지만, 칠순이 넘으신 나이에도 코로나19 후유증을 겪는 아들을 매일매일 간호하고 보살펴 주시는 어머님에게 죄송하면서도 깊이 감사드립니다. 항상 나를 응원해 주고 함께하는 누나, 매형, 조카에게도 감사드립니다. 어릴 적부터 항상 저를 좋게 생각해 주셨고, 요즘도 걱정해 주시는 삼촌들, 숙모님들, 고모들, 고모부들, 사촌 누나들, 동생들, 외삼촌들, 외숙모님들, 이모, 이모부, 외사촌 누나, 형들, 동생들, 조카들 모두 감사드립니다.

시간이 지날수록 너무나도 보고 싶은 아버님, 그리고 항상 너무나도 고마우신 어머님, 저는 아버님과 어머님의 아들로 태어

날 수 있어서 너무나도 축복스러운 삶을 살고 있습니다. 부모님에게 부끄럽지 않은 아들이 되기 위해서 바르고 옳은 삶을 살아가겠습니다.

삶이 있는 한 희망은 있다

1판 1쇄 인쇄 2020년 12월 01일
1판 1쇄 발행 2020년 12월 04일

지 은 이 박 현

발 행 인 정영욱
기획편집 정영주
교   정 정영주 유지수

펴낸곳 (주)부크럼
전 화 070-5138-9971~3 (도서기획제작팀)
이메일 editor@bookrum.co.kr
인스타그램 @bookrum.official
블로그 blog.naver.com/s2mfairy
포스트 post.naver.com/s2mfairy

ⓒ 박현, 2020
ISBN 979-11-6214-347-6 (03300)